아파트 투자는
사이클이다

아파트 투자는

주식과
비교하면
더 쉽게
이해되는

아파트사이클연구소
이현철 지음

사이클이다

역의도
책방

곤경에 빠지는 것은 뭔가를 몰라서가 아니다.
뭔가를 확실하게 안다는 착각 때문이다.
It ain't what you don't know that gets you into trouble.
It's what you know for sure that just ain't so.
_마크 트웨인

친절하라. 당신이 만나는 모든 사람이 지금 힘겨운 싸움을 하고 있기 때문이다.
Be kind, for everyone you meet is fighting a hard battle.
_이안 맥라렌

차
례

추천사   011

프롤로그 저는 하락론자가 아닙니다   015

1장 당신은 지금껏 세상의 편견에 속고 있었다

우상향 믿다가는 지옥이 펼쳐진다   029

흙수저에서 몇십억 자산가가 됐다는 책이 팔리는 이유   036

부동산은 첫째도 입지, 둘째도 입지라는 거짓말에 속고 있다   044

똑똑한 한 채의 환상, 하락장에서는 실거주가 더 위험하다   053

역세권 서울 아파트를 41% 할인 판매합니다!   060

부동산으로 돈 벌었다는 사람을 부러워할 필요가 없다   070

벼락거지는 상승장이 아닌 하락장에서 생긴다   081

지옥으로 가는 길은 선의로 포장되어 있다   087

부자 마케팅에 속아 넘어가면 안 됩니다   095

2장 부동산 전문가들은 왜 틀린 예측을 할까?

부동산 시장의 미래는 예측할 수 없는 것일까?   103

집값은 오르고 있는데 내 집은 왜 안 팔릴까요?   110

상승 뒤의 하락은 예정된 미래다   117

지금까지 해왔던 부동산 공부는 가짜다   125

하락장에서 살아남아야 기회가 온다   132

이현철 소장님, 왜 부동산 개인 컨설팅 안 하세요?   139

관심이 없으면 눈에 보이지 않는다   147

모두가 믿는 투자 상식의 90%는 틀린 정보다   154

내가 내린 투자 결정, 사실은 부화뇌동의 결과다   159

알고리즘에서 벗어나야 투자에 성공한다   168

3장 다가오는 사이클에서 기회를 잡는 법

제발 청약에 목매지 마세요. 경매도 필요 없습니다   179

진짜 돈을 벌고 싶습니까? 그렇다면 정부를 욕하지 마세요   190

쉬는 것도 투자다   201

자본시장은 사이클에 따라 움직인다   210

폭등한 부동산은 안전 자산이 아니다   215

금리와 집값은 방향이 같을 때 강력하게 작용한다   226

하락의 시작은 어떻게 알아차릴 수 있을까?   230

누가 주도권을 쥐고 있는지를 확인하라   241

미분양은 시장 전환의 가장 강력한 시그널이다   254

아파트를 산 이유가 단지 오를 것 같아서라면, 잘못 산 것이다   263

폭등장에서 일어났던 일의 정반대 현상이 폭락장에 발생한다   272

거품이 꺼지면 선물이 찾아온다   286

아파트사이클 핵심 정리   296

에필로그 서두르지 말되, 쉬지도 말라   299

부동산 재테크를 잘하는 것은 어찌 보면 간단하다. '상승장에서 많이 벌고, 하락장에서 잃지 않는 것'이 그것이다. 그리고 부동산 사이클을 이해할 때 비로소 그것이 가능해진다. 이현철 소장의 이 책은 당신이 부동산 사이클을 이해하는 것에 있어 충실하고 친절한 입문서 역할을 해줄 것이다.

유튜브 '월급쟁이부자들TV'
너나위

지금 시장에서 집을 사야할 지, 팔아야 할 지 고민되시나요? 아파트사이클을 이해하면 하락장에서 싸게 살 수 있는 기회를, 상승장에서는 높은 수익을 낼 수 있는 투자 타이밍을 알 수 있습니다. 이현철 소장님의 이 책은 무작정 대중과 반대로 가라고 하지 않습니다. 오랜 실전 경험을 통해 하락장, 상승장에서 나타나는 신호에 어떻게 행동해야 최적의 투자 타이밍을 선점할 수 있는지 각 사이클별 투자 가이드를 제시해줍니다. 하락장에서의 불안감, 상승장에서의 조급함을 모두 떨쳐낼 수 있는 투자기준을 세우고 싶으시다면, 당장 이 책을 집어 드세요!

유튜브 '월급쟁이부자들TV'
코크드림

전국적으로 뜨겁게 달아올랐던 아파트 시장이 언제 그랬냐는 듯 차갑게 식고 있습니다. 올해도 강한 상승을 전망하던 부동산 전문가들의 예상은 완전히 빗나갔고, 상투라는 걸 생각하지 못하고 뒤늦게 시장에 진입한 분들은 현재 매우 힘든 시기를 보내고 있습니다.

"아파트 투자는 수요와 공급만 보면 된다", "결국 입지가 가장 중요하다", "강남은 떨어지지 않는다" 등 대중의 고정관념과 편견에 이현철 소장님은 늘 물음표를 던져왔습니다. 아파트사이클에 따라 시장을 전망하고 합리적인 주장을 해도 맹목적인 폭등론자 또는 폭락론자로 불리며 대중의 비판을 받기도 했습니다. 하지만 거친 악플이 줄줄이 달려도 소장님은 자신의 논리와 주장을 굽히지 않았고, 결국 상승과 하락 두 번의 변곡점을 모두 정확하게 맞혔습니다. 『아파트 투자는 사이클이다』는 사전에 주요 변곡점을 전망하고 정확히 맞힐 수 있었던 이유의 근간이라 할 수 있는 소장님만의 인사이트가 담긴 책입니다.

부동산 분야는 이해관계에 따라 움직이는 시장입니다. 부동산 학원을 운영하시는 분들은 어떤 형태로든 수강생을 모집하고 학원을 운영해야 하기 때문에 이해관계에 따라 부동산 시장을 진단할 수밖에 없고, 경매 학원을 운영하고 있다면 경매의 시대가 도래했다고 광고할 수밖에 없습니다. 부동산 시장과 전망에 대해 이야기할 때도 이해관계로부터 결코 자유로울 수 없고, 워딩 역시 여러 상황을 고려하고 말할 수밖에 없습니다. 본래 인간은 자기 이해득실에 따라 움직이기에 너무나 자연스러운 현상입니다.

반면 이현철 소장님은 학원을 운영하는 것도 아니고, 건설 회사나 분양 회사를 운영하는 것도 아니다 보니 정무적 발언을 하거나 눈치를 볼 필요가 없는 입장입니다. 첫 책과 두 번째 책, 그리고 유튜브 아파트사이클연구소 채널을 통해 주택 수요자들에게 필요한 진심 어린 조언을 책과 영상으로 전해왔고, 이번 세 번째 책에도 소장님 특유의 솔직함이 담긴 인사이트가 책장마다 가득합니다.

차가운 분위기가 쉽게 반전되기 어려운 시장을 지나는 상황이지만, 우리는 늘 다음 스텝을 준비해야 합니다. 하락장에서 절망하고 모든 것을 내려놓을 것이 아니라, 다음 상승을 찾을 수 있는 힘을 길러야 한다고 생각합니다.

아파트사이클은 돌고 돕니다. 준비된 자에게 기회가 오듯이 꾸준한 관심을 가지고 다음 사이클을 준비하고 있는 분들에게 다시 한번 큰 자산 증식의 기회가 열리게 될 것입니다. 책에 담긴 아파트사이클 구조와 원리, 대중 심리, 상승과 하락의 시그널, 투기시장에서의 사이클 등을 꼼꼼히 살펴보시길 권해드립니다. 다음 상승장의 자산 증식에 큰 도움이 될 것이라고 자신있게 말씀드릴 수 있습니다.

유튜브 '후랭이TV' 운영자

김종후(후랭이)

아파트 투자는 사이클이다

저는 하락론자가 아닙니다.

물건을 사고팔아서 부자가 되려면 어떻게 하면 될까요? 답은 아주 간단합니다. 쌀 때 사서 비쌀 때 팔면 됩니다. 부동산으로 부자가 되려면 어떻게 하면 될까요? 역시 답은 아주 간단합니다. 집값이 쌀 때 줍듯이 사서 비쌀 때 팔면 됩니다. 아주 간단하죠? 하지만 이렇게 아주 간단한 걸 못 하는 이유가 있습니다. 사람은 이렇게 행동하도록 만들어진 존재가 아니기 때문입니다. 『사회적 원자』라는 책에서 저자이자 이론 물리학자인 마크 뷰캐넌은 인간 사회를 펭귄 사회와 비유합니다. 펭귄 무리는 어느 한 마리가 먼저 바다에 뛰어들기만을 기다린다고 합니다. 바닷속에 범고래 등 무시무시한 천적이 있을지 모르니까, 누군가 먼저 나서길 바라는 거죠. 먼저 뛰어든 펭귄이 무사하다면 우르르 바다로 뛰어들어 먹이를 찾는다고 합니다. 또 다른 재미

있는 실험 하나를 살펴볼까요? 사회심리학자 솔로몬 애시의 유명한 실험이죠. 실험은 아주 간단합니다. 실험 참가자는 직선이 그려진 카드 한 장과 누가 봐도 길이가 명백히 다른 직선 세 개가 그려진 카드를 받습니다.

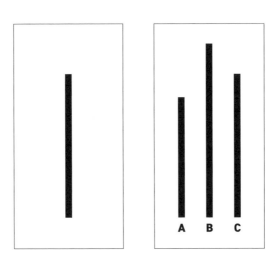

그리고 참가자는 질문을 받습니다. 오른쪽 카드의 A, B, C 세 개의 선 중 왼쪽의 선과 길이가 같은 선을 고르라는 아주 간단한 질문이죠. 누가 봐도 정답은 C인데, 한 가지 트릭이 있습니다. 솔로몬 애시는 가짜 실험자들을 실험에 참가시킨 후 엉뚱한 대답을 외치게 합니다. 모두가 한목소리로 틀린 답을 말하면 진짜 참가자는 '이 사람들이 왜 이러지? 정말 몰라서 이러는 것일까?'라며 당황하고 어색하

아파트 투자는 사이클이다

게 웃다가, 결국은 다수가 말하는 틀린 답을 정답이라고 말하게 됩니다. 결국 사람은 자신이 생각하는 정답을 말하기보다는 다수가 말하는 틀린 답을 정답이라고 말할 수밖에 없습니다. 왜냐고요? 그게 안전하다고 여기기 때문입니다. 먼저 바다에 뛰어들어서 범고래에게 잡아 먹히느니, 맛있는 먹이를 놓치더라도 눈치를 보다가 안전할 때 들어가는 게 펭귄이든 사람이든 동일하게 적용되는 생존 본능입니다. 투자에 있어서도 '쌀 때 사서 비싸게 파는 것'이 불가능한 이유는 '남들은 그러지 않기 때문'입니다. 결국 모든 사람이 '강남 불패', '부동산 불패'를 외칠 때 덩달아 그 무리에 합류하게 되죠. 영혼까지 끌어모아 대출을 받아도, 그 대출이 어떤 불행과 부담으로 다가올지 아무 고민이 없습니다. 왜냐하면 다들 걱정 없이 영끌해서 투자하니까요. 무리에 섞여 있으면 안전하다고 느끼기 때문입니다. 이 와중에 저는 2021년, 그러니까 부동산 거래량이 최고점을 찍으며 전국이 들썩일 때 앞으로 부동산 시장이 하락세에 접어들 거라는 의견을 냈습니다. 2021년 1월 1일 제 채널에 올린 영상에서 2021년에도 집값 상승세는 유지되어 더 오르긴 하겠지만, 가급적이면 매수세가 있는 올해 안에 집을 매도할 것을 추천했죠. 그 후로 하반기에는 하락장이 올 것임을 설파했습니다. 다들 아시다시피 2021년은 한 채라도 더 집을 사려고 혈안이 됐던 때입니다. 그런 시기에 마치 바다에 가장 먼저 뛰어든 펭귄처럼 저 혼자 매도를 외쳤죠. 그 뒤로 평생 먹을 욕을 다 먹었습니다. 누군가는 '이현철은 하락론자다!'라고 말씀하시더군요.

분명하게 말씀드리지만, 저는 하락론자가 아닙니다. 정확히 말하면 저는 '사이클론자'입니다. 제 첫 번째 책 『전세가를 알면 부동산 투자가 보인다』는 2018년 1월 5일에 나왔습니다. 첫 책 머리말에 '폭등을 앞두고 있다'고 썼죠. 두 번째 책 『부동산 폭등장이 온다』는 2020년 6월에 나왔습니다. 머리말이 아니라 제목 자체에 대놓고 폭등장이 온다고 썼죠. 그 사이 유튜브 채널 후랭이TV에 2019년 7월에 출연해서 "서울 집값은 이제 폭등한다!"고 말했습니다. 그땐 지금과 정반대의 이유로 욕을 먹었습니다. 2019년 당시 부동산은 하락세였는데, 시장이 살아날 거다 정도의 희망적 메시지가 아니라 폭등한다고 했으니까요. 그때 무슨 말까지 들었는지 아십니까? 정말 창의적인 욕설과 비꼼이 난무하더군요. '건설회사의 개', '중개업자에 분양 사기꾼', '관상은 과학이다', '나라가 망해가는데 무슨 폭등이냐', '제발 사라, 너 다 사라, 가족들 꼭 다 사서 나중에 나한테 싸게 전세 줘라'는 소리까지 들었습니다. 다 아시다시피 그 이후로 폭등장이 시작됐습니다.

2021년 대한민국 부동산이 최고점을 찍고 상승 기대와 열기가 아직 식지 않았을 때, 앞으로 하락장이 올 거라고 했더니 '평생 무주택자로 거지처럼 살아라'는 댓글이 달리더군요. 어떤 분은 심지어 '몇 년 전에는 오른다고 하더니 이제는 내린다고 하냐? 소신이 없어서 믿을 수 없다'라는 황당한 말씀도 하시더군요. 한 번 오른다고 했으면 목에 칼이 들어와도 '계속 오른다'고 말하는 게 소신일까요? 제 눈에 명확하게 하락장의 태풍이 온다는 전조가 보이는데도 사람들은 '하늘이 이렇게 맑은데 무슨 태풍이야?'라고 말하거나 심지어 '작년

　　　　　　　　　　아파트 투자는 사이클이다

여름에 태풍 안 온다고 했으면 올해 여름에도 태풍 따윈 없다고 해야지, 왜 소신이 없냐?'라고 돌을 던지는 격입니다.

영원히 자산가치가 상승하기만 하는 투자 상품은 존재하지 않습니다. 주식이든 코인이든 부동산이든 자산은 상승과 조정과 하락의 사이클을 거칩니다. 저는 경험과 논리에 입각해 상승과 하락을 말할 뿐입니다. 상승과 하락은 부동산 사이클이라는 바다에서 왔다가 물러가는 파도와 같습니다. 자연에 밀물과 썰물의 이치가 있듯 폭등할 때가 있고 폭락할 때가 있는 것입니다. 물이 들어오면 배를 띄워 노를 저으면 되고, 물이 빠지면 갯벌에 드러난 것들을 주워 담으면 그만입니다. 투자는 다수결이 아닙니다. 자연의 세계에서 먼저 바다에 뛰어든 펭귄이 살아남을 확률은 50%입니다. 죽거나 살거나 두 가지 확률밖에 없죠. 죽을 확률이 50%라면 뛰어들지 않는 게 맞습니다. 하지만 자본주의의 세계에서는 대중과 달리 먼저 바다에 뛰어드는 사람이 기회를 얻고 부자가 됩니다. 부자가 될 확률이 50%나 되는데, 먼저 뛰어들지 않을 이유가 없죠. 확률을 높이려면 부동산의 사이클을 아셔야 합니다. 지금이 물이 빠질 때인지 들어올 때인지, 폭등의 시간인지 폭락의 시간인지를 아는 게 투자의 시작입니다.

1더하기 1이 2라고 말하는데 다들 3이나 4를 말하며 저를 욕할 때, 억울함보다는 답답한 마음이 더 컸습니다. 그런데 제 채널의 구독자분 중 한 분이 제게 이런 말씀을 하시더군요.

주식으로 돈을 벌어서 부동산에 투자하려는 주린이 겸 부린이입니다. 소장님께서 전세가는 아파트값의 지지선이라는 말씀을 하실 때, 주식 용어인 지지선 비유에 무릎을 딱 쳤습니다. 소장님의 쉬운 비유와 설명을 들으며, 부동산과 주식에 동일하게 적용되는 원칙이 있다는 걸 깨달았습니다. 주식은 어려움 없이 공부도 해가며 실제 투자를 하고 있는데, 부동산은 큰돈이 들어가서 막연히 무섭고 어렵게 느껴졌었습니다. 그런데 소장님의 지지선(주식)과 연계된 비유를 통해 부동산이 어떤 사이클로 흘러가는지 비로소 이해하게 되었습니다.

구독자분의 말씀을 듣고 '아, 이거다!' 싶었습니다. 양도세 기본 세율을 적용받으려면 최소 2년을 보유해야 합니다. 전매 제한이 없는 경우라 하더라도 부동산은 주식의 관점에서 보면 장기투자입니다. 초 단위나 분 단위로도 사고팔 수 있는 주식에 비해 부동산의 호흡은 무척 길고, 사이클 주기 역시 깁니다. 그래서인지 주식의 사이클은 바로바로 와닿고 눈에 쉽게 보입니다. 하지만 부동산은 주식에 비하면 느리게 판이 바뀌기 때문에 시장의 대전환을 알아차리기 힘듭니다. 하루 만에 하한가를 맞아서 30%가 빠지는 게 주식시장이라면, 부동산 시장에서 집값이 30% 빠지려면 몇 년씩 걸립니다. 주식시장은 펄펄 끓는 물을 발등에 끼얹은 것과 같아서 손절을 할지 말지 바로 결정할 수 있는데, 부동산 시장은 서서히 끓는 물에 담긴 개구리

아파트 투자는 사이클이다

와 같아서 대전환의 시그널을 일반 투자자 입장에서 읽기가 어렵습니다. 그래서 느낀 건 부동산 시장을 부동산만의 관점으로만 설명하기보다 주식 시장에 빗대 설명하면 훨씬 더 이해하기 쉽지 않을까 라는 생각을 해보게 되었습니다. 마침 주식 시장에는 워런 버핏처럼 누구나 알고 있으며 거부감 없이 투자방식을 따라 해도 좋은 투자의 대가가 많습니다. 주식 대가들이 남긴 명언과 투자 원칙은 부동산에 그대로 적용해도 틀릴 게 없습니다. 오히려 부동산 시장을 쉽게 이해하는데 큰 도움이 되지요.

쉬운 예를 들어보겠습니다. 어떤 주식 전문가라는 사람이 아래와 같은 말을 했다고 해볼까요?

"코로나19 팬데믹 이후 주식에 투자하지 않는 사람은 기회를 날리는 것입니다. 주식은 오늘이 가장 쌉니다. 내년에도 올해와 같은 상승장이 계속될 게 분명합니다! 지금 사세요! 당장 사세요! 빚을 내서라도, 영끌을 해서라도 주식을 사야 합니다! 저는 주식으로 3년 만에 100억을 벌었습니다!"

그러면 어떤 답이 돌아올까요? "당장 내일도 모르는데 어떻게 내년까지 상승장이라는 거야?", "미리 매집해놓고 자기 물량을 개미들에게 떠넘기려고 수작 부리는 거다.", "미국 연준이 금리 인상을 예고 했는데 지금 이 시점에 주식시장에 들어가라고? 미친 거 아냐?", "3년 만에 100억을 벌었다고? 진짜면 계좌 까봐!"라는 답이 돌아올 것입니다. 그런데 저 말은 최근 몇 년 동안 부동산 시장에서 돌던 말입니다. 집을 사지 않는 것은 기회를 날리는 것이고, 서울 집값은 오늘이 가장 싸며, 대한민국 부동산은 끝없이 우상향하므로 빚을 내고 P2P 대출을 당겨서 영끌해서라도 집을 사야 하고, 3년 만에 부동산으로 몇십억 자산가가 됐다는 이들이 우후죽순 등장했죠. 주식 시장에서는 저런 말이 의심받고 검증이 요구되는데, 부동산 시장에서는 왜 그런 검증과 의심이 없을까요? 주식 투자자는 하락장의 공포를 아는데 왜 부동산 투자자는 하락장은 없으며 부동산은 우상향 뿐이라고 생각할까요? 바로 부동산 시장의 사이클이 주식 시장의 사이클보다 훨씬 길기 때문입니다. 부동산 투자 경력이 길다 하더라도 상승장의 꼭지에 물려 큰 손해를 본 분들의 심리를 체감하지 못했다면 하락장이 주는 심리적 압박과 공포를 경험하지 못했다고 봐야 하죠. 다행히 바닥권에서 투자를 시작해서 투자 기간 내내 부동산이 올랐다면 하락장이 있다는 걸 받아들이기 쉽지 않습니다. 그렇다면 주식 시장은 어떨까요? 팬데믹으로 전세계 주식 시장이 폭락을 거듭하던 당시 여의도 증권가에 있던 지인에게서 현장 느낌을 들었던 적이 있습니다. 그 누구도 예상 못 한 천재지변에 가까운 폭락에 미국과 한국에 사이드카와 서킷브레이커가 발동됐는데, 마치 전쟁이 벌어져 '진돗개 하나'가 발령되는 것과 마찬가지인 상황이라 사무실 전체가 패닉에 빠졌다고 하더군요. 사이드카나 서킷브레이커는 5분, 15분 동안 거래를 정지시키는 것을 말합니다. 폭락으로 인한 투자자의 패닉을 막기 위

아파트 투자는 사이클이다

해 시장 전체의 스위치를 꺼버리는 셈이죠. 당시 미친 듯한 폭락으로 인해 투자를 위탁한 고객의 항의 전화를 받느라 일을 할 수가 없는 지경에 이르렀다고 합니다. 전문가가 아니라 전문가 할아버지라 해도 할 수 있는 게 아무것도 없는 상황이었죠. 대비하지 못한 폭락은 이처럼 무섭습니다. 그 공포는 오직 경험해본 사람만이 알 수 있습니다.

그런데 2020년 대한민국에 전무후무한 일이 벌어집니다. 한국 거래소 개설 이래 처음으로 '쌀 때 사서 비쌀 때 파는' 스마트 투자자들이 나타납니다. 엄청난 폭락을 했기 때문에 원상 회복만 돼도 상당한 수익을 낼 수 있는데, 외국인들이 팔고 떠나는 삼성전자를 개미들이 사기 시작한 겁니다. 당시 TV든 유튜브든 모든 콘텐츠가 주식과 주식투자 얘기 뿐이었고, 주식 전문가라는 사람들이 여기저기에서 나타났습니다. 투자의 '투'자도 모르고 관심 없던 이들조차 커피숍에 모이면 '삼성전자 지금이라도 사야 해?'라고 묻는 게 일상이 됐었죠. 주식 시장에는 건국 이래 최대의 예수금이 모여들었습니다. 빚내서 투자하는 걸 뜻하는 신용잔고액 또한 최고점을 찍었습니다. 초등학생들도 엄마 아빠가 만들어준 주식 계좌로 투자하고, TV에서는 투자 신동이라는 아이가 등장해 자신의 수익률을 자랑했습니다. 그렇다면 2022년 지금은 어떤가요? 코스피 3천을 돌파했다고 샴페인을 터트린 게 엊그제 같은데 2천 초반에서 빌빌거리는 게 현실입니다. 시장은 상승의 거품을 고스란히 반납했습니다. 월가에는 '구두닦이의 교훈'이란 게 있죠. 존 F 케네디 대통령의 아버지는 월스트리트에서 내로라 하는 거부였습니다. 어느 날 구두를 닦던 그는 구두닦이들끼리 주식 이야기를 하는 것을 듣고 상투라 생각해서 주식을 팔아치웠다고 합니다. 예전 여의도에도 '객장에 스님이나 애를 업은 엄마가 등장하면 그때가 꼭지다'라는 말이 돌았다고 하죠. 결국 100마리의 펭귄 중 99마리가 한꺼번에 물에 뛰어드는 때와 똑같다는 말입니다. 안전하다고 생각하지만 먹을 건 없는 바다에 뛰어드는 셈입니다. 바다 밑에는 먹이가 있지만 포식자(리스크)가 있을 수도 있습니다. 하지만 사이클을 알고 먼저 뛰어드는 자가 결국 가장 탐스러운 과실을 따먹기 마련입니다.

상승장에서는 누구나 전문가가 될 수 있습니다. 팬데믹 이후 주식시장에서 속칭 동전주라 불리는 잡주를 사도 돈이 됐습니다. 많은 이들은 자신이 주식에 재능이 있다고 생각하고 쉽게 돈을 버는 행복한 순간이 영원할 거라 믿었을 겁니다. 이즈음 퇴사 후 전업투자까지 생각한 분도 많았습니다. 부동산 시장도 마찬가지입니다. '집을 사지 않으면 영원히 도태된다! 망설이는 순간, 당신은 평생 무주택자로 살 수밖에 없다!'라는 메시지는 강력하고 전염성이 강합니다. 욕망과 공포 두 가지 인간 본연의 감정을 자극하기 때문입니다. 부의 사다리가 끊겼다고 느끼는 분노한 젊은 세대와 노후가 불안한 중장년 세대는 상승만을 외치는 이들에게 열광할 수밖에 없었습니다. 그런 와중에 제가 '부동산 하락이 다가온다'는 정 반대의 메시지를 설파했으니 어떻게 보였을지는 말하지 않아도 뻔합니다. 이쯤에서 주식 시장의 대가가 한 말을 들어볼까요?

아파트 투자는 사이클이다

물이 빠졌을 때 비로소 누가 발가벗고 헤엄쳤는지 알 수 있다.
It's only when the tide goes out that you discover who's been
swimming naked.

_워런 버핏

물이 들어올 땐 노를 젓는 게 맞습니다. 하지만 물이 빠지는 조정과 하락의 시기가 되면, 누가 발가벗고 헤엄을 쳤는지, 물이 빠지는 걸 대비 못 한 사람이 누구인지 빤히 드러나기 마련입니다. 진짜 전문가와 가짜 전문가가 확연히 구분될 수밖에 없습니다. 제가 이 책을 쓰는 이유는 단 하나입니다. 밀물과 썰물 같은 부동산 사이클을 미리 알고, 대비하고, 투자하자는 것입니다. 팬데믹 패닉에 빠졌었던 여의도 증권가처럼 상투에 영끌해서 집을 사서 집에 돈이 묶이고 대출이자와 원금 상환에 허덕이는 전쟁 같은 삶을 살 것인지, 다가오는 하락장을 대비하고 공부하여 쌀 때 사서 여유와 행복을 누릴 것인지는 어디까지나 투자자의 선택에 달렸습니다. 이 책을 읽는 여러분이 투자의 바다에 가장 먼저 뛰어드는 용감하고 지혜로운 한 마리의 펭귄이 되기를 기원합니다.

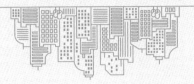

1장

————·————

당신은 지금껏
세상의 편견에 속고 있었다

우상향 믿다가는
지옥이 펼쳐진다

시장의 하락 시그널을 부정하는 분들의 주장 중 하나가 '부동산은 결국 우상향하므로 버티면 된다'입니다. 그렇게 쉽게 단언하는 분들은 하락장에서 자산이 줄어들며 이자 부담으로 삶이 위협받는 걸 경험하지 못하셨을 가능성이 큽니다. 상승장에 첫 투자를 시작하느냐, 하락장에 첫 투자를 시작하느냐에 따라 시장에 대한 인식이 편견으로 굳어질 수밖에 없죠. 사람은 누구든 자신이 경험한 것만이 전부라고 믿기 마련입니다. 비단 투자뿐만이 아니라 사회적으로도 대중 심리를 형성하는데 있어 환경은 절대적 영향을 미칩니다. 소니와 도시바, 토요타 등 일본 기업이 전 세계를 제패하던 80, 90년대에 청춘을 보낸 현재 5, 60대의 일본인은 대한민국을 어떻게 생각할까요? 예능이며 음악이며 일본 것을 표절하고 일본의 문화와 부를 동경하는 개도국에 불과할 것입니다. 현재 우리나라 사람들은 중국에 대해 우리 것을 마구 베끼며 그들이 만든 물건은 믿을 수 없다고 폄하하는데, 80, 90년대의 일본인이 우리나라를 볼 때 딱 그 느낌 아니었을까 싶습니다. 현대자동차가 1999년에 출시한 대형 세단 에쿠스는 미쓰비시가 없었다면 세상에 나올 수 없었던 차입니다. 현대차는 기술이 없었기에 미쓰비시 엔진을 수입하거나 라이센스 생산을 할 수밖에 없었습니다.

반대로 2020년대의 일본 20대는 대한민국을 어떻게 생각할까요? 영화 및 문화예술에서 한류를 일으키며 세계의 주목을 받기 시작한 동아시아의 문화 중심지로 생각하겠죠. 현대자동차는 2001년에 일본에 진출했다가 처참하게 실패하고 2009년에 사업소를 철수했지만, 내연기관에서 전기모터로 자동차 패러다임이 바뀌고 있는 현재 현대의 전기차 아이오닉5는 일본 현지 리뷰어로부터 '이런 차를 현대가 만들었다니, 분하다!'는 반응을 이끌어 내고 있습니다. 이런 자신감을 바탕으로 철수 13년 만에 현대차는 일본 재진출을 선언했죠. 게다가 현대차는 2022년 상반기 판매량 세계 3위를 기록했습니다. 절대강자 토요타, 폭스바겐의 뒤를 바짝 쫓고 있죠. 이처럼 한국과 일본에 대한 평가는 평가자가 어느 시기를 경험했느냐에 따라 극명하게 갈릴 수밖에 없습니다. 쉽게 말해 국운이 상승하는 시기냐, 하락하는 시기냐에 따라 세상을 보는 프레임이 완전히 달라지는 거죠. 투자 시장 뿐만 아니라 국가에도 상승과 하락장이 있는 셈입니다. 일본의 '잃어버린 30년'이라는 건 일본이라는 시장이 하락 후 횡보하며 상승할 기미가 안 보인다는 뜻입니다. 투자하기에는 매력이 없는 시장이란 소리죠. 대한민국과 일본의 '입지'는 변한 게 없습니다만, 국운의

아파트 투자는 사이클이다

상승장이냐 하락장이냐에 따라 투자해야 할지 말지가 명확히 결정되는 것입니다. 국가의 지정학적 입지는 결국 부동산의 입지와 개념 면에서 유사합니다. 입지는 물리적으로 변할 수 없지만 시장 상황은 변합니다. 입지가 국가의 국운을 결정하는 게 아니라 상승과 하락의 사이클이 국운을 결정하는 것입니다. 움직일 수 없이 지도에 박혀 있는 국가의 입지가 그 나라의 국운을 좌지우지할 수 없듯이, 강남이라는 입지는 결코 강남 부동산을 보장해 주지 않습니다.

세상에 '절대'라는 건 없습니다. 영원한 승자 또한 없지요. 일본은 미국을 위협하는 세계 최고의 반도체 생산국이었지만 지금은 대만에게도 명함을 못 내미는 위치입니다. 세상이 이렇게 변하는데 대한민국의 부동산만 변치 않고 영원히 우상향하는 게 가능할까요? 부동산이 상승과 하락을 오가며 십 년, 이십 년 단위로 돌아보면 꾸준히 우상향하는 게 맞지만, 하락할 때의 금융비용이나 기회비용을 버틸 능력이 없는 서민에게 '부동산은 끝없이 우상향하니 사서 버텨라'는 말은 희망고문에 불과합니다. 그러니 버티지 마십시오. 절대 시장을 이기려고 하지 마시길 바랍니다. 우상향 믿다가 지옥이 펼쳐집니다.

지금까지는 소형 아파트가 대세였습니다. 인기가 많기에 건설사는 끊임없이 중소형 규모의 아파트를 생산하고 있죠. 하지만 하락장이 되고 미분양 또는 입주 미분양이 발생하게 되면 소형 아파트는 넘쳐나게 됩니다. 결국 건설사는 적체되어 재고가 쌓이는 소형 아파트 대신 희소성 있는 대형 아파트 건축으로 방향을 전환할 수밖에 없습니다. 만약 부동산이 영원히 우상향한다는 믿음으로 소형 아파트를 매수해서 버티고 있다면, 소형 아파트의 트렌드가 지나가고 대형 아파트의 시기가 찾아올 때 아무런 대응을 할 수 없게 됩니다. 시장에는 소형 아파트가 널려 있고 매수자는 수많은 소형 아파트를 골라서 '싸게' 살 수 있기 때문입니다.

부동산과 관계 없어 보이는 국제 정세와 일본을 예로 든 건 이런 시장의 전환을 설명하기 위함입니다. 버블 시절의 일본은 미국과 어깨를 나란히 하는 G2 국가였습니다. 일본이 영원할 것 같으니 일본 반도체 기업에 투자한 후 시장의 하락과 국제 정세 변화에도 '버티면 된다'고 생각하고 여전히 일본 반도체 기업 주식을 갖고 있었다면 지금쯤 어떻게 됐을까요? 반도체의 주도권이 일본에서 한국으로 전환되어 예전의 투자가 무의미해지듯이, 소형 아파트를 장기보유하는 것은 하락장 이후 소형에서 대형으로 전환되는 시기에 실패한 투자가 될 가능성이 높습니다. 마찬가지로 소형이 득세하기 이전 대형 아파트가 대세일 때 부동산 상투에서 대형을 매수하였다가 매도하지 않고 버티고 있던 분들은 소형 아파트로 대세가 전환되어 몸값이 오를 때 큰 손실을 입었을 것입니다. 실제로 2007년 이전 대형 아파트를 매수한 분들은 회복이 안 돼서 피눈물을 흘리고 있습니다. 최근 몇 년간의 상승기에 소형은 초과 공급 되었고, 다가오는 하락장에서는 소형이 아닌 대형 아파트가 주목을 받을 것입니다. 소형과 대형은 상승과 하락의 사이클에 따라 전환하게 되어 있습니다.

제가 주장하는 아파트사이클은 40대 중반을 넘긴 분들에게 많

아파트 투자는 사이클이다

은 지지를 받는 편입니다. 그분들은 부동산 투자에 직접 참여하지 않았을지라도 IMF와 서브프라임 모기지론 부실에서 비롯된 국제금융위기를 모두 경험해 본 분들이고, 강남의 대형 아파트조차 40% 전후로 뚝뚝 떨어진 역사를 기억하기 때문입니다. 당시에는 집값이 왜 그리 널뛰기하는지 원인을 모르셨지만 아파트사이클에 대한 제 이야기를 들으시곤 부동산 시장이 왜 그렇게 흘러갔는지 비로소 알게 됐다고 말씀하시는 경우가 많습니다. 하지만 저는 뭐든지 불리한 입장일 수밖에 없는 2, 30대가 이 책을 읽었으면 좋겠습니다. 세상에는 많은 투자 수단이 있지만 비교적 어렵지 않게 부자가 될 수 있는 유일한 동아줄은 부동산밖에 없습니다. 물론 준비가 안 된 상태면 기회가 와도 기회인 줄 알아볼 수 없기에 잡을 수가 없습니다. 집은 돈이 없어서가 아니라 부동산에 대한 인식과 확신이 없어서 못 사는 것입니다. 부동산 시장의 메커니즘을 모르니까 분위기에 휩쓸릴 수밖에 없습니다. 부동산 하락장은 5년 이상 지속되니까 그 이후 부동산에 투자하라는 말을 하면 그때까지 어떻게 기다리느냐고 되묻는 분이 있습니다. 직장에서 5년 동안 받은 월급은 생활비인 동시에 시드머니가 된다는 걸 잊어서는 안 됩니다. '돈이 일하게 하라', '현금을 지니고 있는 건 바보다'라는 말은 하락장에는 통용되지 않습니다. 지금은 돈을 모을 때입니다. 부동산 사이클에 따라 하락장에서 상승장으로 전환하는 시기에 거침없이 투자할 수 있도록 한푼이라도 더 시드머니를 모아야 할 때입니다.

저의 첫 번째 책 『전세가를 알면 부동산 투자가 보인다』는 하락

지지선이자 상승 신호를 파악할 수 있는 전세가에 대한 이야기입니다. 두 번째 책『부동산 폭등장이 온다』는 조정을 마치고 집값이 폭등하기 전 시장이 보내는 명확한 신호에 대해 썼죠. 세 번째로 여러분께 선보이는 이 책은 폭등장 이후 하락 초입의 시장과 심리 변화, 긴 터널과도 같은 하락장 끝에서 어떻게 기회를 잡을 것인지에 대해 썼습니다. 근 10년 동안 대한민국 부동산 시장은 규제에 따른 일시적 하락과 조정을 겪었지만 꾸준히 우상향했습니다. 10년 동안 상승이라는 달콤함을 맛보았기에 폭락장이 온다는 걸 아마 상상하기 힘드실 겁니다. 그래서 왜 하락장이 올 수밖에 없는지 쉬운 비유와 설명을 덧붙였습니다. 부동산으로 부자가 되지 못하는 건 기술이나 지식, 돈이 없어서가 아니라 '부동산에 대한 편견'이나 '잘못된 지식'을 깨지 못해서입니다. 미국 문학의 아버지로 불리는 소설가 마크 트웨인은 '곤경에 빠지는 것은 뭔가를 몰라서가 아니라 뭔가를 확실하게 안다는 착각 때문이다.'라는 말을 남겼죠. 잘 모르는 사람은 신중하고 조심스럽게 행동하지만, 확실하게 안다고 착각하는 사람은 본인뿐만 아니라 주변 사람들마저 실패의 늪에 끌고 들어갈 수 있습니다. 부동산 투자에 큰돈이 들어가는 만큼 잘못된 확신은 내 돈뿐만 아니라 부모님의 돈, 본가와 처가의 돈까지 끌어다 쏟아붓는 경우가 비일비재하기 때문입니다. 부동산 불패, 강남 불패, 부동산은 결국 우상향한다는 잘못된 믿음이 오히려 투자자를 곤경에 빠트릴 수 있다는 걸 인식하는 것부터가 부동산 공부의 첫걸음이자 아파트사이클을 받아들일 수 있는 기본입니다.

아파트 투자는 사이클이다

부동산 시장을 전망하는 전문가들은 대체로 상승론자와 하락론자로 나뉘어 왔습니다. 부동산 유튜버를 봐도 여러분 머릿속에 상승론자는 누구인지, 하락론자는 누구인지 선명하게 그려질 것입니다. 부동산은 사이클이 길다 보니 부동산이 폭등하는 시기에는 하락을 주장하는 전문가들이 신뢰를 잃고 주장 또한 힘을 잃습니다. 반면 조정을 거쳐 하락의 조짐이 보이면 상황은 역전되죠. 그래도 상승과 하락 두 가지 중 하나를 꾸준히 주장하면 수년 동안 50%의 확률로 맞힐 수 있습니다. 굳이 자신의 주장을 철회할 필요가 없죠. 하지만 아파트는 폭락과 폭등의 사이클이 있습니다. 상승이냐 하락이냐는 두 가지 주장은 절반의 승률로 알아맞힐 수 있지만, 투자는 절반의 승률로 모든 것을 잃을 수도 있습니다. 51대49로 조금이라도 앞서는 승률이라면 하이 리스크 하이 리턴을 기대할 수 있지만, 50대 50 확률이면 사느냐, 죽느냐가 되는 것입니다. 부동산 투자가 50%의 승률로 모든 것을 거는 러시안 룰렛이 되어서는 안 됩니다. 앞뒷면이 상승과 하락인 동전 던지기가 되어서도 안 됩니다. 더구나 시장은 결코 반반의 확률로 흘러가지 않습니다. 상승 사이클에서 하락 사이클로 100%의 확률로 움직이는 게 부동산 시장입니다. 상승이나 하락 어느 한쪽을 신봉하는 건 동전 던지기에 불과합니다. 상승과 하락 어느 한쪽만을 붙잡는 건 동전 던지기를 하면서 투자 전문가로 행세하는 것과 다를 게 없습니다. 개인은 시장을 이길 수 없습니다. 시장은 살아서 움직이기에 그 흐름을 읽고 사이클에 따라 움직여야만 승률을 보장받을 수 있습니다.

흙수저에서 몇십억 자산가가
됐다는 책이 팔리는 이유

모든 장기 투자자들에게 있어 단 하나의 목적은
"세후 최대의 실질 총 수익률"을 올리는 것이다.
_존 템플턴

존 템플턴
월스트리트의 살아있는 전설, 투자자들의 영원한 멘토로 손꼽히는 인물. 종교계
의 노벨상으로 불리는 템플턴 상을 제정했다. 템플턴 상 수상자로는 테레사 수
녀, 빌리 그레이엄 목사, 한경직 목사 등이 있다. 1954년 자신의 이름을 붙인 템
플턴 펀드는 전세계 뮤추얼 펀드 업계의 신화가 됐다. 진정한 부자가 되기 위한
스물한 가지 삶의 원칙을 다룬 『템플턴 플랜』 등의 저서가 있다.

서점의 경제 코너에 가보면 여러 책이 약속이나 한 듯 닮은 구석
이 있습니다. 바로 '○년 만에 ○○억을 벌었다!'는 홍보 문구를 쉽게
찾아볼 수 있다는 점입니다. 책뿐만 아니라 유튜브에도 '○년 만에
수십 억 자산을 일궜다'는 분을 어렵지 않게 만나볼 수 있습니다. 인
터넷 서점 검색창에 '10억' 키워드로 검색해보니 무려 142개의 상품
이 검색됐습니다. 20억으로 검색하면 42개의 상품이, 30억으로 검색
해보니 51개의 상품이, 100억으로 검색하니 무려 141개의 상품이 검
색됩니다. 이 숫자는 제목이나 부제에 10억, 20억, 30억, 100억이 직
접적으로 쓰인 경우고, 검색에는 안 걸리지만 띠지나 뒤표지 등에서

아파트 투자는 사이클이다

억 단위의 돈을 벌었다고 쓰인 경우까지 따지면 결과는 훨씬 늘어날 겁니다. 그런데 아무리 생각해도 납득이 되지 않더군요. 이렇게 단기간에 혼자서 수십억을 벌 수 있다면 대한민국은 부자로 넘쳐나야 하는 것 아닐까요? 그렇다면 여러분 주위를 둘러봤을 때 100억은 차치하고 10억 원의 자산을 보유한 사람은 과연 몇 명이나 되나요?

'삼 년 고개'라는 전래동화가 있습니다. 실수로 넘어지면 삼 년 뒤 죽게 된다는 고개를 둘러싼 이야기죠. 어느 날 나무꾼 할아버지가 삼 년 고개에서 실수로 넘어지고 맙니다. 할아버지는 3년의 시한부 인생을 선고받은 셈이죠. 걱정으로 몸져누운 할아버지에게 손자가 다가와 말합니다. "한 번 더 넘어지면 삼 년 더 사실 테고, 또 넘어지면 육 년 더 사시는 거잖아요?" 넘어지고 나서 3년 후 사망이라면, 3년이 도래하기 직전 다시 한번 넘어져서 수명을 연장하면 된다는 역발상의 재미가 담긴 전래동화입니다. 아인슈타인이 세계 9대 불가사의 중 하나라고 말한 복리의 법칙이 떠오르기도 하죠. 전래동화 속 삼 년 고개의 법칙에 따라 한 번 넘어질 때 3년의 수명이 보장된다면, 마흔 번 넘어지면 120살의 장수를 보장받는 셈입니다. 만약 시중에 유통되는 수많은 책과 유튜브 컨텐츠처럼 '3년 만에 30억 자산가'가 될 수 있다면, 6년 일하면 60억 자산가, 9년 일하면 90억 자산가가 된다는 얘기입니다. 실제로 대출 없이 0원으로 십 년 만에 100억 자산가가 됐다는 경우가 있습니다. 100억 자산가가 50여 채의 부동산을 소유했다고 하는 걸 보니 한 채당 평균 2억 원의 자산으로 계산이 되겠네요.

오해하면 안 되는 게 갭투자가 나쁘다는 게 아닙니다. 제가 짚고 넘어가고 싶은 건 '자산'에 대한 기준입니다. 『재무제표 모르면 주식 투자 절대로 하지마라』라는 베스트셀러를 집필한 사경인 회계사는 자산에 대해 아주 명쾌한 정의를 내리고 있습니다. 내게 돈을 벌어다 주면 자산, 있는 돈을 까먹게 되면 부채라는 거죠. 예를 들어볼까요? 젊은 나이에 2억 원에 달하는 수입 럭셔리카를 소유한 사람이 있다면, 그 사람은 2억 원의 자산을 보유한 것일까요? 당연히 아닙니다. 영업용이 아닌 이상 차가 돈을 벌어다 주지는 않습니다. 오히려 보험료, 유지비, 할부 이자 등 내 돈을 까먹는 존재죠. 요즘 말하는 '하차감'을 주는 비싼 차일지는 몰라도 결코 자산이 될 수 없습니다. 그렇다면 갭투자의 바탕이 되는 세입자의 '전세자금'은 자산일까요? 부채일까요? 어떤 분은 대출도 자산이며, 부자들은 적극적으로 대출을 운용하기에 부자가 되었다고 말할 겁니다. 또 다른 분은 세입자가 이사 갈 때 돌려줘야 할 돈이므로 부채라고 말할 수도 있죠. 결론부터 말씀드리면 갭투자의 근간이 되는 전세자금은 자산일 수도 있고 부채일 수도 있습니다. 전세는 전세계에서 대한민국에만 존재하는 아주 특별한 제도입니다. 이를 이용한 갭투자는 최소의 비용투자로 최대의 이익을 얻을 수 있는 투자 방법이죠. 실제로 서점의 부동산 책들 대부분이 경매 또는 갭투자에 대한 책입니다. 하지만 성공적인 갭투자에는 반드시 선행돼야 할 것이 있습니다. 바로 부동산 시장이 상승해야만 합니다. 부동산 시장이 상승하는 상황에서의 갭투자와 전세자금은 자산으로 볼 수 있습니다. 자산이 불어나기 때문이죠. 하지만 조정기를 거쳐 하락장이 되어 집값이 떨어지고 금리가 인상될 때에 묶인 전세자금은 고스란히 부채로 돌아옵니다. 이 시기가 되면 '집

아파트 투자는 사이클이다

50채, 자산 100억'이 성립할 수가 없습니다. 매매가보다 전세가가 높으니 집은 팔리지 않고, 50채에 세든 세입자들이 이사라도 간다고 하는 순간 상승장의 100억 자산은 한순간에 100억 원의 빚으로 변해버립니다.

지역별 갭투자 비율 및 깡통전세 비율

(단위: 건, %)

지역	2021년		2020년	
	전국 갭투자 비율	전국 갭투자 거래 중 깡통전세 비율	전국 갭투자 비율	전국 갭투자 거래 중 깡통전세 비율
전국	154,335(27.9%)	80,205(52.0%)	117,714(15.3%)	37,250(31.6%)
서울	36,555(43.5%)	17,539(48.0%)	51,924(35.6%)	11,657(22.5%)
부산	10,809(23.1%)	17,539(48.0%)	3,572(19.7%)	605(16.9%)
대구	2,849(8.2%)	1,333(46.8%)	3,823(20.7%)	1,142(29.9%)
인천	24,856(33.5%)	15,056(60.6%)	6,821(17.9%)	3,554(52.1%)
광주	3,217(14.1%)	2,044(63.5%)	556(14.0%)	227(40.8%)
대전	4,222(23.4%)	2,055(48.7%)	2,460(16.7%)	1,006(40.9%)
울산	1,217(17.9%)	786(64.6%)	447(16.8%)	155(34.7%)
세종	960(29.4%)	534(55.6%)	2,346(31.4%)	189(8.1%)
경기	53,268(26.8%)	25,263(47.4%)	41,376(21.9%)	16,403(39.6%)
강원	503(40.4%)	374(74.4%)	157(31.3%)	37(23.6%)
충북	4,886(27.5%)	3,805(77.9%)	1,869(29.3%)	1,251(66.9%)
충남	3,435(32.0%)	2,471(71.9%)	638(28.4%)	296(46.4%)
전남	2,597(26.3%)	1,876(72.2%)	340(29.1%)	175(51.5%)
경북	1,087(10.6%)	693(63.8%)	186(12.3%)	67(36.0%)
경남	1,444(26.4%)	928(64.3%)	465(18.6%)	168(36.1%)
제주	2,315(35.9%)	1,566(67.6%)	612(32.1%)	268(43.8%)

흙수저에서 몇십억 자산가가 됐다는 책이 팔리는 이유　　　　**039**

2021년 서울지역 갭투자 비율은 43.5%, 서울 지역 갭투자 거래 중 깡통전세 비율은 48%에 달합니다. 서울지역 부동산 투자의 절반에 조금 못 미치는 43.5%가 갭투자이며, 그 중의 절반에 가까운 48%가 깡통전세라는 거죠. 아시다시피 깡통전세는 담보 대출과 전세보증금이 매매가를 웃도는 전세를 말합니다. 부동산 상승장의 시기에는 집값이 꾸준히 우상향하므로 전세보증금 비율이 높아도 크게 문제 될 것은 없습니다. 이 시기에는 전세보증금도 자산이라고 볼 수 있습니다. 갭투자로 매수한 집 50채를 자산으로 계산할 때 전세보증금까지 포함시켜도 큰 이견이 없을 수 있죠. 반대로 집값이 하락세에 돌아서면 전세보증금은 고스란히 빚이 됩니다.

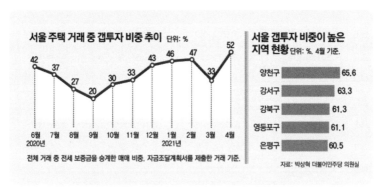

2021년 4월 서울 주택 거래 중 52%가 갭투자였다.

다시 질문을 드려 보겠습니다. 10년 만에 100억 자산가가 됐다면 부동산 투자를 20년 하면 200억 자산가가 될 수 있을까요? 자산일 수도 있고 부채일 수도 있는 전세보증금을 포함한 50채의 집 값

아파트 투자는 사이클이다

100억에 더하여 50채를 더 사서 20년을 기다리면 200억 자산가가 될 수 있을까요? 제 답은 '아니오'입니다. 팔아서 내 손에 현금을 쥐기 전까지는 내 돈이 아닙니다. 더구나 집을 판 돈 전부가 다 내 돈이 되는 것도 아니죠. 전세 보증금도 돌려줘야 하고, 세금도 내야 합니다. 대출이 있었다면 그동안 은행에 바친 이자도 계산해야 하죠. 여기에 맹점이 있습니다. 주식이든 코인이든 부동산이든, 20년 연달아 꾸준히 우상향한 자산은 그 어디에도 없다는 점입니다. 공교롭게도 수십억 자산가가 됐다는 이들은 하나같이 짧은 기간에 자산가가 됐다는 점을 강조하고 있습니다. 반대로 20년 동안의 부동산 투자로 수백억의 자산가가 됐다는 사람은 단 한 명도 없죠. 왜일까요? 2009년에서 2013년은 대한민국 부동산의 극심한 침체기였습니다. 그리고 그 후 조금씩 시장이 회복됐죠. 정부의 규제에도 불구하고 끝내 시장이 규제를 이기고 미쳤다고밖에 할 수 없는 폭등이 몇 년 새 일어났습니다. 주식 시장의 격언 중 '달리는 말에 올라타라'는 말이 있습니다. 상승장일 때는 용기 있는 자, 먼저 매수하는 자가 결국 돈을 법니다. 사실 시장이 좋아서 재미를 본 것 뿐인데, 자신이 부동산 투자에 남다른 재능이 있는 걸로 착각하는 이들이 많아집니다. 마치 자신만 부의 추월차선을 타고 돈의 비밀을 자기 혼자만 아는 것처럼 자신감이 생기며, 투자에 망설이는 무주택자들을 우습게 보기까지 하죠. 2020년~2021년의 주식 활황기에도 너나 할 것 없이 주식 전문가라는 이들이 홍수처럼 쏟아졌습니다. 주식 채널에서 보이던 이들이 TV에까지 진출해서 주식에 대한 얘기를 나누는 게 일상이 되는 진풍경이 벌어졌습니다. 하지만 조정과 하락을 거쳐 단물이 빠진 2022년의 주식 시장에서는 많은 이들이 자취를 감췄죠. 당연히 TV에서도 주식을 소재로 한 예능이 썰물처럼 빠져나갔습니다.

상승장일 때 '집값 오른다!'라고 말하는 것은 쉽습니다. 한결같이 집값이 오를거라 말하는 것도 쉽습니다. 해가 뜨기 전 새벽이 가장 어둡다고 하죠. 진짜 전문가는 어둠이 가장 짙을 때 곧 해가 떠오르는 걸 말할 수 있는 사람입니다. 한낮일 때 곧 저녁이 된다고 말할 수 있는 사람이 전문가입니다.

월스트리트의 살아있는 전설이자 투자자들의 영원한 멘토로 손꼽히는 인물인 존 템플턴은 "모든 장기 투자자들에게 있어 단 하나의 목적은 세후 최대의 실질 총 수익률을 올리는 것이다."라고 말했습니다. 내 손에 세금을 제하고 실질적으로 얼마의 돈을 쥘 수 있느냐가 투자의 목적이 돼야 합니다. 우리는 존 템플턴의 말처럼 '100억 원어치 집을 사는' 게 목적이 아니라 그것들을 팔아서 '100억 원을 손에 쥐는 게' 목적인 투자자입니다. 주식 시장에서는 '매수는 기술, 매도는 예술'이라고 말합니다. 사는 건 누구나 할 수 있습니다. 매수는 쉽게 따라할 수 있는 기술에 불과합니다. 하지만 최적의 타이밍에 집을 팔아서 세후 최대의 실질 수익을 올리는 것은 기술을 뛰어넘는 예술입니다. 그만큼 어렵다는 소리죠. 그러므로 사이클을 명확히 인지하고 버블이 터지기 전 매도하고 빠져나가는 출구 전략을 투자 내내 늘 염두에 둬야 합니다. 2억짜리 집 50채를 소유한 100억 자산가라고 하는데 급할 때 당겨올 수 있는 현금 5억 원이 없다면 과연 100억 자산가라고 말할 수 있을까요? 근 몇 년 동안 부동산 투자자로 등장하여

아파트 투자는 사이클이다

추종받는 수많은 이들 중 처절한 하락기를 거친 이들의 애끓는 마음을 이해하는 전문가는 과연 몇이나 될까요? 거듭 말하지만 상승장에서는 누구나 전문가가 됩니다. 상승장 이후에 찾아올 시장에 대비할 것을 말하는 이야말로 대중의 편에 선 참 투자자이자 전문가입니다.

사군자(四君子)인 매화, 난초, 국화, 대나무 중 가장 앞서 있는 매화는 아치고절(雅致高節·고상한 기품과 높은 절개라는 뜻)로 불리며 칭송을 받습니다. 매화의 향이 진한 이유는 혹독한 겨울을 견디고 아직 추위가 가시지 않은 이른 봄에 누구보다 먼저 향기로 봄을 알리기 때문입니다. 반대로 보면 그만큼 겨울은 견디기 어렵다는 뜻이지요. 길고 길게 이어지는 부동산 하락기는 생각 이상으로 혹독한 겨울로 다가옵니다. 이 책을 읽으시는 여러분은 아치고절로 칭송받는 매화처럼 견디고 준비하여 끝내 향기로운 꽃을 피우시기를 바랍니다.

부동산은 첫째도 입지,
둘째도 입지라는 거짓말에 속고 있다

모두가 어떤 자산에 리스크가 있다고 믿어서 매입을 꺼려하면,
결국 자산 가격은 리스크가 전혀 없는 수준으로 떨어진다.
_랄프 웬저

———————— · ————————

랄프 웬저
월스트리트에서 소형주 투자의 개척자로 꼽힌다. <USA 투데이>가 월 스트리
트의 포트폴리오 매니저를 대상으로 실시한 '내 자산관리를 맡기고 싶은 펀드매
니저' 조사에서 워런 버핏을 제치고 1위를 차지하기도 했다. 국내에 번역, 소개
된 저서로 『작지만 강한 기업에 투자하라』가 있다.

부동산은 입지가 전부라는 얘기를 많이 합니다. 부동산에 관심이
많은 분이라면 어느 지역 어느 아파트가 왜 좋은지 줄줄 꿰고 있기도
하죠. 실제 서점에 나온 부동산 관련 책들을 보면 입지 설명에 많은
장을 할애하거나 부록 명목으로 서울특별시와 지방을 입지별로 구분
한 아파트 리스트를 제공하는 경우가 흔합니다. 부동산 투자에 이제
막 관심을 기울이는 분들이라면 어느 지역이 뭐가 어떻고, 요즘 뜨는
곳은 어디라더라는 부동산 투자 선배님들의 대화에 끼어들지 못해
괜히 주눅이 들기도 하죠. 비단 부동산 투자만 그럴까요? 자영업이나
식당을 하시는 분들 역시 '입지', 한마디로 '목'이 중요하다는 걸 그

아파트 투자는 사이클이다

누구보다 잘 알고 계시죠. 목이 어떻냐, 1층이냐 2층이냐에 따라 상가 임대료가 달라지는 건 상식 중의 상식이기도 합니다.

물론 입지는 중요합니다. 하지만 거의 대부분의 투자자는 입지보다 더 중요한 게 있다는 걸 간과하고 있습니다. 바로 시장 상황입니다. 쉬운 예를 들어볼까요? 만약 나만 알고 있는 제주 앞바다 다금바리 포인트가 있다고 해보죠. 낚시에 미친 친구들에게 갯바위 포인트를 실컷 자랑하곤 다 함께 대어의 꿈을 품고 제주도로 떠났는데, 하필 출조하는 당일 태풍이 몰려와서 낚싯배를 띄울 수 없다면 다금바리 포인트던 붉바리 포인트던 아무 소용이 없습니다. 다금바리 포인트가 입지라면, 태풍은 시장 상황입니다. 시장 상황은 모든 것을 삼켜버리고 모든 장점을 희석시키는 거대한 존재입니다. 개인 투자자는 결코 거스르거나 이길 수 없죠. 코로나 팬데믹 시기에는 유동인구가 많은 최고 입지에 자리 잡은 식당이든 동네 골목 식당이든 가릴 것 없이 매출에 치명적인 타격을 입었습니다. 사회적 거리두기와 영업시간 제한이라는 시장 상황 때문이죠. 변별력 있는 입지는 그대로이고 부동산은 말 그대로 움직이지 않고 변한 게 없지만 팬데믹이라는 태풍 때문에 입지와 상관없이 요식업 전체의 파이가 쪼그라들었습니다.

하지만 많은 분이 부동산 불패나 강남 불패, 입지 불패의 신화에 취해 있습니다. 이는 기상특보를 발령해도 다금바리 포인트가 어디 사라지는 게 아니니 태풍 따위 상관없다고 굳게 믿는 것과 다를 게 없습니다. 태풍이 몰아칠 때 배를 띄우면 대물 낚시는 고사하고 목숨이 위험할 수 있습니다. 마찬가지로 시장에 태풍이 불 때 투자를 진행하면 수익은 고사하고 목돈이 묶이고 이자 부담에 짓눌리며 다시는 부동산 투자를 생각도 하기 싫어질 만큼 지옥 같은 삶을 경험하게 될 수도 있습니다. 아니라고요? 그럴 리 없다고요?

부동산보다 주기가 짧고 시장 변화를 즉각적으로 느낄 수 있는 주식 시장을 예로 들어보겠습니다. 아래 내용은 주식시장의 기업 공개IPO 관련 각종 경제지의 머릿기사를 모은 것입니다.

2022년 'IPO 대어' 몰려온다…LG에너지솔루션·현대엔지니어링

2분기 'IPO 대어' 줄줄이 출격…원스토어·SK쉴더스 내달 상장

IPO 역사 새로 쓴 LG엔솔…'따상' 기대에 440만 명, 114조 몰렸다

114조원 빨아들였다, LG에너지솔루션 IPO 청약 신기록

114조 몰린 LG엔솔…1억 넣으면 5-6주 받는다

앞서 부동산 입지를 다금바리 포인트로 비유했는데, 기자들 역시 신규상장하는 기업들을 '대어'로 비유하고 있습니다. 낚을 수만 있다면 무조건 대물이라는 얘기죠. 2020년 코로나 팬데믹 이후 바닥을 찍었던 주식 시장은 한국이건 미국이건 할 것 없이 폭발하듯 성장을 했습니다. 역대급 상승장이었죠. 상승장일 때 기업공개IPO를 한 기업들은 쉽게 따상, 심지어는 따상상을 기록했습니다. 따상상이란 공모가

의 두 배로 시작한 주식이 상한가를 연속 두 번 기록하는 것을 말하죠. 따상상을 기록한다는 건 상장 첫날 주가가 공모가의 세 배를 훌쩍 넘긴다는 뜻입니다. 300%가 넘는 수익률을 단 하루 만에 기록하는 것이니 실로 엄청난 이익이죠. 아파트로 비유하면 청약을 받은 첫날 바로 분양가의 세 배로 값이 뛴다는 얘기입니다.

전기차 배터리 등을 생산하는 LG에너지솔루션은 상장을 앞두고 무려 114조 원이라는 천문학적인 청약 증거금이 모이면서 대한민국 IPO의 역사를 새로 썼습니다. 114억 원이 아니라 114조 원입니다. 너무 큰 액수라 가늠이 안 되시죠? 대한민국 2021년 국방 예산이 52조9천억 원입니다. 대한민국의 군사력은 미국의 군사력 평가 기관 글로벌 파이어 파워GFP 기준 전세계 6위입니다. 우리 주변에는 군사력 세계 2위인 러시아, 3위 중국, 5위 일본이 있고 북한과 마주보고 있는 분단 국가입니다. 그런데 LG에너지솔루션 청약에 몰린 돈이 전세계 6위의 군사력을 지닌 대한민국 일 년 국방 예산의 두 배가 훌쩍 넘는 수준이었다는 겁니다. 청약만 되면 이익은 따놓은 당상이니 그럴 수밖에요. 이렇듯 경쟁이 너무 치열해 1억 원의 청약 증거금을 넣어도 주식 다섯 주 정도를 겨우 받을 거라는 예상이 나왔습니다. 부동산 시장이 겹쳐 보이지 않나요? 분양가 상한제에 걸린 덕에 주변 아파트 시세보다 오히려 싸게 분양가가 책정되는 바람에 분양받기만 하면 복권에 당첨된 거나 마찬가지라는 '로또 청약'의 경쟁 과열과 다를 게 없는 상황입니다.

뉴욕 증시에 상장한 쿠팡은 어땠을까요? 쿠팡은 2014년 알리바바 이래 미국에 상장한 아시아 기업 중 최대 규모를 기록했습니다. 2021년 3월 뉴욕 증시에 상장한 쿠팡의 김범석 대표는 주식 상장으로 10조 부자가 됐다는 BBC 기사가 날 정도였죠. 당시 쿠팡의 시가총액은 코스피 부동의 1위 삼성전자 다음이었고, 월스트리트 저널 등의 외신은 "아마존과 알리바바가 양분한 국제 전자상거래 시장에서 쿠팡이 두 기업을 물리쳤다!"라고까지 했습니다. 김범석 의장은 미국 방송과의 인터뷰에서 '한강의 기적'을 언급하기도 했죠. 그렇다면 쿠팡 상장 일 년 남짓 지난 지금은 어떨까요?

앞 기사와 비교하기 위해 'IPO 대어'라는 키워드로 최근 뉴스 검색을 했더니 아래와 같은 기사들이 줄줄이 나왔습니다.

IPO 대어 잇단 급락… 못 믿을 공모가 산정
'따상'은 이제 없다? IPO '대어' 몰려오지만 전망은 먹구름
美빅스텝 직격탄 제대로 맞았다…'IPO대어' SK쉴더스 공모 철회
'IPO 대어'라던 원스토어, "고심 끝에 상장 절차 중단"

분위기가 완전히 바뀌었습니다. 불과 1년 전만 해도 파티 분위기였다면, 이제는 초상집 분위기입니다. 2021년 3월 11일 상장 당일 69달러까지 치솟았다가 49.25달러에 첫날 거래를 마쳤던 쿠팡은 1년이

아파트 투자는 사이클이다

지난 2022년 3월 9일(현지시간) 9.35달러로 마감했습니다. 1년 만에 상장 첫날 마감 주가의 반의 반토막이 된 셈입니다. 세계 최고의 전기차 회사인 테슬라에게 배터리를 공급했고 대한민국 IPO의 역사를 새로 쓴 LG에너지솔루션은 2022년 1월 상장 첫날 59만8천 원의 최고가를 기록했으나, 석 달이 채 지나지 않은 3월 15일 35만5천 원까지 흘러내렸습니다. 최고가와 최저가 차이가 두 배에 가깝습니다. 반토막이 났다는 얘기죠. 분위기가 이렇다 보니 기업공개 대어로 기대받던 기업들은 예정되었던 상장을 중단하는 초유의 사태가 벌어지고 있습니다. 왜일까요? LG에너지솔루션의 배터리 제작 기술이 갑자기 후퇴하기라도 한 걸까요? 상장을 중단한 업체들에 상장 부적격 사유가 생기기라도 한 걸까요? 아닙니다. 변한 건 없습니다. 주식 시장의 말을 빌리자면 종목 펀더멘털에는 이렇다 할 변화가 없습니다. 변한 건 시장 상황입니다. 입지는 그대로인데 시장이 바뀌어서 폭락했다고 볼 수 있습니다. 상승장에는 어떤 종목이든 기업 공개를 하고 주식을 상장하면 대박이 났는데, 이제는 기업 공개를 미루는 지경입니다. 상승장에는 썩은 빌라를 사도 오르지만, 위기가 다가오면 현장에서 공사가 중단되고 신규 분양은 연기되는 것과 다를 게 없습니다.

저 상황을 부동산과 연결해 볼까요? 쿠팡이나 LG에너지솔루션을 강남의 좋은 입지 1군 브랜드의 신축 아파트 이름으로 바꿔 생각하면 됩니다. 상장을 낙관하는 기사의 주식 종목명을 아파트로 바꾸고 IPO를 아파트 신규 분양으로 바꿔 보겠습니다.

2022년 '분양 대어' 몰려온다…LG아파트·현대아파트

2분기 '분양 대어' 줄줄이 출격…원스토어 아파트·SK아파트 내달 신규 분양

분양 역사 새로 쓴 LG아파트…'따상' 기대에 440만 명, 114조 몰렸다

114조원 빨아들였다, LG아파트 신규분양 청약 신기록

114조 몰린 LG아파트… 1억 넣으면 5-6순위다

어떤가요? 주식 기사가 아니라 상승장의 브랜드 아파트 신규 분양 소개 기사라고 말해도 깜빡 속을 만큼 감쪽같습니다. 주식과 부동산은 엄연히 다른 투자 카테고리이며 사이클이 다르지만, 큰 틀에서 '투자자 심리'에 의해 좌지우지된다는 것은 동일합니다. 주식 시장이 상승장일 때와 부동산 시장이 상승장일 때의 분위기가 엇비슷하다면, 주식 시장의 하락장일 때의 모습으로 부동산 시장의 하락장을 미루어 짐작할 수 있습니다.

여기에서 질문을 하나 드려볼까 합니다. 대한민국 1년 국방 예산의 두 배가 넘는 돈이 몰렸던 LG에너지솔루션에 투자를 원하고 투자했던 분들은, 석 달이 채 지나지 않아 주가가 반토막이 될 거라는 걸 알고 있었을까요? 만약 석 달이 지나 주가가 반토막이 될 걸 알았다면, 그래도 1년 국방 예산의 두 배가 넘는 돈이 몰렸을까요? LG에너지솔루션 상장 당일 'LG에너지솔루션 주가는 석 달이 채 안 돼 반토

아파트 투자는 사이클이다

막난다!'라는 제목의 유튜브 영상을 올렸다면 어떻게 됐을까요? 아마 악플로 도배되었을 겁니다. 공모주 청약에 실패해놓고 배 아프니까 하락한다는 소리를 하는 거라며 소인배 취급을 당했겠죠. LG에너지솔루션 청약에 당첨된 분은 비웃으며 자신이 청약받은 주식을 자랑할지도 모릅니다.

상승장의 단꿈이 깨지 않은 시기에 하락은 전혀 실감나지 않는 일입니다. 반대로 하락의 길고 긴 늪을 지나는 시기에는 상승의 시기가 코앞으로 다가와도 눈에 들어오지 않습니다. 영원한 상승도 없으며 영원한 하락도 없습니다. 단, 부동산 시장은 주식 시장과 달리 상승의 단꿈도 길지만 하락의 늪 또한 길고 깁니다. 떨어지는 주식, 심지어 상장폐지 예정인 주식도 데드캣 바운스로 잠깐 반등하거나 세력에 의해 깜짝 상승하는 식으로 팔려는 물건을 받아줄 사람이 어딘가엔 있습니다. 하지만 부동산은 다릅니다. 하락의 늪을 지날 때는 아무도 내 물건을 거들떠보지도 않습니다. 『작지만 강한 기업에 투자하라』라는 명저를 저술한 랄프 웬저는 "모두가 어떤 자산에 리스크가 있다고 믿어서 매입을 꺼리면, 결국 자산 가격은 리스크가 전혀 없는 수준으로 떨어진다."고 말했습니다. 상승장에는 집을 가진 사람이 왕입니다. 그 왕이 집을 판다고 한다면 당연히 매도자 우위의 시장이 형성될 수밖에 없습니다. 파는 사람이 왕이니 파는 사람 마음대로 호가가 책정되고 집을 사려는 매수자는 그걸 따라가는 수밖에 없죠. 하지만 조정기를 거쳐 하락이 시작되면 매수자 우위의 시장, 사려는 사람이 왕이 됩니다. 이때가 되면 무주택자를 비웃으며 벼락거지 취급했던 이들의 얼굴에 초조함이 어리게 됩니다. 팔려는 사람의 맘이 급하면 사려는 사람은 귀신같이 느끼고 까다로운 조건을 제시하게 됩니다. 더 깎는 것은 기본이고 잔금 날짜를 늦춰달라는 식이지요. 주식 투자의 대가 랄프 웬저의 말처럼, 집값에 거품이 있다고 생각하는 심리가 번져서 거래가 이루어지지 않으면 결국 거품이 없는 수준까지 집값이 떨어질 수밖에 없습니다. 쿠팡이 뉴욕 증시에 상장할 때 1년 후 쿠팡 주가가 반의 반토막이 날 거라고 생각하며 쿠팡에 투자했던 사람은 단 한 명도 없을 것입니다. 투자의 세계는 이처럼 냉정합니다. 영원한 상승의 단꿈과 영원한 하락의 악몽을 피하려면 단 한 가지 방법밖에 없습니다. 꿈에서 깨고 투자 사이클을 알고 사이클에 맞춰 투자해야 합니다.

아파트 투자는 사이클이다

똑똑한 한 채의 환상. 하락장에서는 실거주가 더 위험하다

최적의 매수 타이밍은 시장에 피가 낭자할 때다.
설령 그것이 당신의 피일지라도 말이다.
_존 템플턴

하락장이 도래하면 다주택자와 실거주 1주택자 중 누가 더 시장의 파도를 견디기 힘들까요? 아마 다주택자가 더 위험하다고 생각할 것입니다. 결론부터 말씀드리자면 실거주 1주택자가 더 위험합니다. 다주택자는 실거주 목적이 아닌 투자 목적으로 집을 매수한 경우이며, 여러 채의 집이 있는 만큼 돌발 변수에 대해 대응할 여지가 있습니다. 자금 사정도 1주택자에 비해 여유 있는 편입니다. 반면 폭등장에 영끌로 집을 매수한 분들은 실거주라 해도 하락장을 맞닥뜨리면 3중고에 빠지게 됩니다. 첫째, 집값이 하락하면 자본이 줄어듭니다. 다주택자에 비해 집 한 채가 전재산인 1주택자들은 직격탄을 맞습니다. 둘째, 원금과 이자 상환에 대한 부담이 커집니다. 특히나 요즘과 같이 금리가 폭등하는 시기에는 내가 쓰지도 않은 돈을 늘어난 이자 명목으로 은행이나 금융기관에 갚아야 합니다. 셋째, 가용 생활비가 줄어듭니다. 전재산인 집값은 하락하고 이자는 늘어나니 이전에 누리던 삶의 질을 포기해야 합니다. 배달비 생각 안 하고 맘 편히 시켜 먹던 음식들을 예전처럼 먹을 수 없게 되죠. 몇천 원 하는 배달비조차 아깝다는 생각이 들어 매장 방문해서 포장을 하거나, 그나마 그것도 아예 줄여야 하는 순간이 닥칩니다. 먹고 입는 것만 줄이면 어떻게라도 해보겠는데, 자녀가 있는 분의 경우 아이 교육비도 큰 부담으로 다가옵니다. 다른 집 아이들 사이에서 기죽지 않게 뭐든 다 해주고 싶은 게 부모 마음인데, 당연하게 누리던 교육비나 용돈마저도 아쉬워지는 상황이 오게 되죠. 부모 입장에서는 마른 수건을 쥐어짜듯 아끼고 줄이다가 가장 마지막에 손을 대는 게 자녀와 관련된 지출입니다. 최후의 보루인 자녀에게 나가던 비용을 줄일 지경이 되면 무엇 때문에 집을 사고 투자를 했던 것인지 자괴감이 듭니다. 집을 사는데 더 큰 목소리를 낸 사람에게는 배우자의 원망과 분노가 끓어오릅니다. 초반에는 하락이 아니라 조정장이라 자위하며 어떻게든 버텨 보지만, 하락장이 본격화되면 매수가 뚝 끊기니 결국 매도할 기회마저 놓치게 됩니다. 어느새 집은 애물단지가 되고 '즐거운 나의 집'이 아니라 '버거운 나의 집'이 되어 불화와 원망, 다툼의 원인이 되어버립니다. 거주 안정과 투자 수익을 위해 산 집이 오히려 가정의 평화를 깨트리는 원인이 되는 셈입니다.

한때 '똘똘한 한 채'라는 말이 유행했죠. 부동산 폭등기에 각종 규제가 누적되자 다수의 주택을 보유하는 것보다 입지 좋고 가격이 높은 우량한 한 채만 남기는 게 세금 부담에서 비교적 자유롭다는 판단으로 유행하게 된 말입니다. 가지 많은 나무 바람 잘 날 없다는 옛

아파트 투자는 사이클이다

말처럼, 실속 없이 잔가지 같은 여러 채의 집을 갖고 있는 것보다 효자가 될 우뚝 솟은 집 한 채가 더 낫다는 얘기죠. 그러다 보니 '똑똑한 한 채'가 부동산 투자에 있어서 정답처럼 받아들여지게 된 상황입니다. 여기에 '부동산은 우상향한다'는 근거 없는 확신이 더해져 '똑똑한 한 채는 결코 하락하지 않는다!'라는 맹목적인 믿음이 투자자들에게 뿌리내렸습니다. 결국 사기만 하면 무조건 오를 거라 생각하고 상승장의 마지막에 갈아탄 사람들은 고난의 길에 스스로 발을 내딛은 셈입니다. 주식은 지수가 추락하는 하락 국면에서도 상한가를 기록하거나 상승하는 종목이 있습니다. 하락장에서도 테마가 존재하죠. 시장이 하락한다고 해서 상장된 전 종목이 다 빠지는 경우는 없습니다. 하락장에서도 상한가를 기록하는 소수의 주식이 존재하듯, 부동산의 조정장에서 신고가를 찍는 아파트가 극소수 존재하기는 합니다. 하지만 부동산은 주식과 달리 하락장에 접어들면 마치 전 종목에 파란 불이 들어오듯 모두가 하락하게 되어있습니다. 지역별로 아파트사이클이 달라서 시간차만 있을 뿐, 부동산 하락장에서는 주식처럼 하락장에서도 상한가를 기록하거나 테마주가 뜨는 경우가 전혀 없습니다.

강남 불패, 입지 불패를 신봉하는 분들은 똑똑한 한 채가 투자자의 발목을 잡는다는 걸 받아들이기 어려울 겁니다. 세부적인 건 달라도 투자시장의 원리는 같습니다. 주식과 부동산은 심리게임이죠. 유럽의 전설적인 투자자 앙드레 코스톨라니 역시 심리가 투자시장에 미치는 절대적인 영향을 일찌감치 간파하고 『투자는 심리게임이다』

라는 책을 냈습니다. 시세나 호가는 실질 가치에 매도자와 매수자의 심리가 얹힌 결과물입니다. 주식 역시 하락장에서는 '똘똘한 한 채'로 여겨지는 대장주도 반등을 못 하죠. 부동산의 똘똘한 한 채가 강남의 아파트라면, 코스피의 똘똘한 한 채는 삼성전자나 네이버, 카카오일 것입니다. 하락장에서는 부동산이든 주식이든 '똘똘한 한 채'가 가장 많이 떨어집니다. 코스피 지수는 상장된 전 종목 시가총액의 합을 1980년 1월 4일 기준 전 종목 시가총액의 합으로 나눈 후 100을 곱한 결과입니다. 코스피 지수가 2445라는 건 1980년 1월 대비 주식 시장이 24.45배 커졌다는 뜻이죠. 코스피 지수 하락은 결국 시가총액이 줄어들었다는 것이고, '똘똘한 한 채'로 비유할 수 있는 코스피 대장주의 시가총액이 가장 많이 빠졌다는 뜻입니다. 똑같이 5%가 빠져도 대장주는 시총이 큰 만큼 빠지는 금액도 클 수밖에 없죠. 한마디로 부동산 시장이 평균 30% 하락한다고 하면 1억 짜리 집은 3천만 원이 빠지지만 10억 짜리 집은 3억 원이 빠지는 것과 같습니다. 결국 주식이든 부동산이든 시장이 하락할 때는 '똘똘한 한 채'로 굳게 믿었던 것의 체감 하락폭이 훨씬 클 수밖에 없습니다. 믿었던 것에 가장 먼저 발등을 찍히는 셈이죠.

투자에 있어서 한 가지 상황으로 사고가 고정돼 버리는 것만큼 위험한 게 없습니다. 상황은 늘 가변적입니다. 부동산 시장에 대한 예측이 틀리는 건 상황을 판단할 때 기본 전제로 삼은 조건 설정부터 틀린 경우가 대부분입니다. 앞서 말한 '똘똘한 한 채는 결코 하락하지 않는다'는 전제가 이번 상승장에서의 대표적인 잘못된 전제입니

아파트 투자는 사이클이다

다. 집값이 오를 때는 당연히 좋은 집이 많이 올라가듯, 떨어질 때 역시 많이 올라갔던 좋은 집이 가장 많이 떨어집니다. 하늘을 나는 비행기가 추락하는 것이지 횡보하는 바다 위 배가 추락하는 게 아닙니다. 집값이 상승하던 시기에는 조망권, 일조권 같은 무형의 전망에도 프리미엄이 붙고 가치가 매겨지지만, 하락할 때는 실제로 손에 잡히는 실질적인 것의 가격만 남습니다. 주식판에서 대선 테마주가 뜰 때는 대선 후보와 기업 대표가 동문 출신이라는 것 하나로도 가격이 뛰지만, 하락장에서는 대표의 출신지나 학교 따위가 아닌 기업의 매출과 잉여금 및 자산 등 실제 가치로만 평가받는다는 것을 생각해보면 이해하기 쉽습니다. 오를 때는 유무형의 모든 것이 오를 이유가 되지만, 하락할 때는 실제 가치까지 가격이 내려온다는 것을 명심해야 합니다. 조망권과 역세권 등은 상승장에서만 팔 수 있는 상품이나 마찬가지입니다. 역이 코앞이어도 하락장에서는 팔리지 않는다는 것을 알아야 합니다. 식당을 떠올려 보면 왜 무형의 권리가 하락장에는 아무 소용이 없는지 실감할 수 있습니다. 식당의 권리금이란 건 눈에 보이는 게 아닙니다. 권리금이란 손님이 많고 매출이 높은 식당을 매매할 때 따라붙는 무형 가치이자 자산이죠. 손님이 들지 않는 망해가는 식당은 권리금은커녕 가게를 내놓아도 팔리지 않습니다. 설령 내가 비싼 권리금을 주고 식당을 매입했다 해도, 요리의 맛이 변하고 서비스가 줄어들어 손님이 뚝 끊기면 나중에 가게를 매각할 때 권리금을 받고 팔기가 어렵습니다. 똑같은 식당이건만 매출에 따라 있던 권리금이 없어지기도, 천정부지로 올라가기도 합니다. 똘똘한 한 채가 갖고 있는 입지나 학군 등의 무형의 프리미엄 역시 식당의 권리금과 같습니다. 식당이 잘 될 때는 똘똘한 한 채만큼 좋은 게 없겠죠. 하지만 하락장에서는 가장 먼저 눈에 보이지 않는 권리금부터 사라집니다. 장사가 안 돼 눈물을 머금고 식당을 매각할 때는 테이블과 의자, 집기류 등 유형 자산만 헐값을 받고 넘길 수 있습니다. 금융과 투자, 주식과 부동산, 돈이 오가는 모든 곳의 원리는 이와 같습니다. 권리금은 곧 기대 심리이고, 심리가 꺼지면 시장은 쪼그라듭니다. 시장이 쪼그라들면 자산 역시 쪼그라드는 악순환이 계속되죠. 줄 서서 기다려야 겨우 먹을 수 있는 김치찌개 전문 식당의 레시피 전수 비용은 수백만 원이라고 합니다. 하지만 다 잘 될 때 얘기입니다. 안 되는 식당의 김치찌개 레시피는 아무도 궁금해하지 않습니다. 아니, 경기가 안 좋을 땐 김치찌개 정도는 그냥 집에서 끓여 먹고 말죠. 부동산의 입지라는 건 권리금이자 김치찌개 레시피와도 같습니다. 입지는 투자자를 결코 지켜주지 않습니다. 권리금 비싼 가게를 인수했다고 해서 내가 장사의 신이 되는 것이 아니듯 말이지요. 똘똘한 한 채는 잘못된 신화에 가깝습니다.

만약 투자자로서 똘똘한 한 채를 포기하면 투자에 더 담대해질 수 있습니다. 똘똘한 한 채를 사기 위해 내가 감당 못 할 빚을 끌어올 필요도 없습니다. 내가 감당 가능한 범위 안에서 레버리지를 끌어와 살 수 있는 것을 싸게 사는 것이 현명한 투자입니다. 입지가 좋은 곳은 누가 봐도 좋고, 그렇기에 누가 봐도 비쌉니다. 하지만 올라가는 비율은 같습니다. 시장이 300% 상승하면 1억짜리 집은 3억이 되고 10억짜리 집은 30억이 됩니다. 반대로 30% 하락하면 3억짜리 집은 2

억1천만 원이 되고 30억짜리 집은 21억이 됩니다. 오가는 돈은 큰 차이가 있지만, 수익률과 손실률은 같습니다. 똘똘한 한 채의 신화에 매몰되지 마시고 하락의 끝에서 감당 가능한 레버리지를 활용해 담대히 매수하는 것이야말로 사이클을 활용한 성공 투자법입니다.

역세권 서울 아파트를
41% 할인 판매합니다!

"좋았어. 다음에 주식 시장이 하락하면 부정적인 뉴스 따위는 가볍게
무시하고, 값싼 주식을 쓸어 담을 거야." 이렇게 다짐하기는 쉽다.
하지만 새로 닥친 위기는 항상 이전 위기보다 더 심각해 보인다.
따라서 악재를 무시하는 것은 언제나 어렵다.
_피터 린치

────────── · ──────────

피터 린치
월스트리트 역사상 가장 성공한 펀드매니저이자 마젤란 펀드를 세계 최대의 뮤
추얼펀드로 키워낸 월가의 영웅. 월가에서 10년 넘는 기간 동안 시장수익률을
능가한 수익률을 기록한 사람은 피터 린치와 워런 버핏이 유일하다. 가족과 더
많은 시간을 함께 보내기 위해 전성기인 47세의 이른 나이에 은퇴를 선언했다.
국내에 번역, 소개된 저서로 『전설로 떠나는 월가의 영웅』, 『피터 린치의 이기는
투자』, 『피터 린치의 투자 이야기』가 있다.

불과 9년 전인 2013년, 서울에 있는 따
끈따끈한 신축 브랜드 아파트가 분양가에
서 40% 할인된 금액에 매물로 나왔습니다.
그 아파트는 시작에 불과했죠. 40% 할인
분양에 중개수수료도 없이 승용차 또는 금
50돈 사은품 1+1으로 아파트를 팔던 시대
를 경험해보지 않은 사람은 실감할 수 없

아파트 투자는 사이클이다

을 겁니다. 신규 분양이 이 정도면 대출을 한껏 당겨 구축을 샀던 집 주인들의 마음은 과연 어땠을까요? 아마 하루하루가 지옥이었을 것 입니다. 앉은 자리에서 억 단위의 돈을 잃은 것이기 때문입니다. 실제 로 지난 2014년 6월, 분양가 대비 30% 할인 판매를 진행한 아파트의 한 입주민은 휘발유를 몸에 뿌리고 할인 분양 반대 시위를 벌이던 중 경찰과 몸싸움하다 불이 붙어 전신에 3도 화상을 입고 숨지는 안타 까운 일이 벌어지기도 했습니다.

뉴스에서만 볼 수 있던 일이 아닙니다. 당시 상투 꼭지 즈음에서 대출을 끌어와 집을 구매한 지인이 있었는데, 자동차를 직접 튜닝하 고 꾸밀 만큼 차를 좋아하고 풍류를 즐기는 분이었습니다. 그런데 어 느 날 보니 튜닝했던 중형차가 아니라 생전 처음 보는 경차를 타고 있더군요. 자유로운 마초 분위기에 덩치도 큰 분이 앙증맞게 반짝이 는 빨간색 경차에서 내리는 모습이 무척 낯설었습니다. 알고 보니 경 차는 부인 차인데, 중형차를 팔고 부인 차를 타고 출퇴근 한다고 했 습니다. 부인은 대중교통을 이용하고요. 게다가 점심은 늘 도시락을 싸온다고 했습니다. 차마 부인한테 도시락을 싸달라고 할 수 없어서 집에 있는 반찬과 밥을 대충 담아 직접 도시락을 쌌다고 했죠. 아이 가 태어난지 얼마 되지 않아 새 아파트에서의 행복한 삶을 꿈꾸던 분 이었고, 방 하나는 본인의 취미인 프라모델로만 가득 채운 분이었습 니다. 일본 애니메이션에 등장하는 로봇을 사서 조립하고 도색하는 솜씨가 수준급이라, 대회에 나가 입상한 경험도 있는 분이었죠. 사랑 하는 아이라도 프라모델 방에는 못 들어가게 할만큼 자신의 취미를 사랑하던 분이었습니다. 그런데 그토록 아끼던 프라모델을 하나씩 팔고 있다고 했습니다. 그래도 프라모델 대회 입상 경력도 있고, 도색한 제품은 일반 제품보다 웃돈을 많이 받고 팔 수 있어서 남는 장사라며 웃으시는데, 말 그대로 웃는 게 웃는 게 아니더군요. 퀭하고 지쳐 보였습니다. 어디에 있는 어떤 아파트를 사느냐보다 더 중요한 건 '언제 사느냐'입니다. 시기를 잘 못 택한 투자 선택은 과도한 이자 부담의 부메랑이 되어 내 목을 치게 마련입니다.

눈물의 땡처리처럼 40% 넘게 할인했던 아파트의 2021년 시세는 어땠을까요? 2011년 11.4억에 팔렸던 서울 강동구 고덕아이파크 214m^2는 2021년 23.2억에 팔렸습니다. 당시에는 집을 사면 손해라는 생각에 건설사가 눈물의 땡처리를 했지만, 10년이 채 안 돼 두 배 넘게 오를거라곤 아무도 생각하지 못했죠. 그렇다면 반대로 한 번 생각해 볼까요? 내가 만약에 10년 전으로 돌아간다면, 40% 할인 분양하는 아파트를 살 수 있었을까요? 아마 열에 아홉은 못 샀을 것입니다. 왜 살 수가 없는지 주식 투자에 비유해 보겠습니다.

2020년 3월 삼성전자 주식을 생각하면 답이 쉽게 나옵니다. 팬데믹 직후 삼성전자 주가는 42,300원까지 급락했습니다. 삼성전자는 코스피 1위의 대한민국 대장주입니다. 꾸준히 우상향한 몇 안 되는 종목이죠. 당시 늘 나오던 질문이 '지금이라도 삼성전자 사야할까요?'였습니다. '지금이라도 사야할까요?'란 질문에는 '아직 사지 않았다'는 진실이 내포돼 있죠. 삼성전자가 아무리 떨어졌다 한들 팬데믹이 일어나기 10년 전인 2010년 1월 2일 새해 첫 개장일 종가인

아파트 투자는 사이클이다

19,160원 보다는 두 배 이상의 값입니다. 눈물의 땡처리 아파트 10년 동안의 상승과 비슷한 수준이죠. 팬데믹으로 폭락한 2020년 3월에서 불과 1년 전인 2019년 3월에도 삼성전자는 4만 원 선이었습니다. 삼성전자가 묵묵히 오르내리면서 꾸준히 우상향해서 그렇지, 삼성전자에게 4만 원은 생전 처음 맞닥뜨리는 낯선 금액이 아닙니다. 이 말은 곧 주식 투자를 처음 시작하는 이들 입장에서 4만 원 선의 삼성전자 주가는 언제 들어가도 이익인 싼 값이라는 뜻입니다. 그런데 의외로 삼성전자를 두고 '지금이라도 사야할까요?'라는 질문이 끊이지 않았습니다. 왜일까요? 바로 '더 떨어질 것이다'라는 기대 때문입니다. 더 싸질 테니 기다렸다 사겠다는 뜻이지요. 실제로는 아무것도 한 게 없기에 손해 볼 것도 없는데, 더 싸질 것을 기대하기 때문에 지금 사면 손해라는 생각이 강하게 드는 것입니다.

그렇게 주가만 지켜보는 사이 소리소문 없이 주가가 다시 오르기 시작합니다. 주가가 오르기 시작한 직후에라도 바로 사면 좋은데, 그때도 사지 못합니다. 대체 무슨 이유일까요? 바로 기억 속에 뚜렷이 남아있는 바닥 가격 때문입니다. "삼성전가가 4만2천 원인 걸 내 두 눈으로 똑똑히 봤는데 지금은 4만9천 원이라고? 비싸서 못 사겠는데?"가 되는 것입니다. 그러다가 5만 원이 되면 "분명 4만 원 대였는데 어떻게 5만 원대인 걸 사?"라고 망설이게 됩니다. 쭉쭉 올라서 7만 원, 8만 원이 되고 주변에서 '삼성전자 10만 원 간다!'하면 "에이, 설마 그렇게까지 가겠어?"라고 방관하다 9만 원을 찍으면 '비싸서 못 사!'라며 결국 아무것도 안 하고 망설이다 끝나게 됩니다. 아니면 정반대로 참고 참다가 2021년 1월, 상투인 9만 원 중반에 매수해서 1년 내내 흘러내리는 주가를 보며 눈물을 삼키게 되죠. 그래서 주식시장에는 '무릎에서 사서 어깨에서 팔아라!'는 격언이 있습니다. 바닥을 찍고 사겠다고 하다간 결국 아무것도 못 할 테니 바닥을 찍고 올라오는 무릎 정도의 저가에서 매수하고, 최고가 역시 알기 어려우니 꼭지나 머리가 아닌 어깨에 다다른 금액에서 매도하라는 것이죠.

아파트도 마찬가지입니다. 분양가에서 40% 할인에 중개수수료도 없고 승용차를 1+1으로 내걸면 '우와, 진짜 싸니까 바로 사야지!' 보다는 '아직 바닥이 오지 않았다!'고 생각하며 매수를 미룹니다. 이런 이야기를 하면 "승용차 1+1까지 바라지도 않고, 40%는커녕 10%만 할인해도 당장 사겠다!"라고 말씀하시는 분이 있습니다. 물론 그렇게 할 수만 있다면 그렇게 행동하는 게 이성적인 행동인 것은 맞습니다. 10억 짜리 아파트면 10%만 할인해도 1억 원이나 싼 거니까 40% 할인까지 갈 것도 없이 10%만 할인해도 바로 사겠다는 게 타당해 보이죠. 하지만 이건 결과론적인 해석에 불과합니다. "10%만 할인해도 사겠다!"라고 단언하는 건 현재 집값을 비싸다고 느끼는 상태에서 과거의 일을 판단하기 때문에 할 수 있는 말입니다. 당장 집값이 너무 비싸서 살 엄두가 안나니까 10%만 할인해줘도 현실에선 꿈같은 일이니 바로 사겠다고 말하는 것이지요. 바꿔 말하면 팬데믹 직후 주가지수가 폭락할 때 남들은 다 패닉에 빠져서 손절하거나 그나마도 타이밍을 놓치고 주가가 흘러내리는 걸 망연자실 지켜보고만 있을 때, '10%만 할인해도 싸니까 당장 사겠다!'며 삼성전자 주가가 쭉쭉 하락하는 와중에 바로 매수하겠다고 단언하는 것과 다를 게 없습니다.

반대로 생각해 볼까요? 펀드매니저에게 내 재산 10억 원을 맡겼습니다. 펀드매니저는 우량주로만 구성된 ETF에 10억 원을 투자했죠. 그런데 시장이 급랭하며 지수가 출렁이고 10억 원이 묶인 ETF도 마이너스 10%, 무려 1억 원이 하락했습니다. 생피 같은 내 돈 1억 원이 흔적도 없이 순식간에 증발해 버렸으니, 펀드매니저에게 당장 전화해서 욕을 하던 대책을 내놓으라 따지던 해야만 할 것 같습니다. 그런데 펀드매니저는 "시장 전체의 충격이라 어쩔 수 없습니다. 하지만 지수를 추종하는 ETF이므로 장이 회복되면 원금 역시 금세 회복 가능합니다."라는 답을 할 뿐입니다. 펀드매니저는 평소 시장 등락에 대한 시뮬레이션을 그리고 멘탈 관리를 통해서 이렇게 이성적인 답을 하는 걸까요? 아닙니다. 단순한 이유입니다.

'자기 돈을 잃은 게 아니라서' 그렇습니다.

남의 돈은 1억 원이 증발해도 '금세 회복 가능하니 기다리면 될' 일이지만, 내 돈은 백만 원만 잃어버려도 난리가 날 수밖에 없습니다. 그게 사람 심리입니다. 서울에 신규 브랜드 아파트를 40% 할인하는 상황에서는, 40% 할인 아파트를 사는 게 극심한 손해처럼 느껴집니다. 나는 5억 짜리를 40% 할인받아서 3억 원에 샀는데, 지인이 45% 할인받아서 2억7천5백만 원에 사면 내가 지인보다 2천5백만 원을 손해 본 것처럼 느껴집니다. 이성적으로 볼 땐 분양가 5억 원에서 40% 할인받았으니 2억 원 이득인데도 남이 나보다 5% 더 할인받으면 5%인 2천5백만 원을 고스란히 손해로 느끼는 것이지요. 상승장에서 집값이 비싸서 집 살 엄두를 못 내는 분들은 과거의 3~40% 할인이 말도 안 되는 것처럼 느껴지겠지만, 당시 40% 할인을 보는 사람들은 아마 다들 이렇게 생각했을 겁니다.

'서울 역세권에 브랜드 신규 아파트인데도 40% 할인을 하면, 2군 브랜드 아파트는 적어도 60%는 할인하겠지?'

물론 '60% 할인하면 살 거야!'라는 말을 입 밖으로 꺼내지는 않습니다. 그저 점잖게 '지금 40% 할인가에도 거품이 끼었어. 그러니까 매수 타이밍이 아니야.'라고 말할 뿐이죠. 사람들은 브랜드 아파트를 40% 싸게 사서 얻는 40%의 이익보다, 다른 아파트를 50% 할인하는 걸 보면서 10%를 더 싸게 사지 못하는 걸 고스란히 손실로 인식합니다. 노벨상 역사 중 특이하게도 심리학자가 노벨 경제학상을 받은 적이 있습니다. 바로 행동경제학의 창시자 대니얼 카너만의 이야기입니다. 인문의 영역에 속하는 심리학으로 노벨 경제학상을 수상할 수 있었던 건 심리학과 경제학을 완벽하게 융합했기 때문입니다. 그의 저서 『생각에 관한 생각』은 행동경제학의 바이블로 자리매김했죠. 대니얼 카너만의 손실회피성향loss aversion 실험은 실패를 본능적으로 회피하는 인간의 성향을 고스란히 보여줍니다. 누군가 나타나 나에게 1만 원을 주면서 게임 참가를 제안합니다. 동전을 던져서 앞

아파트 투자는 사이클이다

면이 나오면 1만 원을 다시 반납해야 하고, 뒷면이 나오면 2만 원을 더 받을 수 있는 단순한 룰이죠. 운이 좋아 뒷면이 나오면 그 자리에서 별다른 노력도 없이 3만 원을 버는 셈입니다. 운이 나빠 앞면이 나와 1만 원을 다시 돌려준다 해도 실험에 참가한 사람은 실질적인 손해는 전혀 없는 상황이죠. 하지만 거의 대부분의 사람은 게임 참가를 거절하고 처음에 받은 1만 원만을 챙겼습니다. 무엇을 얻었을 때의 기쁨이 1이라면, 그것을 잃었을 때의 고통은 2를 초과할 정도로 크다는 것입니다. 상황과 사람에 따라서는 그 고통이 2배가 아니라 3배, 4배가 되기도 합니다.

결국 아무 행동도 하지 않아서 아무 손해를 보지 않았음에도 '나보다 더 싼 가격에 아파트를 산 지인'을 지켜보는 건 고통이 됩니다. 반값 할인하는 아파트를 줍줍하는 기쁨보다 운이 더 좋아 더 싸게 산 지인을 지켜보는 고통이 더 크기 때문에 다들 눈치를 보면서 아무런 액션을 취하지 않게 되는 것이죠. 마치 누구든 먼저 바다에 뛰어들기를 바라는 펭귄 떼처럼 되는 것입니다. 바로 군중심리죠. 상승장에서는 상상도 할 수 없는 40% 할인이나 금 50돈, 자동차 1+1 증정, 중개수수료 없음 따위의 조건이 '조금이라도 손해 보기 싫은' 손실회피의 성향 때문에 아무 행동도 하지 않게 만드는 것입니다. 이때 행동하는 극소수의 사람만이 결국 부동산으로 부자가 됩니다. 물론 이때 과감히 매수하는 건 인간 본성을 거스르는 것이기에 어지간한 확신이 없다면 행동하기 어렵습니다. 그렇기 때문에 더더욱 아파트사이클에 대해 연구하고 자기의 것으로 만들어야만 하죠. 상승과 하락의 시그널은 후반에 조목조목 설명하도록 하겠습니다.

여기까지 읽으셨음에도 '그래도 나는 다르다'라고 생각하는 분이 있을 겁니다. 상승장에서 하늘을 뚫고 솟아오르는 집값을 보며 무주택자의 설움을 느꼈기 때문에 조정장이나 하락장이 와서 10%만 하락해도 바로 적극적 매수를 하리라 생각하실 수도 있죠. 월스트리트에서 영웅으로 추앙받은 피터 린치는 이런 말을 했습니다.

> "좋았어. 다음에 주식시장이 하락하면 부정적인 뉴스 따위는 가볍게 무시하고, 값싼 주식을 쓸어 담을 거야." 이렇게 다짐하기는 쉽다. 하지만 새로 닥친 위기는 항상 이전 위기보다 더 심각해 보인다. 따라서 악재를 무시하는 것은 언제나 어렵다.

워런 버핏과 함께 10년 간 시장 지수를 극복한 유일한 투자자, 한 마디로 시장이라는 태풍마저 극복한 피터 린치조차 위와 같은 말을 했습니다. 지금 당장은 하락장이 오면 싼값에 아파트를 줍줍할 수 있을 것만 같죠. 하지만 위기는 늘 새로운 얼굴을 하고 옵니다. 새로운 얼굴로 다가오는 위기 속에 기회가 있지만, 우리 눈에 보이는 건 위기밖에 없습니다. 월가의 영웅이라 불린 남자조차 악재와 하락장에서의 적극적인 매수가 어렵다고 말했습니다. 그러다 보니 부동산 부자를 꿈꾸는 평범한 사람으로서는 위기에서 투자를 결정하는 것이 너무나

아파트 투자는 사이클이다

어려운 일이겠지요. 하지만 너무 걱정하지 않으셔도 됩니다. 주식의 사이클보다 부동산의 사이클이 더 명징하기 때문입니다. 저도 주식 투자를 오랫동안 해봤지만, 주식으로는 좋은 성과를 거두지 못했습니다. 주식 시장은 작은 변수에도 너무나 큰 출렁임과 파도를 일으키는 시장이라 사이클을 디테일하게 파악할 수 없었기 때문입니다.

찰리 채플린은 "인생은 가까이서 보면 비극이지만, 멀리서 보면 희극이다."라고 말했습니다. 상승장이든 하락장이든 너무 상황에 매몰되면 비극처럼 느껴질 수밖에 없습니다. 하락장이 끝나기까지 앞으로 수년이나 남았다고 말하면 너무 먼 이야기 같은가요? 지금 당장 어느 아파트를 사야만 할지 콕 짚어 주는 게 좋지 하락장이 지나길 기다리는 건 어렵다고요? 지금부터 하락장을 준비하고 사이클을 공부한다면, 다주택자들은 공포에 떨고 무주택자들은 더 떨어지기만을 기다리며 결국 아무것도 못 사고 있을 때 인생이 희극으로 변하는 신기한 경험을 할 수 있을 겁니다.

부동산으로 돈 벌었다는 사람을 부러워할 필요가 없다

투자자들은 가격이 하락할 때 공포를 이기는 법을 배워야 하며,
가격이 상승할 때 너무 열광하거나 욕심부리지 않는 법을 깨달아야 한다.
_세스 클라만

---・---

세스 클라만
미국의 억만장자 헤지펀드 투자자. 2021년 1월 기준 약 33조 원을 운용하는 바우포스트 그룹의 창업주 겸 CEO. 워런 버핏, 벤저민 그레이엄과 더불어 대표적인 가치 투자자로 불린다. 국내에 번역, 소개되지는 않았지만 탁월한 가치투자 전문서로 꼽히는 『안전마진』을 썼다.

대한민국 성장의 역사는 갈등의 역사이기도 합니다. 한국전쟁으로 남과 북이 나뉘면서 이념 갈등이 있었고, 지역 갈등이 조장되었습니다. 이후 꼰대와 어린 것들로 구분되는 세대 갈등이 나타났고, 2022년 대선에서는 남녀 갈등이 극명했습니다. 그리고 남녀 갈등보다 더한 갈등의 골이 대한민국에 상처를 새기고 있습니다. 바로 다주택자와 무주택자의 갈등입니다. 우리 모두는 대한민국의 국민이지만 인위적으로 또는 자연적으로 발생하는 갈등은 정치 쟁점으로 번지곤 합니다. 갈등의 골이 깊을수록 갈등은 강한 에너지를 갖게 되고, 이는 결국 표심으로 이어집니다. 대세를 잡는 정치인들은 갈등의 에너

아파트 투자는 사이클이다

지를 이용할 줄 아는 사람들입니다. 집은 삶의 근원이자 투자와 투기의 대상이지 감정과 갈등의 소재가 되어선 안 되는 것인데, 요즘 인터뷰 영상이나 유튜브 콘텐츠에 달리는 덧글을 보면 집의 유무에 따라 이렇게까지 소모적인 감정 싸움을 할 필요가 있나 싶습니다. 사람의 본성은 자신이 가지지 못한 건 폭락하기를 바라고, 자신이 소유한 건 상승하기를 바랍니다. 아주 당연한 이치입니다. 그런데 인터넷상에서 집의 유무를 밝히지 않았는데도 단지 집값 하락이 예상된다는 덧글을 달면 바로 아래에 이런 답글이 달립니다.

"너 집 없지? ㅋㅋㅋ"

집값 하락이 예상된다는 덧글을 작성한 분은 집 있고 대출은 없는데 대뜸 무주택자 취급을 받았다며 황당해하는 상황이 펼쳐지기도 합니다. 설령 하락을 예측하는 분이 무주택자라 해도 그 누구도 '너 집 없지?'라며 무례하게 구는 것이 정당화되지는 않습니다. 투자는 평생에 걸쳐 하는 것이며, 벽돌을 한 장씩 쌓아 내가 꿈꾸던 집을 지어나가는 것과 같습니다. 내가 투자에 성공했다고 해서 나와 동일한 투자를 하지 않은 사람을 비웃을 권리가 없으며, 내가 실패했다고 해서, 또는 내가 투자하지 않았다고 해서 투자에 성공한 이를 질투하거나 욕해서도 안 됩니다. 왜냐하면 이런 감정에 휘둘리고 당장의 이익에 취하면 취할수록 거시적인 시장을 조망하는 것에서 멀어지고 투자 판단에서 잘못된 결정을 내릴 확률이 높아지기 때문입니다.

지인의 이야기입니다. 오래전 지인은 예비신부와 함께 당시 1군 브랜드 아파트의 모델하우스를 방문했다고 합니다. 당시 지인은 사회 초년생이라서 모아둔 돈이 얼마 안 됐고, 사실 1군 아파트에 청약할 꿈도 못 꿨다고 합니다. 면허는 있는데 차가 없어서 뚜벅이 데이트를 하다가 모델하우스가 보이기에 재미 삼아 들어갔다고 하네요. 그런데 거기에서 누군가 예비 신부에게 아는 척을 하더랍니다. 알고 보니 예비신부와 같은 직종이라 전에 인사했던 분이라고 하더군요. 그분은 예비신부를 붙잡고 자기가 이 아파트 33평형 두 채를 샀다고 자랑하며 이렇게 말했다고 합니다. "나는 투자에 달란트가 있어서, 부동산으로 돈을 많이 벌었다."고 말이죠. 달란트라는 말은 교회 다니는 분들이 쓰는 말인데, 지인은 속으로 그런 생각을 했다고 하죠. '성경 어디에 신이 부동산 투자의 달란트를 은혜로 베푼다는 말이 나와 있지?'라고요. 달란트 여사님은 묻지도 않은 자기 자랑을 실컷 한 다음에 독일 A사 세단을 끌고 유유히 사라졌다고 합니다. 그때가 2007년이었죠. 지인은 결혼해서 신축 LH, 그러니까 새로 지은 주공 아파트에 신혼 살림을 차렸습니다. 3년이 지난 2010년에 달란트 여사님이 두 채나 분양받은 아파트의 입주가 시작됐습니다. 애초에 그 지역에서 처음 만나는 비싼 분양가의 아파트였고, 모두 아시다시피 2008년에 서브프라임 모기지론 사태가 터졌죠. 우리나라는 2008년부터 부동산 시장이 얼어붙기 시작했습니다. 1군 브랜드인 그 아파트는 2010년 잔여가구에 한해 중도금 전액 무이자, 전 가구에 주방 발코니 확장시공 무료를 내세웠습니다. 계약 후 바로 전매도 가능한 조건이었죠. 그 후 시간이 지나 2012년, 주공 아파트에서 살던 지인

　　　　　　　　아파트 투자는 사이클이다

은 부동산 투자에 아무 달란트가 없었음에도 달란트 여사님이 두 채나 매수했다던 1군 브랜드 아파트를 덜컥 매수했습니다. 이사할 전셋집을 찾다가 마땅한 물건도 없고 지친 와중에 재미 삼아 들어갔다가 바로 매수 계약을 체결했다고 하네요. 어떻게 그게 가능했을까요? 바로 '본사 보유분'이라고 하는 소수 물량을 40% 할인받았기 때문입니다. 주공아파트 32평에 세 들어 살던 지인이 구매한 아파트는 48평이었습니다. 베란다 확장공사가 완료된 상태였고, 실입주인 2010년에서 2년간 비어있었기에 입주 청소도 서비스로 받았다고 합니다. 2012년에 40% 할인받아 산 48평 아파트는 투자의 달란트가 있다는 분이 구매한 33평 분양가와 거의 차이가 없었다고 하더군요. 지인이 48평을 할인 구매했을 당시 정부에서 취득세를 1%로 인하해줬기 때문이죠. 2022년 기준 3주택 이상 조정대상지역에서 85m^2 초과는 13.4%나 되는 취득세가 부과되는 것과 비교하면 취득세 1%는 거저인 것처럼 느껴질 정도입니다.

　부동산 경기가 안 좋으면 정부는 양도세며 취득세며 할 수 있는 한 세금을 낮추고 한국은행의 옆구리를 찔러 금리를 낮춘 다음 빚을 내서라도 집을 사라고 합니다. 부동산이 이상 과열로 폭등하게 되면 정부는 세금을 높이고 대출을 막아서 집을 못 사게 하죠. 이 행위는 정치 이념이나 특정 당과는 아무런 관계가 없습니다. 누군가는 특정 당이 서민들로 하여금 집을 살 수 없는 환경을 일부러 조성하는데, 그 이유는 무주택자가 많아야만 정권을 유지할 수 있기 때문이라는 그럴듯한 말을 흘리곤 합니다. 이는 시장을 반만 이해했기 때문에 할 수 있는 말입니다. 정치인들이 바라는 건 정권 연장입니다. 정권 연장을 위해서는 집값이 오르는 것도, 떨어지는 것도 바람직하지 않습니다. 집값이 안정적일 때 민심은 후해집니다. 앞서 갈등의 골이 깊을수록 갈등은 강한 에너지를 갖게 되고, 이는 결국 표심으로 이어진다고 말씀드렸습니다. 문재인 정부가 정권 연장에 실패한 건 집값 상승을 막지 못하고 부동산 정책에 실패했다는 것이 표면적인 첫 번째 이유입니다. 남녀 갈등과 남성 역차별 이슈 역시 정권 창출 실패에 큰 몫을 했죠. 둘 다 세대 갈등 이후에 가장 큰 갈등으로 불거진 남녀 갈등, 무주택자와 유주택자의 갈등입니다. 수십 년을 이어 내려온 지역 갈등조차도 남녀 갈등이나 무주택자, 유주택자의 갈등보다 골이 깊진 않았습니다. 역대 대선 중 가장 득표율 차이가 적었던 것도 갈등의 첨예한 대립을 그대로 드러내죠. 집 없는 사람들의 분노, 여성에게 역차별 당한다는 억울함과 미래에 대한 불안이 시장을 지배했습니다. 갈등의 에너지는 부동산 상승장에 기름을 끼얹었습니다. 포모FOMO, Fear Of Missing Out 증후군은 자신만이 세상의 흐름을 놓치고 뒤처질 것만 같은 고립감, 불안감을 뜻하죠. 사회에 포모 증후군이 번진 건 갈등의 에너지가 그만큼 우리 사회 전반을 지배했기 때문에 벌어진 결과입니다.

문재인 정부 이후 들어선 윤석열 정부의 규제 완화 여파에 대해 문의하시는 분이 많습니다. 그런데 모순이 있죠. 분명 문재인 정부의 강력한 부동산 규제를 비판하고, 천정부지로 뛰어오른 집값을 언론과 대중 모두 비난해 왔습니다. 대권에서도 윤석열 캠프의 기조는 문

아파트 투자는 사이클이다

재인 정부의 실패한 부동산 정책과는 정반대의 노선을 천명했었습니다. 바로 규제 완화죠. 대출을 풀고, 재개발 조건을 완화해 공급을 늘리고, 모든 것을 문재인 정부 이전으로 돌릴 기세였습니다. 하지만 새 정부가 들어선 후 규제 완화에 대한 스탠스는 어느새 슬그머니 후퇴했습니다. 규제 완화가 오히려 집값 상승에 다시 불을 지필 게 명확하기 때문이죠. 언론의 반응도 모순적입니다. 지난 정권의 규제 때문에 집값이 올랐다면서 거품을 물고 비판하더니, 새 정부의 규제 완화로 집값 상승에 대한 기대가 크다는 식으로 언론의 기조 또한 바뀌었습니다. 언론이 바라왔던 건 집값 안정일까요, 집값 상승일까요? 과도한 규제로 집값을 올린 아마추어 정권이라는 비판이, 어떻게 규제를 완화해서 집값을 올릴 것으로 기대되는 새 정권에 대한 찬양으로 바뀔 수 있는 걸까요? 규제가 집값 상승의 주범이면 규제를 풀면 됩니다. 하지만 새 정부는 규제 완화에 미온적이며 단계적 스텝을 밟으려 하고 있습니다. 규제가 집값 상승의 필요조건이긴 하지만 필요충분조건은 아니기 때문이죠. 닭이 먼저냐 달걀이 먼저냐와 매한가지입니다. 박근혜 정부가 세금을 감면하고 빚을 내서 집을 사라고 해서 집값이 떨어졌던 것일까요? 아닙니다. 집값이 떨어지고 있기 때문에 세금을 깎아주고 집을 사라고 부채질하는 것입니다. 부동산에 달란트가 있다던 분이나 제 지인이나 똑같은 정권 아래서 집을 샀습니다. 단순히 정부의 규제 또는 규제 완화가 집값 상승과 하락의 원인이었다면 한 명은 고평가된 정가 구입, 한 명은 40% 할인에 취득세 감면이라는 극단적인 소비가 일어나지 않았겠죠. 정부는 선제 대응보다는 소 잃은 후 외양간을 고치는 행위를 할 수밖에 없습니다. 소 잃은 후라 하더라도, 소를 잃은 후에 외양간을 고치는 것이 정권 유지에 미칠 영향을 그나마 줄일 수 있기 때문입니다.

만약 문재인 정부가 더 공격적이고 선제적으로 규제를 했다면 어떻게 됐을까요? '잘만 굴러가던 시장에 정부가 개입하더니 집값이 미친 듯이 솟구쳤다! 이거 어쩔 거냐!'면서 더 극심한 비판을 받았을 것입니다. 그 한가운데에는 언론이 있었겠죠. 언론은 미친 집값과 부동산 문제의 공범이 아니라 주범입니다. 후술하게 될 부동산 상승, 하락의 시그널인 심리, 전세가, 분양, 정책 네박자 중 대중 심리에 지대한 영향을 미치는 게 바로 언론이기 때문입니다. 제가 주식 시장과 부동산 시장을 빗대어 설명하는 이유 중 하나는 주식 시장의 참여자인 주식 투자자들이 언론을 신뢰하지 않는 태도를 부동산 투자자들이 배울 필요가 있기 때문입니다. 주식 투자자들은 언론사의 논지를 늘 반대 방향에서 바라보는 역 프레임으로 투자의 방향을 고민합니다. 사람은 누구나 틀릴 수 있으며, 자신 또는 자신이 속한 집단의 이익을 대변하기 마련입니다. 기자는 사람이고, 언제든 틀릴 수 있으며, 자신이 속한 언론사의 이익을 대변할 수밖에 없습니다. 주식 투자자들은 이를 뼈저리게 느끼고 있습니다. 오죽하면 주식 시장에는 '소문에 사서 뉴스에 팔아라'는 말이 있을 정도니까요.

그러나 부동산 시장 참여자들은 아직 이런 비판적 사고, 역 프레임의 접근에 대해 익숙하지 않은 듯합니다. 제가 부동산 상승과 하락 사이클의 시그널이 무엇인지, 실전 투자에 어떻게 적용해야 할지 디

아파트 투자는 사이클이다

테일한 방법론을 논하기 이전에 계속 시장의 상승과 하락에 대해 얘기하고 실제 주변 사례를 얘기하는 건, 그만큼 부동산 시장 참여자들이 갇혀 있는 프레임이 견고하고, 잘못된 정보가 난무하기 때문입니다. 저를 포함한 모두는 언제든 틀릴 수 있는 사람이고, 개인 또는 개인이 속한 집단의 이익을 우선에 두는 사람입니다. 이 또한 시장의 심리입니다. 이를 알고 접근하는 것과 맹목적인 추종은 투자의 결과에 실로 지대한 영향을 끼칩니다. 단순히 오르고 있으니 오른다, 정권이 바뀌니 오른다, 지방선거가 있으니 오른다는 건 논리나 근거가 아니라 희망에 불과합니다. 주식 시장에서는 '일개 개미에 불과한 나에게까지 흘러 들어온 정보라면 이미 늦은 정보다'라는 인식이 강합니다. 정보의 옥석을 가리기 위해서는 정권과 규제 자체에 매몰될 게 아니라 전후 맥락을 통해 큰 그림을 볼 줄 알아야 합니다. 1기 신도시의 낡은 아파트들의 재건축을 활성화하는 게 목적인 1기 신도시 특별법에 대해 6·1 지방선거용이라는 꼬리표가 붙었었습니다. 1기 신도시 특별법이란 건 결국 재건축 규제를 푼다는 것이고, 이것은 그 지역 유주택자들에게 집값 상승에 따른 투자 이익을 안기겠다는 것입니다. 집값을 폭등시킨 정권에 대한 심판론을 명분으로 들고나온 상황에서 1기 신도시의 표를 무시할 수는 없기에 제시하는 정치적인 대처입니다. 하지만 1기 신도시 이외 재건축의 기대를 품은 지역에서 자신들에게도 재건축 규제 완화의 혜택을 요구하기 시작한다면, 결국 무주택자와 다주택자, 또는 유주택자의 갈등을 키우는 꼴이 될 수 있습니다. 정치는 화합을 바라는 게 아니라 정권 유지의 동력을 원합니다. 유주택자와 다주택자는 규제 완화를 통해 집값 상승이 이어지기를 바랍니다. 하지만 집값 상승이 계속되다 보면 전 정권을 무너트린 갈등의 에너지였던 집 없는 사람들의 분노, 미래에 대한 불안이 고스란히 현 정부에게 돌아올 수가 있습니다. 그 화살을 피하기 위해서라도 현 정부는 규제 완화에 숨을 고르고 천천히 갈 수밖에 없는 것이죠.

한 정권 아래 달란트 여사님은 고평가된 분양가 정가 그대로 사고, 지인은 40% 특급 할인을 받아 집을 샀습니다. 분명 고가에 매입했던 이는 부동산 투자에 다수의 경험이 있었고, 40% 특급 할인을 받은 이는 인생 첫 부동산 투자였습니다. 부동산으로 돈 좀 벌어봤다는 사람과 생애 첫 부동산 구매자의 같은 아파트 구매는 상승의 끝물이냐 하락의 바닥이냐로 결론이 났습니다. 누가 더 투자 지식과 경험이 있고 이미 부동산으로 돈을 많이 만져 봤느냐로 투자의 결론이 난 게 아닙니다. 맹자 공손추 편에 보면 이런 말이 나옵니다.

"출중한 지혜를 갖는 것보다 유리한 기회를 잡는 것이 더 낫고, 좋은 농기구를 갖는 것보다 적절한 농사철을 기다리는 게 낫다."

지인은 사회 초년생으로 부동산 투자는커녕 청약저축을 시작한 지 몇 년 안 됐을 때였습니다. 투자에 출중한 지혜가 있었다고 결코 볼 수 없었죠. 하지만 결론적으로는 스스로 지혜가 있다고 자부했던

아파트 투자는 사이클이다

분보다 더 합리적인 소비를 했습니다. 맹자에서 말하듯 출중한 지혜도 없었고, 좋은 농기구도 없었지만 적절한 농사철에 밭을 일궈 좋은 결실을 맺은 셈입니다. 당시 지인이 집을 매수하자 의사인 지인의 친형이 대뜸 묻더랍니다. 로또라도 맞았냐고 말이죠. '의사인 나도 전세살이하는데 회사원인 네가 어떻게 집을 샀냐'는 것이겠지요. 주변에서는 부부와 애 하나 있는 달랑 세 식구가 무슨 48평이냐고 힐난하더랍니다. 관리비 어떻게 충당할 거냐고 걱정 아닌 걱정을 하는 분도 더러 있었다고 하고요. 정수기 렌털 업체의 관리 여사님은 지인의 집에 와서 4베이 구조의 아파트 복도에 줄줄이 달린 문 중에서 어떤 게 화장실이냐고 묻더랍니다. 지인에게 큰 아파트 살면 청소하는 거 귀찮지 않느냐는 현실적인 질문을 던졌더니 이런 답이 돌아오더군요. "큰 집에서 살아보니, 다시 작은 집으로는 답답해서 못 가겠어요"라고요. 지인은 2019년쯤 집값이 많이 올랐다 생각해서 매도했다고 합니다. 그런 지인이 요즘 입에 달고 사는 말이 뭔지 아십니까? 다시 40% 할인할 때 또 48평 아파트를 사겠다고 합니다. 왜냐고 물으니 그때쯤 되면 자기 아들이 졸업하고 사회 초년생이 될 것 같아서 그렇다네요. 솔직히 흙수저로 변변찮게 시작했는데, 모델하우스에서 아내 지인이 집으로 돈 벌었다는 거 듣고 많은 생각을 했답니다. 부럽다기보다는 아직 신혼집 전세 보증금조차 해결하지 못한 자신의 신세가 처량했다고 하더군요. 그러면서 자기 아들은 그런 경험이나 고민을 안 겪게 하고 싶다고 하더군요. 무섭도록 오른 현 시장에서 집을 살 능력은 없지만, 자신이 경험했던 정부의 취득세 인하, 할인 분양 등의 시기가 오면 자기 아들은 조금 더 쉽게 시작하게 해주고 싶다고 했습니다. 물론 그때까지 열심히 준비해서 노후를 위한 아파트를 따로 또 사고 싶은 희망이 생겼다고도 말했습니다.

버스는 또 옵니다. 기회는 또 옵니다. 투자는 2, 3년 하고 끝나는 게 아닙니다. 투자는 전 인생에 걸쳐 하는 것입니다. 조급하면 실패할 수밖에 없습니다. 유연한 프레임을 지녀야 합니다. 모두가 뛰어드는 꼭지가 아닌, 하락장의 기회에 아파트를 사야 합니다. 투자 성공의 씨를 뿌릴 수 있는 최적의 시기는 하락장의 한복판인 겨울입니다. 그때는 아무도 씨를 뿌리지 않고, 아무도 집을 사지 않습니다. 대중과 똑같이 행동하면 대중과 똑같은 삶을 살 수밖에 없습니다. 대중은 부자가 아닙니다. 모두가 똑같이 행동하기 때문입니다. 시장을 길게 보고, 내공과 함께 한 푼이라도 더 현금을 쌓으면서 때를 기다리면 됩니다. 기회는 반드시 또 옵니다. 저도 여러분과 같은 꿈을 꾸고 있습니다.

아파트 투자는 사이클이다

벼락거지는
상승장이 아닌 하락장에서 생긴다

수익을 당연하게 여기는 생각은
주가가 큰 폭으로 하락하면 확실히 치유된다.
_피터 린치

2020~2021년의 폭발적인 상승장 와중에 신조어로 자리 잡은 말이 있습니다. 바로 '벼락거지'죠. 벼락거지는 졸부, 벼락부자와 정반대의 뜻입니다. 집값이 미친 듯 올라서 부동산에 투자한 사람들은 부자가 되고 아무것도 안 한 이들은 상대적으로 자산가치가 하락해 졸지에 가난해진 무주택자를 빗대는 말입니다. 특히나 상승장 시기에 영끌을 해서든 어떤 수를 써서든 주택을 취득한 분들은 시세와 호가가 올라가는 만큼 자신감도 상승해서 무주택자와 부동산 투자에 참여하지 않는 분들을 '벼락거지'로 폄하하는 경우가 많았죠. 그런데 많은 분이 착각하는 게 있습니다. 상승장에서는 벼락거지가 생기지 않습니다. 오히려 하락장에 벼락거지가 생겨나죠. 냉정한 현실은 이렇습니다. 무주택자더러 벼락거지라 비웃던 1주택자나 2주택자가 오히려 벼락거지가 될 가능성이 월등히 높습니다. 폭등장에서 무주택자나 전세 세입자는 투자에 둔감하고 자산이 녹아내리는 걸 방치

하고 있는 무능한 사람 취급을 받았습니다. 목돈이 묶일 수밖에 없는 전세 세입자는 평생 가난에서 벗어날 수 없을 것처럼 손가락질 받기도 했죠. 그런데 상승장, 폭등장에서 전세 세입자는 상대적 박탈감과 초조함을 느낄지는 몰라도 자산가치가 하락하지는 않습니다. 남들이 지닌 부동산이 미친 듯 폭등한 것이지 내 돈이 없어진 건 아니니까요. 반면에 진짜 벼락거지는 하락장에서 나타납니다.

부동산, 아파트는 애초에 덩어리가 큰 목돈이 들어가고, 집 자체가 최소 수억 원에서 수십억 원이기에 담보 금액 자체가 높고 대출받을 수 있는 금액도 클 수밖에 없습니다. 그만큼 큰 레버리지를 끌어 쓸 수 있기 때문에 투자 성공 시 레버리지의 규모만큼 큰 이익을 나에게 돌려줍니다. 이건 어디까지나 싼 물건을 사서 높은 시세차익을 보고 팔았을 때 이야기죠. 만약 비싼 물건을 영끌해서 샀는데 하락장을 맞이하게 된다면 어떻게 될까요? 상승장의 무주택자는 남들 자산이 증가하니까 배가 아프거나 상대적 박탈감을 느끼는 심리적 위협이 전부지만, 레버리지를 활용하여 주택을 취득한 분이 하락장을 맞이하면 심리적 위협이 아니라 실제 현금을 잃는 상황이 벌어집니다. 10억 짜리 아파트를 내 돈 4억에 부동산 담보 대출, 신용 대출, 직장인 대출, 부모님 찬스까지 써서 6억 빚을 끌어다 샀는데 집 값이 4억 원 하락한다면 어떻게 될까요? 말 그대로 내 돈 4억 원을 고스란히 날린 겁니다. 내 돈 4억 원을 날리기만 한 거면 다행인데, 내 돈은 사라지고 빚만 6억이 남은 꼴입니다. 무주택자가 상승장에 전세금을 올려주기 위해 허덕이거나 박탈감을 느끼는 건 버티고 견딜 수 있습

아파트 투자는 사이클이다

니다. 하지만 내 돈 전부를 잃고 빚만 남게 된 것이야말로 벼락거지가 된 셈입니다. 하락장에서 발등에 불이 떨어지는 사람은 전세 세입자나 자신의 수준에 맞춰 실거주하는 사람이 아니라 현금이 필요한 갭투자자와 영끌한 1주택자입니다. 1주택자나 갭투자자가 하락장에 벼락거지가 된다고 말씀드리면˙결코 수긍 못하는 분들이 많을 줄로 압니다. 그런 분들에게 묻고 싶습니다. 혹시 '하우스 푸어'라는 말 들어보신 적 없으신가요? 2021년에 '벼락거지'라는 말이 유행했다면 벼락거지 유행 8년 전인 2013년에는 '하우스 푸어'라는 말이 유행했습니다. 하우스 푸어를 요즘 말로 바꾼다면 '영끌 거지'가 되겠네요. 하락장의 막바지였던 2013년에는 빚을 내어 집을 샀다가 대출금 상환에 어려움을 겪는 1주택자들을 일컬어 하우스 푸어라고 불렀습니다. 집값이 오를 때 저금리의 과한 대출을 받아 집을 산 것까지는 좋았는데, 금리 인상과 집값 하락이 계속되고 원리금 상환 부담의 압박으로 인해 주택 보유자임에도 불구하고 영위하는 삶의 질은 형편없는 상황에 직면하게 되는 거죠. 하우스 푸어는 자산의 거의 대부분이 주택에 묶여 현금을 굴릴 수 없기 때문에 가족 중 누군가가 실직을 하거나 갑자기 아프기라도 하면 가정이 휘청일 정도의 타격을 입게 됩니다. 무리한 대출로 집을 장만한 1주택자나 전세 보증금을 레버리지 삼아 여러 채의 집을 장만한 갭투자자들이 하우스 푸어, 영끌 거지로 전락할 위험군입니다. 실제 2012년~2013년에 LG경제연구원은 하우스 푸어가 32만 가구 이상이라는 분석을 발표하기도 했습니다. 이 수치는 정부 추산의 세 배 이상이었죠. 당시에도 하우스 푸어 발생이 사회문제가 되자 정부의 공적 지원에 대한 적정성에 의문을 제기하는 여론이 형성되기도 했습니다. 어디에서 많이 본 상황 같지 않으신가요? 윤석열 정부 역시 공적 지원을 천명했고 이에 반대하는 여론 또한 만만치 않은 상황입니다. 사계절처럼 시장은 순환하고 사이클은 돌아옵니다.

영끌한 분들, 자기 자본 없이 갭투자로 수십 채의 집을 장만하여 수십억 자산가가 되었다고 스스로 홍보하는 분들 입장에서는 하우스 푸어나 영끌 거지라는 말을 부정하고 싶으실 겁니다. 아니, 부동산 가격 조정은 있겠지만 폭락장은 오지 않으리라 생각하실 수도 있겠죠. 2003년 4월 로또 복권 역대 최고액인 407억 원에 당첨된 분이 있었습니다. 그분은 당첨 후 강원도에서 이사와 타워팰리스에 입주하셨죠. 이처럼 타워팰리스가 대한민국의 성공과 부의 상징이었던 시기가 있었습니다. 타워팰리스1차 165㎡는 2007년 9월 33억4천만 원에 거래됐지만, 2012년 1월에는 18억8550만 원에 거래됐죠. 14억5450만 원이나 하락했으니 반값 가까이 폭락한 셈입니다. 대한민국 부의 상징이 이정도였으니 일반 주거지는 오죽했을까요. 하우스 푸어 32만 가구가 전혀 과장이 아니었다는 얘기입니다.

월스트리트에서 10년 넘는 기간 동안 시장수익률을 지속적으로 능가한 단 두명이 바로 워런 버핏과 피터 린치입니다. 피터 린치는 월가의 영웅이라는 찬사를 받는 가장 성공한 펀드매니저이죠. 그런 그는 "수익을 당연하게 여기는 생각은 주가가 큰 폭으로 하락하면 확실히 치유된다." 라는 말을 남겼습니다. 그가 왜 '치유된다'라는 표현

아파트 투자는 사이클이다

을 썼을까요? 상승세를 타게 되면 내 자산이 늘어가는 걸 보는 기쁨에 취해 상승장이 영원하리라는 착각에 빠지고 종목과 사랑에 빠지기 때문입니다. 이때는 하락장이 다가온다는 말이 헛소리처럼 들릴 수밖에 없습니다. 내 종목과 나의 사랑을 방해하는 연적의 이간질로밖에 안 들린다는 소리죠. 2020년과 21년, 그때는 집을 사면 무조건 돈을 벌었습니다. 수익을 당연하게 생각했죠. 하지만 상승론자들이 그토록 부정하는 하락장을 맞닥뜨리게 되면 수익이 당연하다는 생각은 자연스레 치유될 수밖에 없습니다. 피터 린치는 또 이런 말을 남겼습니다.

> "내가 엄청난 투자의 오류를 하나 고른다면, 그것은 주가가 오르면 자신이 투자를 잘 했다고 믿는 사고방식이다."

소수의 투자 고수를 제외한다면, 시세차익을 본 대부분의 투자자는 우연히 때를 잘 만났기 때문에 이익을 얻은 것입니다. 이 말은 곧 우연의 행운이 함께하지 않는다면 다음 투자는 실패할 수도 있다는 얘기지요. 저는 상승론자도 하락론자도 아닙니다. 저는 사이클에 입각해서 매수와 매도 시기를 가늠할 뿐입니다. 시장을 이길 수 있는 투자자는 세상 그 어디에도 없습니다. 내 힘과 내 지식으로 투자하겠다는 생각을 버리고 시장이 상승장에 접어들 때 매수해서 하락장에 접어들기 전 매도하면 됩니다. 부동산은 주식보다 훨씬 간결합니다.

어떻게 타이밍을 잡는지 방법론을 말하기 전에 여러분은 마인드셋이 필요합니다. 하락장이 결코 없다고 생각한다는 것은 결국 타이밍 자체를 부정하는 것이기 때문입니다. 반대로 무주택자를 벼락거지라고 손가락질하거나 하락장에 1주택자를 하우스 푸어라고 손가락질하는 분 역시 이분법으로 시장을 보는 분들이기 때문에 굳어진 편견부터 깨나가야 합니다. 시장에 대한 고정관념부터 제거해야만 타이밍을 찾는 눈이 생길 수 있다는 점을 명심하셔야 합니다.

투자는 봄을 기다리며 겨울에 씨를 뿌리는 것입니다. 남들이 몸을 웅크리는 추운 겨울에 미래를 위해 씨를 뿌리는 것이 투자입니다.

아파트 투자는 사이클이다

지옥으로 가는 길은
선의로 포장되어 있다

빨리 부자가 되는 방법을 말해줄 수는 없지만 빨리 가난해지는 방법은
알려줄 수 있다. 그것은 빨리 부자가 되려고 애쓰는 것이다.
_앙드레 코스톨라니

------------------------ • ------------------------

앙드레 코스톨라니
유럽의 전설적인 투자자. 철학과 미술사를 전공했고 피아니스트가 되는 것이 꿈
이었으나 증권계 투신 후 유럽 전역에서 활동하면서 투자의 대부가 되었고, 두
세대에 걸쳐 독일 증권 시장의 우상으로 군림하였다. 국내에 소개된 책으로는
『투자는 심리게임이다』, 『돈이란 무엇인가』, 『돈, 뜨겁게 사랑하고 차갑게 다루
어라』, 『코스톨라니의 투자노트』, 『실전 투자강의』 등이 있다.

연세대학교 세브란스 병원 정신과 외래교수이자 연세 봄 정신건
강의학과에서 일하는 박종석 대표원장은 2019년부터 주식 클리닉을
운영하고 있습니다. 그는 무리한 투자로 큰 손실을 겪은 투자자들이
겪는 우울증과 PTSD(외상 후 스트레스 장애)의 치료를 돕고 있죠. 그런
그도 한때 주식 투자를 통해 3억 원 이상의 손실을 보고 심지어 병원
에서 해고당하기까지 했습니다. 주식에 빠진 의사, 우울증에 걸린 의
사로 병원 안팎에 말이 퍼졌기 때문입니다. '서른여섯 노총각, 흙수저
의사, 평생 모은 돈을 주식으로 날린 의사'가 되어 가족, 친구와의 연

락을 모두 끊고 아무런 희망도, 의욕도 없이 지방으로 내려갔다고 합니다. 명색이 정신과 의사인데 주식 투자로 인해 돈뿐만 아니라 정신 건강마저 잃은 것이지요. 그는 실패의 원인을 자만(自慢)으로 꼽습니다. '정신과 의사니까 자기관리를 잘할' 것으로 생각하고 욕망도 절제할 수 있다고 판단한 것이지요. 박종석 원장은 연 5~10%씩 꾸준히 수익을 내겠다는 현실적인 목표가 아니라 주식으로 돈을 벌어 하루라도 빨리 서울에 집을 사겠다는 욕심이 컸다고 합니다. 한 스텝씩 꾸준히 밟은 게 아니라 10계단, 20계단을 껑충 뛰어넘으려고 했던 거죠. 박종석 대표원장은 자신의 실패와 재기를 다룬 책『살려주식시오』에서 정신과 의사임에도 멘탈이 흔들려 전재산을 날렸던 자신의 과거를 소개하고 있습니다. 그의 메시지는 단순합니다. 주가가 요동친다고 해서 마음까지 요동치면 되겠냐는 것이지요. 흔들리지 않는 편안한 심리 투자만이 계좌를 채운다는 겁니다.

EBS「명의」, KBS「생로병사의 비밀」등에 출연했으며 수많은 주식 투자자의 심리를 분석, 연구한 최삼욱 정신과 전문의의 책『주식은 심리다』를 보면 실제 투자를 통해 이익과 손실을 경험해본 투자자라면 내 얘기인가 싶은 상황이 많습니다.『주식은 심리다』에서는 투자 성공을 1단계부터 5단계로 나눠 놓았는데요, 투자 성공의 1단계가 바로 '나는 어떤 투자자일까?'를 아는 것이라 말합니다. 성공 1단계에서 반드시 필요한 건 '투자 원칙을 세우는' 것입니다. 주식 투자에는 금리나 환율, 물가, 규제와 정책 등 수시로 변하는 여러 환경적 제약 요소가 있습니다. 그러므로 자신에게 맞는 원칙을 세워야 합니

아파트 투자는 사이클이다

다. 원칙은 어떤 일이 있어도 흔들리지 않는 기준입니다. 세상이 흔들릴 때도 최종 투자 선택을 내리는 나는 흔들리면 안 됩니다. 최종적으로 사고파는 건 사람이 하기 때문입니다. 매매 당사자는 이성적이고 합리적인 판단에 따라 매매한다고 느끼겠지만, 이는 착각일 뿐이며 실제로 내리는 최종 결정은 의식적이든 무의식적이든 욕구와 심리의 작동과 선택일 뿐입니다. 사람은 기본적으로 자신에게 관대하기 때문에 자신의 선택에 대해서는 후한 점수를 주기 마련입니다. 주식이든 부동산이든 상승장이 이어지면 자칭 전문가라는 이들이 우후죽순 등장하게 되며, 하나같이 약속이라도 한 것처럼 사후확신편향Hindsight bias을 보이게 되죠. 남들 앞에서 몇 번 '오르니까 사라'고 말했는데 운이 좋아 맞아떨어지게 되면, 결국 시간이 지날수록 결과에 의미를 끼워 맞추게 되는 겁니다. 예를 들어볼까요?

"내가 너 그럴 줄 알았다.
상승장에서 못 산 무주택 거지는 어차피 하락장에서도 못 사."

"보세요, 제가 집값 오른다고 했죠?
결국 액션을 취한 사람만 부자가 되는 거예요."

사후확신편향은 사건의 결과를 알고 난 후 '그럴 줄 알았다'고 하면서 마치 스스로 사전에 충분히 예측할 수 있었던 것처럼 착각하는 것입니다. 주식과 달리 사이클이 긴 부동산의 경우 사후확신편향에 빠지기가 훨씬 더 쉽습니다. 주식은 하루에도 널뛰기하듯 주가가 변하지만 부동산은 한번 상승장에 돌입하면 오랫동안 상승의 관성을 유지하며 그 무엇으로도 방향을 돌리기 힘들기 때문입니다. 국내 1호 부동산 빅데이터 전문가이자 리치고 서비스 기반으로 시장을 분석한 『빅데이터 부동산 투자 2021 대전망』 등의 책을 출간한 김기원 대표는 부동산 시장을 항공모함에 비유했습니다. 항공모함은 워낙 거대해서 뱃머리를 돌려 방향을 틀기까지 오랜 시간이 걸립니다. 작은 배에 비해 더 크게, 더 멀리 돌아야만 하죠. 하지만 한번 방향을 바꾸면 정해진 방향으로 우직하게 계속 밀고 나가려는 힘이 강합니다. 상승이든 하락이든 방향이 정해진 시장은 수년 동안 같은 방향으로 항해할 수밖에 없죠. 이런 특성 때문에 부동산 시장에서는 오랫동안 대중의 예언가 노릇을 하기가 무척 쉽습니다. 더구나 주식보다 더 큰 돈이 들어가고 그만큼 큰 수익이 따르는 것이기에 추종자들의 믿음은 거의 종교에 가깝게 됩니다. 가짜 예언가 또한 자신을 추종하는 이들이 많아지다 보면 사후확신편향이 점점 더 강해지게 되고, 심지어 대중을 볼 때 계몽해야만 할 무지몽매한 대상으로 인식하거나 자신을 무주택자와 서민을 이끄는 선택받은 존재처럼 생각하기도 하죠. 그냥 혼자 이러고 말면 좋은데, 정말 나쁜 케이스는 따로 있습니다. 자신은 하락의 조짐을 느끼고 자신이 보유한 물량을 뒤로 조용히 매도하고 있는데, 이제껏 주장해온 방향을 수정하거나 철회할 수 없어서 표면적으로는 계속 상승을 외치는 경우입니다.

　더 심한 경우는 부동산 전문가 행세를 하면서 시행사, 시공사, 공인중개사 삼박자의 역할을 맡아 자신이 이권에 개입한 물건을 구독자들이나 추종하는 이들에게 떠넘기는 것입니다. 말도 안 되는 신축

　　　　　　　　아파트 투자는 사이클이다

빌라를 추천하면서 '세금 걱정 없이 1억 원대 물건을 저가에 매입해서 기다리면 결국 돈이 된다. 대한민국 부동산은 우상향한다.'는 논리를 펴는 경우도 있습니다. 상승장에서는 썩은 빌라마저도 값이 오르다 보니 초보 투자자의 경우 이게 잘못된 것인지도 모르고 홀린 듯 따라하기 쉽죠. 물량을 떠넘기는 전문가 입장에서는 수십 채 중 하나에 불과하겠지만, 그걸 받는 투자자 입장에서는 인생을 건 전재산이 담긴 세상 유일한 한 채입니다.

그런데 어디에서 많이 들어본 패턴 같지 않나요? 네, 맞습니다. 주식판에서도 전문가 행세를 하면서 종목을 찍어주는 이들이 있습니다. 그들 역시 상승장에서 활개를 치죠. 상승장일 때는 썩은 빌라 마냥 생전 처음 듣는 동전주나 잡주도 잘만 오르니까 자신이 미리 매집해놓은 종목을 다수가 모인 대화방에서 추천합니다. 다들 철석같이 믿고 매수를 하니 주가는 당연히 오를 수밖에 없죠. 별다른 재료도 없는데 주가가 상승하니 단타 투자자들도 모이게 됩니다. 급상승의 마지막 단계에 '급등주 따라잡기'하는 초보 투자자들이 달라붙습니다. 그즈음 자칭 전문가는 자기가 가진 물량을 고가에 다 털고 유유히 빠져나가죠. 행여나 이 과정에서 손실을 본 투자자가 따지고 항의하면 아주 간단하게 빠져나가는 방법이 있습니다.

"모든 투자에 대한 책임은 투자자 본인에게 있습니다."

"어깨에서 파셨어야죠.

투자자님의 욕심이 이런 결과를 초래한 것입니다."

이런 자칭 전문가들이 언제 싹 사라지는지 아시나요? 바로 하락장입니다. 하락장은 전문가가 아니라 누가 봐도 먹을 게 없는 시장입니다. 관심 자체가 없어지죠. 관심이 없으니 돈이 몰리지 않고 돈이 몰리지 않으니 주가는 떨어질 수밖에 없습니다. 부동산도 마찬가지입니다. 하락장에서는 누가 보더라도 거래가 실종된 게 빤히 보입니다. 관심이 식으니 돈이 몰리지 않고, 사는 사람이 없으니 값은 떨어질 수밖에 없습니다. 부동산을 떨어뜨리는 건 규제도 아니고 금리도 아닙니다. 바로 매수 심리가 꺾여 사지 않으면 집값은 떨어질 수밖에 없습니다. 저는 부동산 상승과 하락의 시그널 중 가장 첫 번째로 '심리'를 꼽는데, 상승장에서 홀연히 등장한 전문가들은 '심리' 따위가 부동산 시장에 무슨 상관이 있느냐고 따집니다. 심리는 눈에 보이지 않는데다가 '오르니까 더 사라', '오르는 지역과 물건을 알려주겠다', '기회를 놓치면 평생 가난하게 산다'는 메시지가 더 강렬하고 달콤하긴 합니다. 눈에 보이지 않지만 시장에 지대한 영향을 끼치는 심리는 무시하면서, 천편일률적으로 공급과 수요만 내세우는 경우도 있습니다. 하지만 부동산 시장의 수요에 대해 정확히 인지하고 말하는 전문가는 생각보다 많지 않습니다. 금리 역시 마찬가지입니다. 현장에 계신 공인중개사조차 금리의 한쪽 면만을 보고 있습니다. 상승장에서는 금리가 오르건 말건 상관없습니다. 까짓거 금리 오르고 대출이자 좀 올라도 집값이 훨씬 더 가파르게 상승하는데 그깟 금리가 뭐 대수겠습니까? 금리로 손해 보는 건 수백에서 수천만 원이지만, 집값이

아파트 투자는 사이클이다

올라 얻는 이득은 수억 원이니 문제될 게 없죠. 상황이 이러니 상승장에서는 매도자 우위 시장이 형성되며 집주인이나 다주택자는 세상에 무서울 게 없습니다. 당연히 사후확신편향이라는 단단한 성에 자신을 더욱더 가두게 되죠. 부동산 상승장 초입에 떨리는 손으로 대출을 받고 행여나 잘못되면 어쩌나 걱정하면서 아파트를 한 채 샀는데, 상승의 탄력을 받아 집값이 오르다 보면 구매 초기의 초조감 대신 자신감과 자만이 자리 잡게 됩니다. 이 시점에서는 남들에게 자랑하며 '내가 그 집 괜히 산 거 같아? 다 오를 줄 알고 똑똑한 한 채로 장만한 거야!'로 둔갑하게 되죠. 승리에 도취한 자기최면입니다.

지옥으로 가는 길은 늘 선의로 포장되어 있습니다. 상승장에서 군림해온 시장의 예언자는 시장이 뜻대로 굴러가지 않는 걸 추종자보다 더 먼저 알아차릴 수밖에 없습니다. 그 상황이 되면 가장 먼저 자기 살길을 찾기 마련이지요. 시장의 불씨가 꺼져가고 있는데도 상승이라는 바람을 불어넣으며 어떤 이든 시장에 진입해서 자신의 물건을 받아주기를 기다립니다. 상승장이라 뭐든 잘 풀릴 때는 다 나의 실력인 것이고, 시장에 변화의 조짐이 보인다고 충고하는 이들의 말은 집 없는 거지들의 시샘에 찬 험담으로밖에 안 들립니다. 하지만 일이 안 풀리는 건 무능한 정부나 그 정부의 규제 때문이 아닙니다. 시장의 변화를 인식하지 못할 정도로 단단한 사후확신편향의 성에 갇혀 있던 나 자신의 교만 때문입니다. 모든 투자에 대한 책임은 투자자 본인에게 있다는 말처럼 생살을 후벼 파는 말이 또 있을까요. 이 말은 초보 투자자는 물론이거니와 시장의 예언자에게도 그대로 적용됩니다. 자만하고 자신했던 만큼 자신이 벌였던 말을 거둬들이고 자신이 벌린 일을 수습해야만 할 때가 옵니다. 죽음과 세금은 누구에게나 공평합니다.

부자 마케팅에
속아 넘어가면 안 됩니다

천재는 당신이 아니라 상승장이다.
_존 케네스 갤브레이스

--- · ---

존 케네스 갤브레이스
20세기를 대표하는 진보적 경제학자 중 한 명. 미국경제인연합회 회장을 역임
했고, 프랭클린 루스벨트에서 빌 클린턴까지 미국 민주당 대통령 자문역으로 일
하는 등 민주당 지도자들의 사고와 노선에 큰 영향을 미쳤다. 케네디 대통령 취
임연설문을 쓰는 등 명문장가로서도 명성을 날렸다. 경제학뿐만 아니라 경영학,
역사학, 사회학에도 밝았다. 『불확실성의 시대』 등의 저서를 남겼다.

노름판에서 유래된 속된 표현이긴 합니다만 '첫 끗발이 개 끗발'
이라는 말이 있습니다. 초심자의 행운으로 요행히 돈을 벌었을 뿐인
데, 자신이 마치 투자에 재능이 있는 것처럼 굴다가 판이 이어지면 결
국 다 털리는 개 끗발로 마감한다는 소리죠. 하지만 사람의 본성상 자
신의 첫 끗발을 운으로 여기는 사람은 아무도 없습니다. 자신은 다 계
획이 있었고 좋은 결과가 곧 본인의 실력이라고 생각하기 마련이죠.
자신감이 이쯤 차오르면 부동산 투자에 망설이는 이들이 세상에 뒤처
진 겁쟁이로 보이기까지 합니다. 반대로 추종자들은 '상승장을 미리
알고', '똑똑한 한 채로 시작해 집을 늘린' 자칭 부동산 전문가가 대단

한 인물, 존경스러운 인물로 보일 수밖에 없습니다. 그런 분이 '시장은 계속 상승한다.' '부동산은 입지가 전부다!'라고 말하니 어찌 반박을 하겠습니까? 그분은 돈을 벌었고 자신은 아직 안 벌었는데 말이죠.

평생을 성공한 전업 투자자로 살며 전 세계 10개 도시에 주택을 마련한 데다 프랑스의 최고 훈장인 레지옹 도뇌르 훈장까지 수여 받은 유럽 투자의 전설인 앙드레 코스톨라니는 이런 말을 남겼습니다.

"대다수의 증권 시장 예측가라고 하는 사람들은 자신의 이익을 위해 대중을 이용하여 주가를 조작한다."

부동산도 다르지 않습니다. 투자 대상인 부동산과 아파트에만 옥석이 있는 게 아닙니다. 여러분 앞에서 전문가라고 자처하는 이들 중에서도 분명 옥석이 있습니다. 제 말만, 저만 옳다는 게 아닙니다. 초보 투자자라면 겸손한 사람을 멘토로 삼아야 합니다. 부동산이든 주식이든 그 어떤 분야를 막론하고 겸손을 배우지 않으면 결국 나의 거만함에 대해 시장이 꼭 되갚아 주기 마련입니다. 아무리 강조해도 지나치지 않은 사실은 부동산 시장이 다른 투자 시장보다 긴 사이클로 움직인다는 점입니다. 상승장일 때는 가볍게 무시할 수 있는 금리가, 하락장일 때는 내 숨통을 쥐고 흔드는 목줄이 됩니다. 실제로 분양 시장에서 수천 명을 상담하면서 시장 사이클에 몸을 맡겨 성공투자를 하는 분과 사이클에 역행하여 끝내 침몰하는 분들을 숱하게 봐

왔습니다. 정말 안타깝게도 그런 분 중 스스로 생을 저버린 분도 있었습니다. 상승의 호시절에는 금리가 오르건 세금이 오르건 투자수익이 이를 뛰어 넘기 때문에 무시할 수 있습니다. 그리고 금리 인상분, 세금 상승분을 세입자에게 전가하는 것도 가능해집니다. 투자 마인드가 없어서 집도 못 사고 자신에게 꼬박꼬박 월세를 바치는 세입자 덕에 부자가 된다고 호언장담하는 이들은 자만이 결국 자신의 발목을 잡으리라는 건 생각도 못 하고 있습니다. 상승장에서야 세입자에게 비용을 전가하면 그만이니 아무런 타격도 없겠지만, 하락의 시기에는 그 모든 금전적 부담을 오롯이 자기 혼자서 부담해야 합니다. 빚의 무게는 경험한 사람만 알 수 있는, 실로 견디기 힘든 쫓기는 듯한 고통이 아닐 수 없습니다.

『살려주식시오』를 쓴 정신과 전문의 박종석 원장은 투자를 일컬어 '나를 찾아가는 여행'이라고 말합니다. 투자라는 고행(苦行) 길을 함께 걷는 순례자로서 좌절이 있을 수밖에 없지만 지금 당장의 고통이 결코 전부이거나 끝이 아니라고 말하죠. 순례의 길은 잘난 사람, 똑똑한 사람이 먼저 갈 수 있는 길이 아닙니다. 순례의 길은 겸손한 사람, 걸으며 주변을 둘러보는 사람이 끝내 결과를 얻는 길입니다. 뉴욕 양키스의 포수였으며 지도자이기도 했던 요기 베라가 남긴 유명한 말이 있죠.

끝날 때까지 끝난 것이 아니다
It ain't over, till it's over.

투자도 마찬가지입니다. 남들이 시장을 비관할 때 저는 폭등을 말했고, 남들이 지속적인 우상향과 상승을 말할 때 전 하락을 얘기했습니다. 제가 얘기한 대로 시장이 흘러갔지만 그로 인해 제가 얻은 것은 없습니다. 오히려 욕만 잔뜩 먹었지요. 사람들은 자기가 보고 싶은 것만 보고, 듣고 싶은 것만 듣기 때문입니다. 하락의 공포 속에서 폭등을 말하는 자, 상승의 기쁨 앞에서 하락을 말하는 사람은 예언자가 아니라 반역자 취급받기 쉽습니다. 세상의 많은 사람은 예언가를 자처하지만, 빠르게 부자가 되려는 노력은 결국 빠르게 가난해지는 결과만을 가져올 뿐입니다. 부동산 관련 콘텐츠를 생산하는 수많은 이 중 저는 유독 인기가 없는 편입니다. 상승론자도, 하락론자도 아닌 사이클론자이다 보니 남이 공포에 빠져 팔 때는 사야 한다고 말하고, 남들이 광기에 어려 추격 매수할 때는 이제 하락장이 다가오니 팔아야 한다고 주장하다 보니 반대로 행동하는 청개구리 같기 때문입니다. 반면 상승장에 부동산으로 돈을 벌었다는 이들의 얘기를 자꾸 듣다 보면 누구라도 마음이 흔들릴 수밖에 없습니다. 자신을 제외한 모두가 부동산으로 부자가 되는 것만 같은 상황에서, 지금 사면 부자가 될 수 있다고 누군가 말해주면 어느 누가 솔깃하지 않겠습니까? 살까말까 확신 없는 자신의 행동을 보증이라도 해주듯 전문가라고 하는 이가 사라고 지지해주니 마음이 한결 편해지는 기분일 겁니다. 사라고 말하는 영상 덧글에서도 추종하는 이들이 한 목소리로 사야 한다고 말하고, 어떤 이는 전문가님 덕분에 돈 좀 만졌다고 덧글로 자랑하는 걸 보면 지금 당장이라도 빚을 내 아파트를 사야할 것처럼 느껴집니다. 군중심리이자 집단최면이죠. '당신도 나처럼 빠르게 부자가

아파트 투자는 사이클이다

될 수 있다!'는 부자 마케팅의 메시지에 길들여진 셈입니다. 반대로 제가 상승장 막바지에 하락을 예측하며 기회가 올 테니까 참았다가 하락장에서 매수하면 된다고 말하면 그 하락장이 언제냐 되묻습니다. 5, 6년 정도를 기다려야 한다고 하면 다들 '그때까지 어떻게 기다리느냐!'고 따져 묻지요. 사람들은 '지금 당장' 부자가 될 욕심에 사로잡혀 있습니다. 하지만 야구든 투자든 끝날 때까지 끝난 것이 아닙니다. 삶과 주식투자를 즐기며 투자를 지적인 도전행위로 여겼던 앙드레 코스톨라니조차 빨리 부자가 되는 법은 알려줄 수 없다고 단언했습니다. 단, 빨리 가난해지는 방법은 정확히 알려줄 수 있다고 말했죠. 바로 빨리 부자가 되길 바라면 빨리 가난해질 수 있다고 말입니다.

부동산으로 돈을 벌었다고 자랑하는 것도 미련한 일이지만, 그렇다고 자신을 뺀 모두가 부동산으로 돈을 벌었다며 열패감을 느끼는 것도 미련한 일입니다. 야구는 9회 말 투아웃부터 시작이며, 우리의 인생은 아직 끝나지 않았습니다. 사이클은 반복되며 사이클을 아는 자가 마지막에 웃을 것입니다. 홈런은 나 하나만 잘하면 칠 수 있지만, 만루홈런은 1루와 2루, 3루에 모두 타자가 채워져야만 가능합니다. 나 하나의 힘으로 되는 게 아니죠. '만루'라는 상황이 갖춰져야만 가능합니다. 솔로 홈런을 쳐도 내 팀이 지면 홈런은 빛을 발하기 어렵습니다. 시장 앞에서 겸손하고, 상승장이라는 만루의 기회가 왔을 때 홈런을 노려야 합니다. 나는 천재가 아니며 첫 끗발은 개 끗발이라는 걸 인정해야만 합니다. 천재는 내가 아니라 상승장입니다. 거인의 어깨에 올라타야만 멀리 내다볼 수 있습니다. 상승장이라는 거인의 어깨에 올라타기 위해선 하락장 끝 무렵 거인의 발등에 올라탈 때를 기다리고 어깨까지 올라가기 위한 시간을 견뎌야 합니다. 겸손해야 합니다. 그리고 기다려야 합니다. 계급 이동의 사다리 따윈 치워진 지 오래라고 생각하는, 대한민국 역사상 가장 고스펙을 지녔으나 부모 세대보다 못 살게 된 첫 세대로 불리는 요즘 세대에게 멋진 문장을 하나 선물하며 이번 장을 마무리 지을까 합니다.

> 우리는 모두 시궁창 속에 있지만, 몇몇은 별을 바라보고 있다.
>
> We are all in the gutter, but some of us are looking at the stars.
>
> _오스카 와일드, 희곡 〈윈더미어 부인의 부채〉 중

2장

———— · ————

부동산 전문가들은
왜 틀린 예측을 할까?

부동산 시장의 미래는
예측할 수 없는 것일까?

주식은 투자할 시기가 있다. 또한 쉬어야 할 때가 있다. 이것이 요체이다.
호황 국면에서 사지 말고 불황의 끝에 사라.
1987년 블랙먼데이도 호황의 끝에 왔다.
_고레카와 긴조

고레카와 긴조
소니, 마쓰시타 등 대기업 총수를 물리치고 일본 소득세 납부 1위를 차지한 일본
주식 시장의 신. 사업가로 수차례의 성공과 파산을 경험했으며 스미모토 금속광
산 주식 매매로 2천억 원 이상의 수익을 올린 것으로 유명하다. 직접 집필한 유
일한 자서전인 『일본 주식시장의 신, 고레카와 긴조』(원제: 波乱を生きる, 파란
에 산다)가 국내에 소개되었다.

부동산이든 주식이든 정확한 꼭지와 바닥은 아무도 알 수 없습
니다. 그것은 인간의 영역이 아닌 신의 영역이죠. 하지만 부동산 시장
의 거시적 흐름은 예측이 가능합니다. 정확히 몇월 몇일 몇 %가 하락
한다, 식으로 콕 짚어 말할 수야 없지만 시장의 흐름이 대략 어느 즈
음에 상승으로 전환될지, 하락으로 전환될지는 충분히 파악 가능합
니다. 어떤 분은 부동산 시장에도 주식 시장과 마찬가지로 세력이 있
어서 시세를 조종하기 때문에 예측이 불가능하다고 말하기도 합니
다. 하지만 이는 주식과 부동산 양쪽 모두에 대한 몰이해에서 비롯된

오해입니다. 주식의 경우 '개미가 사는 종목을 팔고 개미가 파는 종목은 사라'는 말을 하곤 하죠. 대중과 반대로 해야 돈을 번다는 얘기입니다. 그래서 기관이나 외국인이 사는 주식을 따라서 매수하는 분도 있습니다. 그런데 세력들은 이를 역이용해 신탁계약을 맺은 외국계 창구를 통해서 매수주문을 넣습니다. 이 경우 내국인의 매수가 외국인의 매수로 둔갑하여 마치 개미는 모르는 호재에 외국인이 공격적 매수를 하는 것처럼 보이죠. 흔히 말하는 '검머외', 검은 머리 외국인입니다. 상식적으로 생각해보면 시총 2, 3천억 원 정도의 자잘한 코스닥 종목에 외국인이 관심을 보일 이유가 없습니다. 외국인이 아무리 거대 자본을 굴린다 해도 대한민국 국민조차 존재를 모르는 수준의 국내 중소기업을 그렇게 열심히 사들일 이유가 없죠. 코스닥 종목의 외국인 매수 유입은 검은 머리 외국인의 시세 조종인 경우가 많습니다. 인종이 뒤바뀌는 마법이죠. 반면 부동산은 어떤가요? 인종 세탁은커녕 값이 나가는 아파트 한 채를 산다 해도 자금조달계획서를 제출해야 합니다. 당장 부자 아빠가 아들에게 아파트를 한 채 사주려고 해도 제약이 큰데, 자신의 정체를 숨긴 채 실거래가를 올릴 정도의 규모로 움직이기가 쉽지 않습니다.

세력끼리 주식을 사고팔아 호가와 주가를 동시에 끌어올리는 자전 거래 역시 주식에서만 가능한 일입니다. 개미 투자자보다 기관 투자자에게는 매수, 매도에 따른 세금 혜택이 큽니다. 개인에 비하면 기관과 외국인은 매매 수수료 부담이 없다고 봐도 될 정도입니다. 설령 세력이 개인 명의로 자전 거래를 한다 해도 부동산 취득에 따라붙는 취득세, 양도세에 비하면 주식 매매 수수료나 세금은 부담이 거의 없는 수준입니다. 게다가 부동산과 달리 주식에는 시장 안정화를 위한 징벌적 세금 부여나 정부의 규제가 없습니다. 이는 곧 주식판의 세력이 주가를 끌어올릴 때까지 숱하게 자전 거래를 해도 비용 부담, 법적 부담이 없다는 얘기죠. 부동산의 경우 자전 거래를 한다며 짜고서 몇 번 사고팔며 양도세를 내면 손에 남는 게 아무것도 없을 겁니다.

아시다시피 주식 단가는 부동산과 비교할 수 없을 정도로 쌉니다. 주식판에서의 작전은 수십억에서 백억 정도의 자금으로도 충분히 가능하다고 합니다. 그런데 부동산은 어떤가요? 주식 세력에게 50억 원은 충분히 작전 진행이 가능한 자금이지만, 부동산 시장에서는 5억 원짜리 아파트 열 채를 살 돈에 불과합니다. 취득세 및 복비 등을 생각한다면 열 채도 못 살 돈이죠. 과연 열 채도 안 되는 아파트를 사고 판다고 해서 특정 지역의 시세 조종이 가능할까요? 그나마 상승장에서는 아파트 주민이나 부녀회 차원의 담합 정도는 가능합니다. 집 값이 오르고 있으니 특정 금액 이하로는 매물을 내놓지 말자 정도로 입을 맞출 수는 있다는 거죠. 하지만 이 역시 일치단결한 모습을 보이기 쉽지 않습니다. 급한 사정이 생겨서 급매를 내놓는 집주인이 있다면 담합이 깨지는 건 일도 아닙니다. 집단보다 내 이익을 우선으로 하는 건 인간의 본성입니다. 하락장에서는 담합이 애초에 불가능합니다. 집값은 뚝뚝 떨어지고 은행 이자는 따박따박 새어나가고 있다면 남들보다 먼저, 남들보다 싸게 얼른 팔아서 손을 털고 싶은 게 사람 마음입니다. 이런 상황에서 주식처럼 주도면밀하게 판을 짜고 차트로 그림을 만들 수는 없는 일이죠.

요즘 금리가 부동산에 끼치는 영향을 말하는 분이 많은데, 금리에 직격탄을 맞는 것 역시 부동산이 아니라 주식입니다. 주식에 투자해서 3%의 수익을 내고 있는데 금리가 올라서 동네 은행에서 5% 적금 상품이 출시된다면 누가 주식을 할까요? 주식 계좌에 있던 돈을 다 빼서 적금을 들 겁니다. 더구나 미국에서 금리를 올리면 외국인들은 대한민국 주식 시장에서 돈을 빼서 자기네 나라로 돌아갈 수밖에 없습니다. 달러가 비싸졌으니 굳이 한국 돈으로 거래하는 한국 주식을 살 게 아니라 다 팔아버리고 비싸진 달러를 들고 있는 게 이익이니까요. 달러가 괜히 기축통화겠습니까? 이러니저러니 해도 달러는 안전자산에 속합니다. 이렇듯 금리가 오르면 주식 시장은 차게 식을 수밖에 없습니다. 바로 즉각적인 영향을 받죠. 반면 앞서 말씀드렸듯 부동산 상승장에서는 제아무리 금리가 올라도 아무 타격도 받지 않습니다. 상승장에서 집값 상승분은 금리 상승으로 인한 손해분보다 월등하게 많습니다. 그래서 상승장에서 금리 인상은 그리 큰 효과를 낼수가 없습니다. 금리가 부동산 매매 심리에 영향을 끼치는 건 하락장 때입니다. 영끌로 인한 이자 상승분이 부담되는데 집값 하락이 더해져서 집을 가진 사람에게는 공포에 가까운 부담이 느껴지기 때문입니다. 사실이 이런데도 많은 분이 부동산은 금리와 수요, 공급에 영향을 받는다며 금리의 변화와 수요 공급의 변화로 부동산 시장의 미래를 예측하려고 합니다. 더구나 수요와 공급에 대해서 틀린 기준을 지닌 경우가 많은 것도 현실입니다. 시장에 큰 영향을 미치지 못하는 요인, 그나마도 틀린 기준으로 어떻게 예측이 가능하겠습니까?

하루에 최대 30%까지 하락할 수 있는 주식판에는 투자자가 어쩌지 못하는 변수가 너무나 많습니다. 한낱 땅콩 때문에 비행기가 회항하고 항공사의 주가도 덩달아 폭락할 거라는 걸 예언자가 아닌 이상 어떻게 알 수 있을까요? 하지만 땅콩 때문에 아파트 공사 현장이 멈추는 일은 없습니다. 착한 대기업으로 소문나 굳게 믿었던 국민기업이 갑자기 물적 분할을 한다고 해서 주가가 요동치는데, 이는 내부자만 알 수 있고 개미 투자자는 짐작조차 못 할 일들입니다. 그런데 부동산은 그렇게 뒤통수를 맞을 일이 있던가요? 정부가 부동산을 규제한다지만, 규제하기 전에 '나 규제 시작할 거다?', '나 진짜 규제할 거다?', '진짜 할거라니까? 이래도 집 안 팔 거야?'라는 식으로 충분히 대응할 시간을 줍니다. 주식이 종잡을 수 없는 날씨, 악천후 속에서의 기습적인 게릴라전이라면 부동산은 충분한 시간을 두고 맑은 날 평야에서 치르는 전면전입니다. 어디에서 어떤 악재가 튀어나올지 모르는 주식에 비하면 부동산은 시야가 뻔히 확보된 싸움이지요. 물론 주식이든 부동산이든 잘못된 판단으로 패하면 큰 손실을 입는다는 것은 동일하지만 호흡이 짧고 변동성이 큰 주식에 비하면 사이클이 길고 느리게 움직이는 부동산은 충분히 예측과 대응이 가능합니다.

여기에 또 하나 중요한 포인트가 있습니다. 부동산이 주식보다 명확하여 큰 그림을 그리기 쉽고 시장 예측도 용이한 것은 외부 환경에 영향을 덜 받기 때문이라고 말씀드렸습니다. 외부 환경에 영향을 덜 받는다는 것은 외부 환경으로 부동산 시장의 흐름을 바꾸기 어렵다는 뜻입니다. 바로 금융시장과 경제에 큰 변수로 작용하는 금리, 환율, 수요 공급 등으로는 부동산 시장을 예측할 수 없다는 얘기지요.

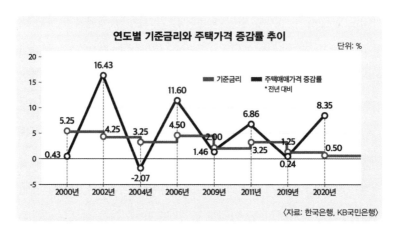

금리 변화가 부동산 시장의 상승장과 하락장에 따라 영향을 미칠 수도 있고 아무런 영향이 없을 수도 있다는 것은 여러 번 말씀드렸습니다. 구축이든 신축이든 공급이 쏟아질 때 집값이 오히려 오른 적도 있었고, 공급 없을 때 오히려 집값이 하락한 적도 있었습니다. 어떤 상황이든 동일한 영향을 끼치는 게 아니라면 시장의 미래를 예측하는 기준으로 적용하기는 어렵습니다. 말 그대로 '귀에 걸면 귀걸이, 코에 걸면 코걸이'가 되기 때문이죠. 금리로 시장을 예측한다, 공급과 수요로 시장을 예측한다는 것은 반은 맞고 반은 틀릴 가능성이 높습니다. 제가 부동산 사이클 예측의 기준으로 심리, 전세가, 분양, 정책을 말하는 건 이 요소들이 상승장이든 하락장이든 시장 예측의

　　　　　　　　　아파트 투자는 사이클이다

지표로 삼을 수 있을 만큼 일관된 영향을 미치기 때문입니다. 이 네 요소를 평소 주의 깊게 살피면 상승장이 시작될지, 하락장이 시작될지 누구나 판단할 수 있습니다. 부동산 투자가 두려운 건 오늘 집값이 어제보다 더 떨어져서가 아닙니다. 집값의 하락이 언제까지 이어질지 알 수 없고, 그에 따른 내 고통이 언제 끝날지 모르기 때문에 두렵고 고통스러운 겁니다. 끝이 보이는 고통은 견딜 수 있지만 출구가 없는 고통은 영원처럼 느껴지기 때문입니다. 주식은 스마트폰이나 컴퓨터를 안 보면 그만인데, 아파트는 눈에서 가리기 어렵습니다. 하지만 시장 예측의 네 가지 지표를 통해 부동산의 사이클을 인식하면 하락하는 고통의 끝이, 상승하는 꿈의 끝이 언제인지를 가늠하고 이에 대한 철저한 대비를 할 수 있습니다.

집값은 오르고 있는데
내 집은 왜 안 팔릴까요?

강세장에서 최대의 도박으로 최대의 이익을 얻은 사람들은 거의 항상
필연적으로 뒤따르는 약세장에서 가장 큰 손실을 보는 사람들이다.
_벤저민 그레이엄

———————— · ————————

벤저민 그레이엄
증권분석의 창시자이자 가치투자의 아버지. 워런 버핏의 스승으로 알려져 있다.
1926년 그레이엄-뉴먼(Graham-Newman) 투자회사를 설립해 1957년까지 높
은 수익률을 꾸준히 유지하며 경영해오다 워런 버핏에게 회사를 넘기고 은퇴했
다. 1949년에 출간한 『현명한 투자자(The Intelligent Investor)』는 워런 버핏
이 '투자서 가운데 단연 최고의 투자서'라고 극찬한 명불허전의 고전이다. 그 외
『증권분석(Security Analysis)』을 썼다.

금융계에는 '더 큰 바보 이론'greater fool theory이란 게 있습니다.
특정 상품이나 자산이 본질적인 가치가 아닌 시장 참여자들의 비이
성적인 믿음과 기대 때문에 가격이 형성된다는 이론입니다. 더 큰 바
보 이론은 부동산 시장에도 그대로 적용됩니다. 내가 산 값보다 더
비싼 값에 사줄 사람만 있다면 집값은 끊임없이 오를 수밖에 없습니
다. 앙드레 코스톨라니는 '주식시장에 바보보다 주식이 많으면 주식
을 사야 할 때고, 주식보다 바보가 많으면 주식을 팔아야 할 때'라고
말했습니다. 이를 바꿔 말하면 '투자자 매수세보다 아파트가 많으면

아파트 투자는 사이클이다

아파트를 사야 할 때고, 아파트보다 투자자 매수세가 많으면 아파트를 팔아야 할 때'라고 말할 수 있습니다. 남들이 안 살 때 사고 남들이 사려고 할 때 팔라는 소리입니다. 그런데 들으면 누구나 수긍이 가는 이 쉬운 말을 실제로 실천하기는 무척 어렵습니다. 바로 '심리' 때문입니다. 이 '심리'가 부동산 상승기와 하락기의 사이클을 예측하는 첫 번째 단초가 됩니다.

한눈에 심리를 읽을 수 있는 주식 시장을 예로 들어보겠습니다. 우리나라 주식 시장은 가격제한폭을 30%로 정해두었습니다. 하루 최대 상승폭인 30% 달성 시 '상한가'를 기록했다고 하죠. 그런데 상한가를 기록한 종목은 팔겠다는 사람이 아무도 없습니다. 어차피 더 오를 게 분명하다고 생각한 주식 보유자들이 주식을 매물로 내놓지 않으니 매물이 0인 것입니다. 부동산이 오르고 있으니 공인중개소에 팔려고 내놓았던 물건을 거둬들이는 집주인과 똑같은 심리입니다. 재미있는 건 사겠다는 사람들의 심리가 드러나는 매수 호가창입니다. 상한가를 기록했으니 최고가인 셈인데, 더 오를 거라 믿고 최고가건 뭐건 살 수만 있다면 바로 사고 싶다는 수요 심리가 수십만 건의 매수 주문으로 드러납니다. 이 때 매수자들은 가격 흥정을 하지 않습니다. 호가창을 보면 상한가 금액에 다들 사겠다고 몰려들지요. 더 오를 거라 생각하고 최고가라도 사겠다고 하는 것이니 현재 최고가보다 더 낮은 금액에 사겠다는 사람이 없는 것입니다.

반대로 30% 하락한 하한가 종목은 상한가 종목과는 정반대 상황이 벌어집니다. 사겠다는 사람이 실종됩니다. 상한가 종목에서는 최고가라도 바로 사겠다며 줄을 서는데, 하한가일 때는 사겠다는 사람을 눈 씻고 찾아봐도 보기 어렵습니다. 재미있는 건 팔려는 사람의 호가입니다. 분명 사겠다는 사람이 아무도 없는데 매도하려는 이들은 저마다 제각각인 호가를 촘촘하게 부르고 있습니다. 심지어 매수자가 없는데도 직전 실거래가보다 높은 호가를 부르기도 합니다. 아파트로 비유하면 안 팔리건 말건, 아무도 집을 보러 오지 않건 말건 직전 실거래가보다 더 높은 값에 호가를 걸어놓은 겁니다.

상한가를 기록하자 매도 잔량이 단 한 주도 없음을 확인할 수 있다.(동그라미 부분)
반대로 매수 잔량 60만 주의 98%인 59만1천 주가 상한가 금액 17,550원에 매수하려고 대기 중인 걸 확인할 수 있다.

단타의 고수 중 한분은 다른 건 일절 안 보고 호가창만 본다고 합니다. 매수와 매도 호가를 보면 사려는 자와 팔려는 자의 심리 싸움을 고스란히 알 수 있기 때문입니다. 투자 고수가 아니라 하더라도

아파트 투자는 사이클이다

극단적인 상태인 상한가와 하한가 종목의 호가창을 보면 시장 참여자의 심리를 그대로 느낄 수 있습니다. 폭등한 상한가 주식에는 사겠다는 욕망이 집중돼 최고가라도 상관없으니 당장 사겠다고 몰려듭니다. 욕심을 품고 득달같이 달려들고 있으니 가진 자가 물건을 팔려고 내놓을 리 없죠. 매도자 우위의 시장이 형성되는 겁니다. 이때는 '부르는 게 값'입니다. 사겠다는 사람은 많지만 거래가 전혀 이루어지지 않습니다. 더 비싸게 팔기 위해서죠. 폭락하는 하한가 주식 역시 사겠다는 사람이 없습니다. 매수자 우위의 시장이 형성된 셈이죠. 이때는 매도자가 값을 불러봤자 공허한 외침일 뿐입니다. 직전 실거래가인 하한가로 내놓아도 팔릴까 말까인데, 상한가 때와는 정반대로 실거래가보다 더 높은 호가에 내놓습니다. 왜 그런 것일까요? 본전 생각이 나서 가격을 더 낮춰서 내놓을 수 없기 때문입니다.

상한가와 하한가 주식을 아파트에 비유해 보겠습니다. 첫날 상한가 기록 후 둘째 날에도 상한가를 기록하는 종목이 있습니다. 두 번 연속 상한가를 기록했다고 해서 '2연상'이라고 부르죠. 이쯤 되면 주식을 쥔 자들의 심장은 터질 듯 뜁니다. 2연상을 기록하면 무려 70% 가까이 폭등하기 때문이죠. 아파트에 비유하면 5억 원짜리 아파트가 2연상을 기록할 경우 단숨에 8억4천5백만 원이 되는 꼴입니다. 여기에서 삼 일 째까지 상한가를 기록하는 3연상이 되면 10억9천8백5십만 원으로 폭등합니다. 5억 아파트가 3연상을 기록하게 되면 사흘만에 2배가 넘게 폭등하게 됩니다. 비교적 이성적인 투자자는 2연상일 때 욕심을 적당히 갈무리하고 슬슬 매물을 내놓습니다. 후일 지나고 보면 이 시점에서 주식을 파는 사람들이야말로 진짜 고수 중의 고수입니다. 이때까지만 해도 '상한가 따라잡기'를 하려는 투자자들이 달라붙어 내놓는 즉시 팔립니다. 더 오를 거라 생각하는 사람이 아직도 있기 때문입니다. 어제오늘 그렇게 미친 듯이 폭등하는 걸 두 눈으로 똑똑히 봤기 때문이죠. 2연상 후 두근거리는 심장을 억누르지 못한 채 기대에 가득차 3일째 아침을 맞이하는 투자자들이 있습니다. 아파트로 따지면 '강남 불패', '부동산은 끝까지 우상향한다!'라 생각하는 상승론자들입니다. 매수자 역시 '이때 안 사면 아파트 못 산다'거나 '서울 아파트는 오늘이 가장 싸다!'는 심정으로 두 배 가까이 오른 아파트를 사들입니다. 그런데 3연상을 기록할 듯 말 듯하면서도 2연상 때처럼 시원하게 터지지 않죠. 무주택자 입장에서도 '이 가격은 부담스럽다', '여기에서 갑자기 떨어지면 어떡하지?'라는 불안 심리가 있기 때문입니다. 분명 집값은 어제보다 올랐는데 사려는 사람이 잘 나타나지 않습니다. 아니, 살려는 사람은 많은데 매도 호가가 아닌 더 낮은 금액으로 사겠다며 호가를 부르죠. 만약 전날 비싼 돈을 주고 산 사람이라면 매수자들이 간만 보다가 낮은 가격을 부르면 터무니없는 소리 말라며 안 팔고 버틸겁니다. 간혹 아파트 신고가 거래가 툭 등장하듯 마냥 비싼 값에도 사들이는 매수자가 있긴 하지만 소수에 불과할 뿐입니다. 이렇게 매도자와 매수자간 지지부진한 눈치 싸움이 계속되며 시원하게 오르지 않던 와중, 갑자기 급매가 나옵니다. 벌만큼 벌어서 그런 것인지, 아니면 급전이 필요한 것인지 모르겠지만 매도 물량이 툭 튀어나오는 거죠. 그런데 이때, 급매 물건이 팔리는 걸 본 매도 대기자들은 이런 생각을 하게 되죠.

　　　　　　　　　아파트 투자는 사이클이다

'뭐야, 이거 빠지는 거야? 나도 던져야 해?'

그때 매도자 중 누군가 급매보다 조금 낮은 가격에 매물을 내놓습니다. 그걸 본 매수 대기자들은 이런 생각을 하죠.

'더 빠지는 거야? 그렇다면 조금 더 싸질 때까지 기다려 볼까?'

이쯤 되면 매도자는 급매보다 낮은 가격의 매물이 안 팔리는 걸 보고 조급함이 들기 시작합니다. 우리가 썸을 타거나 막 연애를 시작했을 때 흔히 하는 말이 있죠. '더 좋아하는 사람이 진다.' '더 많이 사랑하는 사람이 을(乙)이다'라고요. 나는 종일 그녀 생각뿐이고 통화하고 싶고 보고 싶은데 그녀는 내 맘 같지 않아 보입니다. 그녀에게 끌려가는 것만 같죠. 이런 심리가 부동산 시장에서는 어떻게 표현될까요? 결국 조급한 사람이 지는 겁니다. 조급한 사람의 돈은 여유 있는 사람에게 흘러가게 되어 있습니다. 물이 높은 곳에서 낮은 곳으로 흐르며 중력의 지배를 받듯, 심리가 지배하는 부동산 시장에서는 늘 조급한 사람이 확신을 가진 사람에게 질 수밖에 없습니다. 조급한 사람의 매물이 하나둘 나오며 눈치를 보다가 결국 물꼬가 터지듯 매물이 쏟아져 나옵니다. 반면 매물이 쏟아져 나오니 매수자는 급할 게 없습니다. 어제 2연상으로 아파트값이 치솟을 때만 해도 임장도 필요 없이 최고가라도 바로 사겠다던 마음이, 오늘은 매물이 쏟아지니까 여유 있게 골라서 살 수 있는 겁니다. 결국 3연상을 기록하며 폭등을 이어갈 것만 같던 상황이 주춤주춤하며 조정을 보이기 시작합니다. 분명 어제보단 올랐습니다. 오르는 중이죠. 그런데 내 집은 팔리지 않습니다. 더 좋아하는 사람이 진다고, 내 집이 안 팔리니 내가 진 것만 같습니다. 그리고 다음 날부터는 쭉쭉 하락하기 시작하죠. 영원한 상승은 없기 때문입니다.

아파트 투자는 사이클이다

상승 뒤의 하락은
예정된 미래다

인기 주식은 빠르게 상승한다. 그러나 희망과 허공만이
• 높은 주가를 지탱해주기 때문에 상승할 때처럼 빠르게 떨어진다.
기민하게 처분하지 못하면 이익은 손실로 둔갑한다.
_피터 린치

────────── • ──────────

여러분의 이해를 돕기 위해 상한가를 기록하고 조정을 받다가 떨어지는 주식의 사이클에 부동산 상승과 하락의 사이클을 비유해서 설명드렸습니다. 주식 상한가 종목의 첫날, 둘째날, 셋째날의 흐름을 설명해 드렸죠. 만약 주식 시장의 하루를 부동산 시장의 1년으로 비교해 보면 어떨까요? 첫날 상한가를 기록하듯이 1년간 아파트 값이 치솟습니다. 당연히 집주인들은 팔려고 내놓았던 매물을 거둬들입니다. 이를 본 매수자들은 최고가라도 살 수만 있으면 당장 사겠다고 나서죠. 무주택자 중 일부가 자신 빼고 주변 사람들 모두 부동산으로 부자가 되는 것만 같으니 '나도 사야 하나?' 싶어서 시장에 진입합니다. 그 와중에 폭등 전 아파트를 샀던 이들 중 몇이 부동산 전문가라 자칭하며 시장에 등장합니다. 그러고는 "집은 오늘이 가장 싸다, 내일도 상한가 쳐서 3연상 간다!"라며 투자자를 독려하죠. 그러다 보니

2연상을 기록하듯 2년 째에도 상승장은 이어집니다. 3일째 아침이 자 3년차 초입, 집값 우상향은 영원히 계속될 것만 같은 기대감에 심 장이 터질 것 같습니다. 작년과 재작년에도 거칠 것 없이 오르던 아 파트이니 3년 차에도 여전히 하늘 높은 줄 모르고 상승할 것만 같습 니다. 주식 강세장일 때 주식 리딩방에 사람이 넘쳐나듯 부동산 채널 에는 구독자가 넘쳐납니다. 그런데 묘하게 시장의 흐름이 바뀌죠. 더 많이 사랑하는 사람이 을이라던데, 집을 사겠다는 사람의 마음이 조 금 식은 것만 같습니다. 왜 그럴까요? 살펴보니 이유가 있습니다. 호 가가 너무 높습니다. 사려는 사람들의 희망가는 저 아래입니다. 호가 와 실거래가의 갭이 벌어집니다. 몸이 멀어지면 마음 또한 멀어지듯, 호가와 실거래가가 멀어지면 멀어질수록 마음은 차게 식기 마련입니 다. 짝사랑하고 쫓아다닐 때는 좋았는데, 밀당이 너무 심하고 도저히 쫓아가기 힘든 호가를 부르니 더 이상 매달리기 힘들어지는 것과 똑 같죠. 분명 집값은 올랐는데 집을 보러오는 사람이 없습니다. 호가와 실거래가의 갭이 커질 때, 그래서 매수 심리가 주춤해서 거래량이 떨 어질 때가 하락의 전조입니다.

주식으로 보면 단 하루 만에 매도 호가와 매수 호가의 갭이 벌어 지는 걸 바로 알아챌 수 있습니다. 변화의 조짐을 한눈에 알아챌 수 있죠. 하루 사이에 수십만, 수백만 주 거래가 이어집니다. 하지만 부 동산은 기껏해야 한 달에 수천 건에서 최대 만 건 정도가 고작입니 다. 주식과 달리 부동산은 일 년에 걸쳐 갭이 천천히 벌어지기 때문 에 알아차리지 못하는 것입니다. 주식의 폭등과 폭락이 여름날 태풍

아파트 투자는 사이클이다

이 몰아쳐 계곡물이 순식간에 불어나는 식이라면, 부동산의 폭등과 폭락 사이클은 바닷가 갯벌에서 조개를 줍는데 정신이 팔려 밀물이 들어오는 걸 알아차리지 못하는 것이라고 볼 수 있습니다. 아니, 정확히 말하면 '더 비싸게 팔려는 욕심 때문에', '더 싸게 사려는 욕심 때문에' 갭이 벌어지는 하락의 시그널을 알아차리지 못하는 것입니다.

지극히 사랑하던 연인도 각자의 일이 바쁘고 몸이 멀어지면 상대의 마음이 조금씩 식는다는 걸 알아차리기 어렵죠. 이 때 남녀 모두를 알고 지내던 지인은 객관적인 제3자의 거리와 시선에서 보기 때문에 둘 사이의 변화를 쉽게 눈치챌 수 있습니다. 부동산 사이클이 안 보인다는 건 욕심에 눈이 가려져 끝없는 상승만 기대하기 때문입니다. 부동산 사이클 같은 건 없고 입지만이 중요하다는 건 연인의 사랑은 영원할 뿐만 아니라 날이 갈수록 사랑이 더 깊어지며 갈등 같은 건 있을 수 없다는 것과 똑같은 얘기입니다. 하루라도 안 보면 죽을 것만 같은 상승장이 있지만 권태기가 찾아오고 다른 사람이 눈에 들어오는 하락장이 있습니다. 갈등 끝에 연인이 헤어지게 되었다면 남자 쪽과 더 친한 사람은 남자 편을 들 것이고, 여자 쪽과 친했던 사람은 여자 편을 들 것입니다. 이는 상승이나 하락 둘 중 하나만을 편드는 것과 마찬가지입니다. 시장을 제대로 읽으려면 남자와 여자, 상승과 하락 사이에서 균형을 잡고 객관적으로 접근해야 합니다.

부동산에 상승과 하락의 사이클이 있고, 그 원리를 파악하면 누구나 부동산의 사이클에 따라 성공적인 투자를 할 수 있습니다. 부동산의 사이클과 원리를 이해하면 콜럼버스의 달걀처럼 단순하고도 강력한 무기를 알게 되는 것입니다. 사이클을 알기 전까지는 아파트사이클의 존재조차 인정하기 어렵죠. 부동산을 사이클로 파악하지 못한 사람들은 제가 폭등을 말할 땐 상승론자라고 비난하고, 하락을 점칠 땐 폭락론자라고 비난합니다. 이는 마치 주식이 영원히 상한가를 기록한다거나 영원히 하한가를 기록한다는 것과 똑같은 말입니다. 부동산은 주식보다 객단가가 크고, 외부 요인과 변수에 대한 반응이 더디기 때문에 사이클이 더 길 뿐입니다. 상한가를 기록하는 주식 종목을 잘 살펴보세요. 그 기업이 어제는 없던 혁신적인 걸 개발하거나 신제품을 출시해서 상한가를 기록하는 게 아닙니다. '잘 될 거라는' 기대감과 심리가 누적돼 군중심리로 변하기에 돈이 모이고 상한가를 기록하는 것입니다. 폭등 뒤에는 반드시 폭락이 있습니다. 날아올랐기 때문에 추락하는 것입니다.

앙드레 코스톨라니는 '산책하는 개'에 빗대 주식시장을 설명했습니다. 개의 목줄을 쥔 주인은 실물경제입니다. 개는 주식 시장이자 주가죠. 개는 주인을 앞설 때도 있고 주인보다 뒤처질 때도 있습니다. 경기부양책과 같은 달콤한 냄새가 풍기면 개는 주인을 훌쩍 앞서 뛰어갑니다. 이때 주인은 개의 강력한 힘에 끌려가는 수밖에 없습니다. 주식도 오르고 부동산도 오릅니다. 상승의 시대입니다. 앞서가던 개가 지쳐 주인과 나란히 걷는 건 유동성 공급이 멈추고 상승에서 조정으로 전환된 겁니다. 하지만 조정장으로 전환하고 있다는 걸 모른 채 개가 주인보다 앞서는 상승장을 본 이들이 너나 할 것 없이 주식과

아파트 투자는 사이클이다

부동산 시장에 뛰어들죠. 이때가 어깨에 해당하는 시기입니다. 진짜 고수들은 어깨에서 자신이 가진 걸 매도합니다. 뒤늦게 뛰어든 이들은 여전히 핑크빛 전망을 그리죠. 그리고 마지막, 개는 주인보다 뒤처집니다. 시장이 실물경제보다 오히려 더 아래로 떨어지는 거죠. 사이클을 모르고 확신 없이 뒤늦게 들어온 시장 참여자들은 하락의 조짐을 못 보거나, 보고서도 못 본 척합니다. 심지어 저가 매수의 기회이니 지금에야말로 사야 한다며 독려하는 이까지 나타납니다. 이때가 바로 시장의 끝물이며 하락의 시작입니다. 상승장에는 실물경제인 주인보다 시장가인 개가 앞섭니다. 기대 심리가 가격을 끌어올리죠. 실제로는 실물경제가 나아진 게 없는데 단순 기대 심리 때문에 주식이 상한가를 기록하는 것과 똑같습니다. 이후 유동성이 거둬지고 아파트 호가와 실거래가의 갭이 점점 커지는 시기에는 실물경제인 주인과 시세인 개가 나란히 걷습니다. 그리고 개가 뒤처지는 시기가 오면 시장에서 거품이 빠지고 폭락을 하게 되죠. 이 사이클을 아는 부자는 더 큰 부자가 되고, 알아채지 못하는 서민은 아무런 선택도 하지 못한 채 우물쭈물하다가 여전히 서민으로 남거나 더 가난한 서민이 됩니다. 실물경제인 주인보다 시장이자 주가인 개가 뒤처지고 있는데도 끝없는 우상향을 외치며 개가 다시 주인보다 앞설 거라 생각하는 뒤늦은 시장 참여자들은 '존버'를 외치거나 무능한 정부가 펼친 규제와 투기꾼 – 얼마 전까지만 해도 예언자로 추앙받던 – 을 욕하기 시작합니다. 대박의 꿈은 박살 나고 눈앞의 현실을 깨닫게 되는 순간 감당하기 어려운 대출이자만 피처럼 선명하게 남습니다.

워런 버핏이 자신의 투자 철학의 85%가 벤저민 그레이엄에게서 왔다고 말할 만큼 벤저민 그레이엄은 주식 투자의 기초를 다지고 가치투자의 기본을 정립한 가치투자의 아버지입니다. 그저 감으로 투자하던 투기판 같던 주식 시장에 지금까지도 사용되는 여러 이론을 정립한 위대한 투자자이기도 하죠. 지금은 익숙한 개념이 된 '안전마진' 역시 벤저민 그레이엄이 주창한 것입니다. 그는 "강세장에서 최대의 도박으로 최대의 이익을 얻은 사람들은 거의 항상 필연적으로 뒤따르는 약세장에서 가장 큰 손실을 보는 사람들이다."라는 말을 남겼습니다. 투자 시장에서 가장 위험한 사람은 상승장 뒤에 필연적으로 폭락장이 온다는 것을 부정하는 사람들입니다. 끝없는 상승을 기대하는 인간 본연의 욕심과 광기를 막을 수 없듯이 폭락 상황에서 인간의 공포 또한 그 무엇으로도 희석시킬 수 없습니다. 하락장에서 아파트를 매수했다고 해서 하락장을 경험한 게 아닙니다. 폭등장이라는 파티를 즐기다가 벼랑처럼 내리꽂히는 하락장의 가시밭길을 지나온 사람만이 하락장을 경험했다고 말할 수 있죠.

하락장을 경험해본 이와 그렇지 않은 사람을 과연 어떻게 구분할 수 있을까요? 아주 간단합니다. 하락장을 경험해본 사람은 투자자이건 전문가이건 '하락장은 결국 찾아온다'는 걸 알고 있습니다. 하락장을 경험하지 못한 이들만 '그래도 상승한다'고 주장합니다. 하락장의 가시밭길을 맨발로 걸어온 투자자들은 제가 무슨 이야기를 하는지 아마 공감하실 겁니다. 호가는 오르는데 팔리지 않는다면, 호가와 마지막 실거래가와의 갭이 크다면 조정을 거쳐 하락의 폭풍이 시

아파트 투자는 사이클이다

작되는 전조라 할 수 있습니다. 하지만 제가 아무리 쉽게 설명하려고 여러 비유를 들어도 하락장을 몸소 경험하지 못한 분들에게는 전혀 와닿지 않을 거라 생각합니다. 서로 죽고 못 사는, 사랑이 불처럼 타오를 때의 연인은 언젠가 이별이 찾아올 수도 있다는 걸 상상조차 할 수 없듯이 말입니다. 이별을 경험하지 못한 사람이 이별의 상처를 이해할 수 없듯이 하락장을 경험하지 못한 사람은 하락장의 고통을 이해할 수 없습니다. 상승장의 사랑이 너무 달콤해서 아직 겪어보지 못한 이별의 아픔, 하락장의 고통을 도저히 상상할 수 없는 것입니다. 상승 뒤의 하락장을 부정하는 건 경험하지 못한 하락장을 애써 외면하는 것입니다. 인정하는 순간 시장 예언자의 위치에서 내려와야 하고, 자신이 사둔 아파트와 그에 따른 리스크를 인정해야만 하고, 자신이 틀렸다는 걸 인정해야 하기 때문입니다.

하락장을 경험해본 사람으로서 감히 말씀드립니다. 하락장의 고통에 비하면 내가 틀렸다고 인정하고 스스로를 부정하는 건 독감 예방 접종을 맞듯 그저 따끔한 정도입니다. 반대로 모두가 상승장에 취해 있을 때 하락장이 찾아온다고 외쳐봤자 제게 무슨 이득이 있을까요? 욕이나 실컷 먹을 게 분명한데 말입니다. 사이클을 모른 채 묻지마 투자를 한 분들이 뼈에 새기는 아픔을 겪을 때 바로 곁에서 상담하고 지켜봤던 사람이 드리는 충언으로 생각해 주시면 좋겠습니다. 상승장일 때 '오르니까 사라'고 말하면서 예언자 행세를 하면 저 역시 돈 벌기 쉽습니다. 하지만 대중에게 예언자가 아닌 배신자로 불릴지언정 시장의 정확한 향방을 말하는 것이, 아파트사이클론 주창자

이자 부동산 전문가로서의 직업적 양심이라고 감히 말씀드릴 수 있습니다. 틀린 걸 인정하는 건 앞으로 올 고통을 예방하기 위한 따끔한 주사에 불과할 뿐입니다.

아파트 투자는 사이클이다

지금까지 해왔던
부동산 공부는 가짜다

숨이 찰 정도로 흥분해서 이야기하는 사람한테서는
절대 아무것도 사지 마라.
_버턴 말킬

---·---

버턴 말킬
하버드대학교 MBA를 졸업하고 세계 최대 투자 기업인 뱅가드 그룹과 거대 보
험회사인 프루덴셜에서 이사로 일했다. 프린스턴대학교에서 박사학위를 취득
하고, 예일대학교 경영학부 학장과 미국 대통령 경제자문회의 위원, 미국 금융
협회 회장을 역임했다. 프린스턴대학교의 명예교수로 재직 중이며 세계적 베스
트셀러 『랜덤워크 투자 수업』을 썼다.

투자의 성공은 끝에서 시작됩니다. '끝'과 '시작'은 극과 극처럼
대척점에 서 있는 말이죠. 투자의 성공이 끝에서 시작된다고 하면 쉽
게 받아들이지 못하실 분도 많을 것으로 압니다. 하지만 사업이든 투
자든 그걸 시작했다는 게 중요한 게 아니라 어떻게 끝내느냐가 더 중
요합니다. 아파트 매매로 따지면 매수가 아니라 매도에서 성공을 가
늠할 수 있다는 얘기죠. 아파트는 살 때가 아니라 팔고 난 이후부터
성공의 시작입니다. 주식투자에서 말하는 '매수는 기술, 매도는 예술'
이라는 말은 사는 건 누구나 할 수 있지만 수익을 내는 타이밍에 파
는 건 무척 어렵다는 걸 뜻하죠. 주식이든 부동산이든 '상품'을 사는

게 아니라 '때'를 사는 것으로 인지하셔야 합니다. 똑같이 삼성전자, 테슬라 주식을 사도 '언제' 사서 '언제' 팔았냐에 따라 최종 수익률이 달라집니다. 삼성전자나 테슬라 주식은 대한민국 부동산으로 따지면 강남의 1급지 아파트나 마찬가지입니다. 입지 좋고 가치 있는 비싼 물건이죠. 하지만 무엇을 사느냐, 어느 입지의 아파트를 사느냐보다 더 중요한 건 '언제 사느냐'입니다. 그리고 언제 사느냐보다 더 중요한 건 '언제 파느냐'이죠. 특히 부동산은 다른 투자 수단에 비해 매도에서 꼬이는 경우가 많습니다. 주식은 하락하는 순간에도 분할매수가 가능합니다. 소위 말하는 물타기를 해서 평단가를 낮추는 것이죠. 매수뿐만 아니라 매도 역시 가능합니다. 손해를 보고 팔아치우려고 마음 먹기가 어렵지, 마음만 먹으면 손절도 얼마든지 가능하죠. 하지만 부동산은 덩치가 크고 비싼 물건이다 보니 주식처럼 쉽게 넘길수가 없습니다. 더구나 하락장에는 당장 팔고 싶다고 해도 받아줄 사람이 없으니 도저히 팔 수가 없죠. 모든 투자와 사업에는 끝이 있습니다. 투자자든 창업가든 그 끝을 가늠하고 일을 시작해야 합니다. 제유튜브 채널에 어떤 분께서 이런 덧글을 남기셨습니다.

"떨어져도 거래나 되면 그냥 손해 보고 팔아버리고 다 털까 싶었는데, 집 보는 사람 자체가 없어요. 빚이 거의 없이 샀는데도 피를 말리더라고요. 언젠간 우상향이니 떨어져도 기다리면 된다는 건 정말 대인배만 가능한 거 같아요. 그런데 요즘 자신이 대인배라고 착각하는 사람이 많네요. 과거 하락장을 맞고 지금 잘되신 분들 멘탈이 좋아서 버틴 게 아니고 거래가 씨가 말라 강제 장기투자한 경우가 대부분이에요."

주식은 하락장에서도 거래가 이뤄집니다. 상승장만큼 거래량이 많지는 않지만 거래정지가 되지 않는 이상 거래량이 0인 경우는 찾아보기 힘듭니다. 반면 부동산 시장에서 하락장에 접어들면 무슨 마법에라도 걸린 것처럼 매수가 뚝 끊깁니다. 집 보러 오는 사람이 있어야 가격 흥정이라도 해볼 텐데, 보러 오는 사람 자체가 없는 상황이 몇 달이고 몇 년이고 계속되는 겁니다. 덧글에 담긴 또 다른 분의 속 사정을 들어볼까요?

"빚 없이 샀어도 사자마자 삼사 년 하락하니 인생 헛산 거 같고, 세상 모든 일에 자신이 없어지더군요. 2010년에 사서 내리 4년 떨어지고 거의 7년 만에 회복되고 지금은 많이 올랐다고 하지만 다시는 경험하고 싶지 않아요. 뼈저리게 경험을 했기 때문에 이현철 소장님 말씀에 격한 공감이 갑니다."

대출 없이 내집을 마련했을지라도 일생에 걸쳐 마련한 피 같은 돈으로 산 내 집이 몇 년 동안 내리 떨어진다면 집을 매수한 판단 자체에 대한 후회와 의심이 몰려올 수밖에 없습니다. 내리 4년 떨어지고 7년 만에 회복됐다고 하셨는데, 거의 강산이 변하는 시기 동안 부동산 때문에 자괴감을 겪으신 셈입니다. 대체 왜 이런 문제가 발생한 걸까요? 안타깝게도 잘못된 부동산 공부를 해왔기 때문입니다.

"오를 거니까 사라!"

"입지가 좋으니까 사라!"

"전세가율이 ○○%가 됐을 때 사라!"

지금까지 여러분이 접한 부동산 공부의 핵심은 '오를 거니까 사라!' 또는 '입지가 좋으니까 사라!', '전세가율이 ○○%가 됐을 때 사라!'일 것입니다. 이 메시지들은 모두 사는 것, 매수에 집중돼 있지 매도에 대한 교육이나 매도 원칙이 빠져있습니다. 투자라는 건 기본적으로 내가 산 가격보다 더 비싸게 사줄 사람이 있어야만 합니다. 대한민국 국민 중 강남 입지가 좋다는 걸 모르는 분은 아마 없을 겁니다. 하지만 강남 아파트도 내가 산 가격보다 더 비싼 가격에 사줄 사람을 못 만난다면 아무 소용이 없습니다. 물론 부동산 가격은 장기적인 관점에서 우상향하긴 합니다. 부동산이 오르는 건 시간이 갈수록 돈의 가치가 떨어지기 때문입니다. 시중에 돈이 많이 풀려 돈의 가치가 떨어지기 때문이죠. 집값이 올랐다는 건 돈의 가치가 그만큼 떨어졌거나 살 수 있는 물건 대비 돈이 많이 풀렸다는 겁니다. 그래서 부동산은 자산가치 하락을 대비하는 헤지hedge 수단이자 뛰어난 투자

　　　　　　　　　　　아파트 투자는 사이클이다

상품입니다. 하지만 지구상의 어떤 상품도 일직선으로 우상향하지 않습니다. 산이 높으면 골이 깊을 수밖에 없습니다. 오를 거니까 산다면, 내리기 전에 팔아야 합니다. 아무리 입지가 좋아도 시기를 잘못 만나면 10년 이상 물릴 수밖에 없습니다. 앞서 소개한 제 유튜브 채널의 덧글에도 절절한 심정이 그대로 드러납니다. "집 보는 사람 자체가 없어요. 빚이 거의 없이 샀는데도 피를 말리더라고요. 언젠간 우상향이니 떨어져도 기다리면 된다는 건 정말 대인배만 가능한 거 같아요." 버티면 된다고 쉽게 말하는 분들은 그 상황을 안 겪어봐서 그렇습니다. 19세기 프로이센의 육군 원수인 헬무트 폰 몰트케는 이런 말을 남겼습니다.

적과 마주치는 순간, 계획은 쓸모 없어진다.
"Kein Plan überlebt die erste Feindberührung."

자신만만하게 만반의 준비를 했더라도 실전에서는 예상대로 흘러가지 않는다는 뜻입니다. 핵주먹 마이크 타이슨이 남긴 '누구나 그럴싸한 계획이 있다. 처맞기 전까지는.'의 원조라 볼 수 있죠. 인생과 투자는 실전입니다. 전투와 투자에는 경험이 중요하죠. 겪어보기 전에는 누구나 쉽게 말할 수 있습니다.

특히나 부동산은 주식과 달리 큰 레버리지를 끌어다 쓸 수 있습니다. 빚 없이 사도 집값이 떨어지는 걸 보는 게 고통스러운데, 수억 원에 달하는 대출을 레버리지로 활용했다면 집값이 떨어지는 순간 내 자산이 깎여나가는 셈입니다. 7억 원짜리 집을 내 돈 4억에 3억을 대출받아 샀는데, 집값이 3억 떨어지면 내 살이 3억 원의 부피만큼 뭉텅 떨어져 나가는 것만 같죠. 살점이 떨어진 자리에 철철 흐르는 피는 대출 이자가 콸콸 새나가는 것과 같습니다. 부동산이든 주식이든 자의가 아닌 타의로 장기투자자가 되는 경우가 압도적으로 많습니다. 애초에 저평가된 상품을 매수한 게 아니라 너도나도 매수하는 과열 국면의 꼭지에서 매수했다가 하락을 맞고 수년 동안 원금회복조차 안 돼서 팔 수도 없고, 사려는 사람도 없어서 반강제로 오래 들고 가는 장기투자 말입니다. '오르니까 사'기 위해서는 반드시 매도 계획을 수립해야 합니다. 그런데 재미있는 건, 그 비싸고 좋은 강남 아파트를 매수한 분들도 실상은 몇 년 보유하시다가 몇억 원의 차익이 예상되면 바로 매도했다는 것입니다. 지나고 보면 십억 원 쯤 우습게 올랐는데, 조금 오르자마자 딴에는 익절한다고 생각하며 매도한 것입니다. 왜일까요? 바로 사이클을 모르기 때문입니다. 하락의 시그널이 아직 보이지 않는 상승 추세라면 더 들고 있다가 더 좋은 가격을 받고 매도할 수 있습니다. 하지만 사이클을 모르기 때문에 조금 오르면 바로 매도하는 것이죠. 최악의 경우는 꼭지에 사서 바닥에서 파는 것입니다. 사람 욕심이란 게 그리 쉽게 다스려지는 게 아니다 보니 어깨에서 팔지 못하고 더 오르기를 기다리다가 꼭지를 넘기고 아무도 집을 보러 오지 않은 채 몇 년을 끌다가 끝내 항복 선언을 하고 바닥에서 매도하는 경우가 부지기수입니다.

　　　　　　　　　아파트 투자는 사이클이다

만약 비트코인이 어느 시점에 저점인 줄 알았다면, 그래서 그 저점에 들어가서 매수할 수 있었다면 엄청난 수익을 얻었을 겁니다. 비교적 뚜렷한 흐름을 보이는 대한민국 부동산에 비해 암호화폐나 주식은 종잡을 수가 없는 투자상품입니다. 똑같이 비트코인을 사도 어떤 사람은 갑부가 되고, 어떤 사람은 영끌했던 대출과 원금 모두를 날리기도 합니다. 실제로 중앙 일간지 출신의 기자 한 분은 2021년 비트코인 폭락장에 강제청산을 당해 약 39억 원을 날리기도 했습니다. 비트코인은 암호화폐 역사상 단 한 번도 시가총액 1위의 자리를 내준 적이 없는 암호화폐의 대장주입니다. 부동산으로 따지면 최고의 입지를 지닌 상품이죠. 학세권, 역세권, 숲세권에 이어 단지 내 초등학교를 품은 초품아, 한강뷰 등 좋다는 입지는 다 갖다 붙인 아파트인 셈입니다. 하지만 그 좋은 입지를 배경으로 한 상품을 매수하고도 누구는 부자가 되고 누구는 벼락거지가 됩니다. 결국 '어떤 입지'를 선택하느냐, '무엇을' 사느냐보다 '언제 사느냐', 그리고 '언제 파느냐'가 성공 투자의 핵심입니다. 공부할 때 '오르니까 사라!'고 해서 서둘러 비트코인을 샀더니 꼭지였더라, '입지가 좋으니까(암호화폐 1등이니까) 사라!'고 해서 신용 꽉꽉 당겨서 풀매수했더니 떡락하더라, 이런 얘기 심심찮게 들어보셨을 겁니다. 오르니까 사라, 입지가 좋으니까 사라는 건 호시절인 상승장에만 적용되는 공부입니다. 부동산 공부는 이렇게 해서는 안 됩니다. 거듭 말씀드리지만 투자는 투자 상품을 사는 것이 아니라 때를 사는 것입니다.

하락장에서 살아남아야
기회가 온다

시장에서 무엇보다 중요한 것은 살아남는 것이다.
살아남아야 기회가 온다.
대부분 그 기회가 오기 전에 시장에서 쫓겨난다.
_조지 소로스

조지 소로스
현존하는 최고의 펀드매니저로 꼽히는 조지 소로스(George Soros)는 퀀텀펀드 등의 지주회사 격인 소로스펀드매니지먼트(Soros Fund Management)의 회장이다. 그가 1969년에 짐 로저스와 함께 세운 퀀텀펀드는 400만 달러로 시작해 1989년까지 20년간 연평균 수익률 34퍼센트를 기록하며 헤지펀드의 역사에 새로운 장을 열었다.
소로스의 퀀텀펀드는 1992년 10월 영국 파운드화 위기 당시 환투기를 통해 일주일 만에 10억 달러에 달하는 차익을 챙기며 영국 중앙은행(BOE)의 항복 선언을 받은 것으로도 유명하다.

매매 타이밍의 기준으로 전세가율을 말하는 분이 많습니다. 물론 전세가와 매매가의 괴리가 줄어들고 갭이 적을 때가 갭투자의 적기이긴 합니다. 하지만 같은 전세가율이더라도 상승장 끝물의 전세가율과 하락장 끝물의 전세가율은 전혀 다른 결과를 낳습니다. 하락장 끝물에서 전세가율이 점점 올라가며 매매가와 갭이 줄어드는 건 상승장이 시작된다는 시그널이자 매수해도 된다는 시그널입니다. 하

아파트 투자는 사이클이다

락장이 계속되면 집값이 바닥을 뚫고 지하실까지 내려가니까 아무도 집을 사려고 하지 않죠. 집을 사지는 않지만 살 집은 필요하니까 전세 수요가 급증합니다. 당연히 전세가도 올라가겠죠. 예컨대 전세가가 1억5천만 원이고 매매가는 2억 원인 아파트가 있다고 해보죠. 하락장이라 매매가는 수년 동안 계속 떨어져왔습니다. 이 시기에 결혼을 앞둔 예비 신랑이 대출을 받아 아파트를 매매하려고 하면 주위에서 다 한마디씩 합니다. 집값 더 떨어질 건데 왜 하필 이 시기에 집을 사냐, 처가에 얼마나 잘보이려고 망하는 길을 선택하느냐는 식이죠. 수년간 계속되는 상승장에서는 지금 집값에서 천만 원만 싸도 당장 집을 사겠다던 사람들이, 수년간 이어지는 하락장에서는 상승장 대비 수억 원이 빠졌는데도 집을 안 삽니다. 심지어 집을 사려는 주변 사람에게 훈계하고 잔소리를 하죠. 그러다 보니 매매가 2억 원은 그대로인데 집을 사면 돈을 날릴 것만 같아서 전세를 구합니다. 다들 집을 안 사고 전세를 구하다 보니 전세가가 슬금슬금 올라 어느새 1억 8천이 됩니다. 전세가율 90%가 된 상황입니다. 전세보증금에 2천만 원만 보태면 집을 살 수 있는데, 안 삽니다. 수년간 하락했고 오를 기미가 보이지 않으니까요. 이처럼 전세가는 계속 오르지만 매매가보다 더 오를 수 없다 보니 결국 전세와 매매가의 갭이 줄어들다가 전세가 매매가를 밀어 올리며 집값이 올라가는 겁니다. 아무도 집을 사지 않는데 집값이 올라가는 마법 같은 일이 벌어지는 것이죠. 내 집뿐만 아니라 주변 모두 전세가가 상승하면서 매매가를 밀어 올리고 있다면 전세가율을 기준으로 매매 타이밍을 잡아도 좋습니다.

반대로 상승장에서 전세가율이 높은 집들은 어떤 집일까요? 상승장에서 갭이 낮은 집들은 '안 좋은 집'일 가능성이 큽니다. 상승장에서는 너나 할 것 없이 집을 사려고 하므로 매매가가 계속 상승하여 전세가와 갭이 벌어지는 게 일반적입니다. 하지만 남들 모두 오르는 와중에도 꿋꿋하게 낮은 갭을 유지하고 있다면 '사고 싶지 않은 집', '집값이 오르지 않을 집', 결국 '안 좋은 집'인 셈입니다. 하락장에서 갭이 적은데도 집을 안 사는 건 '집값이 더 떨어질 게 분명하니까'이고, 상승장에서 갭이 적은데도 안 팔리는 집은 '더 오르지 않을 게 분명해서'입니다.

남들 다 오르는 시기에도 꿋꿋하게 안 오르고 버티며 전세가나 매매가나 엇비슷한 집은 '돈이 있어도 안 살 집'이라면, 비슷한 시기의 강남 아파트 매매가와 전세가를 보면 전세가율이 50%가 채 안 되는 경우가 대부분입니다. 그말은 곧 '사고 싶지만 돈이 없어서 못 사는 집'이라는 뜻입니다. 집값이 치솟는 시기에 전세가율이 70%, 또는 더 높아서 갭 차이가 작다면 분명 그럴만한 이유가 있다는 걸 명심해야 합니다. 부동산으로 수십억 대 자산가가 되었다고 자랑하는 이들 중 '높은 전세가율', 그러니까 갭 차이가 작은 집을 사서 자산가가 되었다고 말하는 경우가 많습니다. 자세히 들여다보면 매매가 자체가 낮은 집들입니다. 매매가가 낮아서 양도세 중과의 부담이 없고 전세가율이 높으니 갭투자로 수십 채씩 외곽의 허름한 아파트나 빌라를 사들인 경우죠. 오랜 하락기를 통과하고 상승이 시작될 즈음에는 전세가가 집값을 밀어 올린다고 했습니다. 사는 사람이 없는데도 집값이 올라가는 마법이 벌어진다고 했죠. 반대로 상승의 호시절이 끝나

아파트 투자는 사이클이다

고 조정기가 도래하면 사는 사람이 없는데도 집주인들이 집값을 내리지 않고 버티는 눈치 게임이 시작됩니다. 거래가 전혀 없다가도 높은 가격에서 실거래 신고가가 나오면 '지금이라도 집을 사야 하는 거 아냐?'라고 불안해하는 심리가 생기듯, 거래가 전혀 없다가 급매로 나온 집이 팔리면 매수 대기자에게는 '집값이 더 떨어질 테니 기다려 보자.'라는 심리가 생깁니다. 하락 끝물 상승 초입에 전세가가 집값을 밀어 올리는 것과 반대로, 상승 끝물 하락 초입에는 집값이 전세가 가까이 떨어지고 그 돈을 주고 전세를 들어오려는 사람이 없어지다 보니 보증금을 반환하지 못하는 집주인들 사이에서 사고가 터지게 됩니다. 실제로 뉴스에서 접하는 '빌라왕', '전세사기' 등의 사건사고가 이런 경우입니다. 아파트사이클과 진입 시점을 무시한 채 여유 자금도 없이 수십 채씩 갭투자를 했다가 집값은 떨어지고, 높은 보증금을 내고 새로 들어올 세입자는 구하기 어렵고, 다주택자에게 부과되는 세금을 미처 생각 못 한데다 돌려줄 돈도 없으니 배째라 내지는 세입자더러 돈을 더 내고 집을 사라며 강매하듯 떠넘기는 경우죠. 분명 전세가율이 높고 갭이 작은 걸 확인하고 매매했다고 해도 시장 사이클에 따라 정반대의 결과를 맞이하게 됩니다.

기존 부동산 공부의 핵심인 상승장일 때 올라타기나 입지 중심 접근, 전세가율에 기준한 매매 판단은 매수와 매도 시기에 대한 원칙적인 대응 방법이 없습니다. 더구나 상승장일 때 입지 분석에 시간을 쏟는 건 한참 오르는 타이밍에 시간을 허비하는 결과를 낳기도 합니다. 부동산은 한번 탄력을 받고 추세에 올라타면 무섭게 상승하는데,

그런 때는 세입자가 집을 잘 보여주려고 하지도 않고 심지어 집이 어떤 상태인지 보지도 않고 계약서에 도장부터 찍는 경우도 비일비재합니다. 반대로 하락장일 때는 새로운 세입자가 구해져야 자신이 이사 갈 수 있으니 저녁이건 주말이건 집을 보여주는데 적극적이죠. 하락장을 경험하지 못한 분들은 얼마라도 깎아서 급매로 내놓으면 집이 팔릴 거라고 쉽게 생각하곤 합니다. 분명히 말씀드리지만 하락장에서 아파트를 파는 건 상승장에서 분양가 상한제가 적용된 로또 청약에 당첨되는 것만큼 어렵습니다. 하락장에서는 단 한 명도 집을 보러 오지 않습니다. 상승장의 로또 청약에는 너무나 많은 사람이 몰려들고요. 아무도 없거나 너무도 많거나인데, 공통점은 내게는 기회가 오지 않는다는 점입니다. 물론 오르는 집도 중요하고 입지도 중요하고 전세가율도 중요하다지만, 가장 중요한 것은 아파트사이클에 대한 공부와 확신입니다.

현존하는 세계 최고의 펀드매니저로 꼽히는 조지 소로스는 "시장에서 무엇보다 중요한 것은 살아남는 것이다. 살아남아야 기회가 온다. 대부분 그 기회가 오기 전에 시장에서 쫓겨난다."는 투자 격언을 남겼습니다. 단순히 '투자 리스크'에 대해 말한 것 같지만, 그의 삶을 들여다보면 이 말이 얼마나 큰 무게를 지녔는지 짐작할 수 있습니다. 조지 소로스는 부유한 변호사의 아들로 태어난 금수저처럼 보이죠. 하지만 그의 아버지는 1차 세계대전에 참전하여 러시아와 전투를 치르던 중 포로가 되었고, 시베리아 수용소에서 죽을 뻔한 위기를 넘깁니다. 이후 고향 헝가리로 돌아와 변호사로 일하며 부를 쌓았지만 2차 세계대전이 발발합니다. 나치의 유대인 학살이 자행되고 헝가리에서도 유대인 탄압이 시작됩니다. 조지 소로스의 아버지는 사전에 탄압을 예상하고 소로스를 비 유대인인 유력 관료의 양자로 입적시킵니다. 당시 헝가리에 거주한 유대인 중 약 45~60만 명 정도가 전쟁 중 사망한 것으로 추정됩니다. 하지만 소로스 가족은 살아남았죠. 소로스는 아버지가 1차 세계대전의 수용소나 2차 세계대전의 홀로코스트 한복판에서 위험을 예감하고 살아남을 방도를 찾는 걸 바로 곁에서 지켜봤습니다. 삶과 죽음의 갈림길에서 현존 최고의 펀드매니저를 살린 건 남들이 미처 예상하지 못한 리스크를 미리 찾아내고 대응을 준비했기 때문입니다. 1945년 독일군과 소련군의 부다페스트 시가전을 겪은 조지 소로스는 당시의 경험이 인생을 보는 관점을 완전히 바꿔버렸다고 말했습니다.

전쟁에서는 살아남는 게 최우선 목표입니다. 그 어떤 가치나 사상보다도 생존이 우선입니다. 이런 조지 소로스였기에 시장에서 가장 중요한 것을 꼽을 때 수익률이나 종목 선정 같은 게 아니라 생존을 말한 것입니다. 몇 년 동안의 상승장 때 큰 이익을 얻었다 해도 전쟁 같은 하락장에 대한 대비가 없으면 얻었던 이익을 다 뺏기고 시장에서 퇴출될 수밖에 없습니다. 평화로울 땐 그 누구도 전쟁이 벌어질 거라는 생각을 못 하죠. 마찬가지로 상승장일 땐 그 누구도 하락장이 닥치리라고 짐작하지 못합니다. 하지만 상승과 조정, 하락장의 사이클에서 살아남아야만 기회를 맞이할 수 있습니다. 상승장에서 돈을 벌었다고 자랑할 필요도 없고, 기회를 놓쳤다고 후회할 필요도 없습니다. 시장에서 살아남고 계속 시장을 주시한다면, 조지 소로스가 말했듯 기회는 반드시 오기 마련입니다. 단, 기회가 올 때까지 시장을 떠나지 말고 버텨야 합니다. 시장을 떠나는 사람들은 '버티면 기회가 온다'는 걸 몰라서 시장을 떠나는 게 아닙니다. 상승의 단꿈에 빠져 하락을 전혀 대비하지 않았기에 도저히 버틸 여건이 되지 않기 때문에 스스로 포기하는 것이죠. 무지로 망하는 것이 아니라 준비를 못했기에 쓰러지는 것입니다.

이현철 소장님,
왜 부동산 개인 컨설팅 안 하세요?

시세가 상승하는 증권 시장에서 거래량이 늘어나면 늘어날수록
더욱더 많은 주식이 '큰 손'에서 '작은 손'으로 가게 된다.
즉, 심리적으로 안정된 증권 시장 참여자들로부터 심리적으로
흔들리는 증권 시장 참여자에게로 옮겨가는 것이다.
그리하여 모든 주식이 작은 손들 속에 머물러 있게 되면,
주가 폭락은 곧바로 눈앞에 닥쳐오게 된다.
_앙드레 코스톨라니

한때 '임장 데이트'가 유행했었습니다. 대학생, 직장인 커플이 주말에 데이트 삼아 부동산 물건을 보러 다니는 재테크 트렌드였다고 하네요. 경제교육이나 금융교육이 부재한 대한민국에서 2020년 경 주식에 대한 전국민적 관심이 일었던 것과 비슷한 상황입니다. 정규 교육과정에는 주식이나 부동산 투자처럼 서민이 부자가 될 수 있는 교육이 전무한 상황이죠. 당시 유대인의 성인식이 화제가 되기도 했습니다. 우리나라 중학생 나이인 열세 살 성인식 때 유대인 아이들은 친지들로부터 수천만 원에 달하는 축의금을 받는다고 하죠. 십대 시절에 시드머니를 마련하여 재테크의 첫발을 떼는 셈입니다. 그에 비

하면 우리나라는 열세 살은커녕 이삼십대가 넘어서도 금융문맹을 벗어나지 못한다며 너도나도 주식 공부에 혈안이 됐던 때가 있습니다. 물론 금융 문맹, 부동산 문맹을 벗어나는 건 중요합니다. 그런데 그 시기나 접근 방식을 보면 결코 부자가 되는 방식으로 접근하지 않는 것처럼 보여 안타까운 마음이 있습니다.

저의 유튜브 채널 '아파트사이클연구소'에는 덧글로 부동산 투자 관련 문의를 하는 분들이 있습니다. 이메일 주소도 공개돼 있다 보니 이메일로 문의하는 분도 정말 많습니다. 어떤 분은 다른 부동산 유튜버처럼 부동산 개인 컨설팅은 하지 않느냐고 묻곤 합니다. 솔직히 말하면 부동산 개인 컨설팅을 하면 비교적 쉽게 돈을 벌 수 있긴 합니다. 하지만 저는 부동산 개인 컨설팅을 일절 하지 않고 있습니다. 덧글로 질문을 남겨주신 경우에도 거시적 사이클이나 객관적 정보의 옳고 그름에 대한 문의에는 답을 달아드려도, 직접적이고 구체적인 부동산 매매 문의에 대해서는 답을 안 달아드립니다. 이러한 소신을 유지하는 건 분명한 이유가 있습니다. 부동산은 답이 정해져 있는 시험이 아닙니다. 그런데 제게 질문하거나 컨설팅을 받고자 하는 분들은 제가 마치 족집게 과외 선생이라도 되는 것처럼 양자택일의 정답을 요구하시곤 하죠.

더 큰 문제는 그분들 마음에는 이미 답이 정해져 있다는 것입니다. A아파트와 B아파트에 대해 물어보시지만 속으로는 이미 A아파트가 더 낫다고 생각하고 계신 경우가 많습니다. 흔히 말하는 '답정

아파트 투자는 사이클이다

너'죠. 결국 제 의견이 궁금해서가 아니라 자신의 선택에 제가 동조하고 본인의 의견이 맞다는 동의를 구하고 싶어서 물어보시는 경우가 대부분입니다. 중요한 건 문제의 한복판에 서 있는 당사자는 눈앞에 길을 두고서도 좀처럼 길을 찾지 못한다는 것입니다. 내기 장기를 두는 사람보다 옆에 앉아서 부채질하며 곁눈질하는 동네 할아버지에게 수가 보일 수밖에 없습니다. 따든 잃든, 곁에서 보며 훈수하는 사람은 결과에 따른 책임을 질 일이 없기 때문에 냉정하고 객관적으로 상황이 읽히는 것이죠. 반면 어느 한 편에 돈을 걸었다면 결과에 따라 자신의 돈을 잃느냐 마느냐가 되기 때문에 마음이 요동치고 눈이 흐려질 수밖에 없습니다. 부동산은 특히나 다른 투자 상품보다 큰 액수의 돈이 걸리는 판입니다. 제게 물어보시는 분들은 약속이나 한 듯 한결같이 이렇게 말하며 운을 뗍니다. "실거주 목적으로 부동산을 하나 장만하려고 하는데요, A아파트와 B아파트 중 어느 걸 매수하는 게 나을까요?"

실거주 목적으로 산다는 말을 꼭 붙이는 건 하나의 방어막과도 같습니다. '나는 투기하는 게 아니라 실거주 목적이다, 내가 하는 건 투기가 아니라 투자다, 나는 부동산에 대해서 잘 모르는 게 아니라 실거주 목적이라 가볍게 의견을 구할 뿐이다.' 만약 그 말이 진심이라면, 저에게 조언을 듣고 매매한 아파트값이 떨어져도 '실거주니까 동요하지 않아야' 합니다. 그런데 과연 그럴 수 있을까요? 설령 질문하는 본인은 그렇게 할 수 있다 쳐도 가족이 들고 일어나는 경우도 많습니다.

저는 공인중개사로도 일했었고, 분양팀에서 관리를 맡으며 수천 명의 예비 투자자를 만난 경험이 있습니다. 상담했던 분 중 '무릎에서 사서 어깨에 팔아라'는 말뜻을 이해하고 적정한 가격에 매도하여 수익을 실현한 분이 있었습니다. 그분은 좋은 수익률을 기록했지만, 정작 난리가 난 건 그분 가족이었습니다. 호가가 지금 얼마인데 왜 그 가격에 팔았느냐부터 시작해서 조금만 더 기다리면 일억 원이 왔다갔다 하는데 왜 그렇게 성급했냐는 둥, 도대체 누가 지금 팔라고 했느냐, 더 비싸게 팔 수 있는데 일찍 팔아버리라고 한 걸 보니 그 사람 전문가도 아닌데 뭘 믿고 그 돌팔이 말을 들었냐는 둥 진짜 난리가 납니다. 저와 상담했던 분은 제 설명을 충분히 듣고 이해하셨으니 꼭지를 기다리지 않고 합리적인 선택을 하셨지만, 본인 혼자 이해한 것과 본인이 이해한 것을 가족에게 설명하는 건 별개의 문제이자 완전히 다른 능력입니다. 결국 저만 비전문가 돌팔이 또는 역적이 되는 셈이죠. 부동산으로 높은 수익을 올려본 경험이 있는 분이라면 이 상황이 어떤지 아마 충분히 이해하실 겁니다. 높은 수익률을 올렸다는 건 결국 쌀 때 사서 비쌀 때 팔았다는 뜻이고, 무릎에 사서 어깨에서 팔았다는 겁니다. 그런데 무릎에서 아파트를 사려고 하면 온 가족이 나서서 뜯어말립니다. "지금 집값이 계속 떨어지고 있는데 대출까지 받아서 집을 산다고?", "집 사는 사람은커녕 부동산에 집 보러 오는 사람 한 명 없다는데 하필 이때 집을 산다고?", "너 또 쓸데없는 유튜브 본 거 아냐?", "누구 또 사기꾼 같은 사람 말 듣고 덜컥 집 사면 너 분명 후회한다!" 걱정인지 세상 물정 모르는 호구를 비웃는 것인지 모를 훈수를 엄청 듣기 마련이죠. 아이러니한 건, 가족의 반대를 무

아파트 투자는 사이클이다

룹쓰고 샀던 아파트를 꼭지가 아닌 어깨에서 매도해서 높은 수익을 실현하면 매수할 때 그렇게 반대했던 가족이 다시 또 훈계를 시작합니다. 신고가 찍힌 거 봤냐고, 그걸 못 참아서 홀랑 팔아서 돈을 날리냐고 말이죠. 아마 집값이 한참 오르는 시점에는 집을 산 당사자보다 주변에 있는 가족이 더 들떠서 여기저기 자랑을 많이 하셨을 겁니다. '우리 애가 야무져서 아파트를 하나 사뒀는데 그게 요새 몇 배가 올랐지 뭐야?'라고 말이죠. 처음에 그딴 집을 왜 사느냐고 반대하셨던 것은 까맣게 잊으셨을 겁니다. 그랬던 가족들이 매도 후에는 '너만큼 미련한 사람이 또 있을까'하는 시선으로 바라봅니다. 이 상황이 바로 군중심리의 축소판입니다.

이런 상황은 제가 분양팀을 이끌 때 최초 분양가에서 30~40% 할인된 금액으로 아파트를 팔면서 늘 겪었던 일이기도 합니다. 최초 분양가로 회복만 돼도 3, 40%는 앉아서 버는 데다가 시간이 더 지나면 분명 몇 배는 오를 게 분명해서 쌀 때 사시라 해도 열에 아홉은 '비싸다'고 고개를 젓습니다. 팬데믹으로 주가가 폭락했을 때의 삼성전자 주식을 생각해 보시면 됩니다. 시장의 공포지수가 올라가 30~40% 하락하는 와중에 무릎에서만 사도 팬데믹 이전 가격으로 회복이 되면 30% 이상을 먹는 거고, 시간이 지나면 더 오를 게 분명한데도 '더 싸질 거야', '아직 비싸'라며 매수 안 하신 분들이 있죠. 부동산을 보는 심리도 마찬가지입니다. 분양가에서 40%가 빠졌음에도 '비싸'다며 살 생각을 안 합니다. 한두 명이 그러는 게 아니라 시장 전체에 그런 군중심리가 형성되고 매매 심리가 얼어붙습니다. 아이러니한 건 하락장 때 그렇게 비싸다며 안 사던 분들이 상승장이 시작되면 비싸진 아파트를 너나 할 것 없이 사들이기 시작한다는 것이죠. 40% 할인해도 비싸다고 안 사던 아파트를 140% 이상 급등한 시점에 '대한민국 아파트는 오늘이 가장 싼 날'이라며 덜컥 매수하는 비합리적인 결정을 아무렇지도 않게 하는 식입니다. 그 결정이 비합리적이라는 걸 본인은 결코 자각할 수 없습니다. 심지어 남이 객관적으로 지적을 해도 결코 받아들이지 않죠. 이미 욕심에 사로잡혔기 때문이고, 이런 투기 심리는 부동산이 불처럼 타오르게 하는 땔감으로 사용됩니다.

안타깝게도 하락장에서는 제게 부동산에 대해 묻는 분이 없습니다. 빙하기와 같은 하락장이 수년 동안 계속되면 부동산 시장에 대한 관심 자체가 식기 때문이죠. 그러다 상승의 조짐을 보이며 치솟아 올라 이미 어깨 즈음에 달했을 때 A아파트를 살까요, B아파트를 살까요? 라는 질문을 받곤 합니다. 전 어깨라는 걸 아니까 '지금은 있는 것도 팔아야 합니다!'라고 답하면 '이현철은 폭락론자다!'가 되어버리죠. 반대로 남들이 아무도 안 사는 할인 판매 시즌을 지나 시장이 상승의 시그널을 보낼 때 '부동산 폭등장이 옵니다! 지금 사세요!'라 말하면 대한민국 부동산 시장이 다 망해가는 와중에 무슨 얼어 죽을 폭등이냐며 '이현철은 상승론자다!'가 되어버립니다. 그래서 저는 어느 지역 어떤 아파트를 사느냐보다 언제 사서 언제 파느냐, 매수전략과 매도전략에 대해 말씀드리지만 안타깝게도 군중심리는 늘 정반대로 흐르기 마련입니다. 꼭 기억하셔야 하는 건 남들과 똑같이 행동해

아파트 투자는 사이클이다

서는 남들과 똑같은 삶을 살 수밖에 없다는 것입니다. 부자들은 남들이 팔 때 사고, 남들이 살 때 팔았기 때문에 부자가 된 것입니다. 냉정하게 말하면 저에게 '이걸 살까요, 저걸 살까요?'라며 물을 시점에는 이미 늦은 경우가 대부분입니다.

앞서 임장 데이트 얘길 꺼냈습니다. 임장이 데이트처럼 생활 양식이자 트렌드가 됐다는 건 모두가 시장에 참여하고 있다는 소리죠. 분명 부동산에 관심을 기울이고 하나의 흐름이 된 건 좋은 현상입니다. 하지만 이런 모습이 지속되느냐, 미약한 불씨처럼 꺼지느냐가 관건입니다. 2020년 이후 주식 광풍이 불었을 때 '지금이라도 삼성전자 주식을 사야 할까요?'라는 질문에서 주식을 아파트로 바꿔 '지금이라도 아파트를 사야 할까요?'라 묻는 것과 똑같은 상황입니다. 시장이 한참 상승해서 주식 초보자인 주린이가 먹을 게 얼마 안 남은 시점에 '지금이라도 삼성전자 사야 할까요?'라 묻는 건 좋은 질문이라고 볼 수 없습니다. 이미 어깨를 지나고 있는데 '삼성전자를 살까요, 카카오를 살까요?'라 물어봤자 부동산 시장의 어깨에서 'A아파트를 살까요, B아파트를 살까요?'라 묻는 것과 똑같죠. 게다가 그렇게 묻는 분은 속으로 삼성전자든 카카오든 이미 마음이 더 끌리는 주식이 있습니다. 만약 삼성전자를 사라고 하면 '그래도 카카오가 4차 산업혁명 시대를 이끄는 대장주가 되지 않을까요?'라는 식으로 원하는 답을 얻을 때까지 되물을 기세죠. 똑같이 A아파트를 얘기하면 'B아파트가 A아파트보다 연식은 오래되긴 했어도 입지가 더 좋지 않나요?'라고 되묻는 식입니다. A도 B도 아니고 지금은 있는 것도 팔고 현금을 갖고 계시라고 말씀드리면 '이런 불장에 무슨 소리냐! 결국 이현철은 하락론자다!'라고 말하며 제 실력을 의심할지도 모릅니다. 설마 싶으시겠죠? 요즘 대한민국 부동산이 너무 비싸서 그렇지 1~2억 할인 판매하면 대출이라도 끌어다 당장 매수할 것만 같죠? 듣기 불편하실지 모르겠지만 부동산으로 돈 벌고 싶다고 하시면서 공부는 너무 안 하는 분들이 다수입니다. 주식 시장이나 부동산 시장이나 돈의 흐름과 본질에 있어서는 일맥상통하는 면이 많습니다. 주식 투자를 오래 한 분들은 상식처럼 알고 있는 시장의 주의사항이 있죠. '시장의 큰손이 자신의 물량을 개미들에게 떠넘기면 폭락이 시작된다.' '뉴스에서 호재라고 할 때 기관과 외국인이 물량을 떠넘기기 시작한다' 등입니다. 주식 투자에서 심리가 90%를 차지한다고 주장한 투자의 대가 앙드레 코스톨라니 역시 같은 말을 했습니다. "모든 주식이 작은 손들 속에 머물러 있게 되면 주가 폭락은 곧바로 눈앞에 닥쳐오게 된다."고 말이지요. 그가 말한 작은 손들은 우리 표현으로 하면 개미입니다. 예전 20대들은 부동산이니 아파트에 관심도 없었습니다. 20대는 젊음을 즐기고 누리는 게 맞습니다. 그런데 그런 20대, 작은 손인 그들조차 임장을 데이트로 생각하며 하나의 현상으로 미디어에서 거론된다면, 주식시장에서 흔히 말하는 인간 지표로 봐도 됩니다. 큰손에서 작은 손, 기관과 외국인에서 개미로, 다주택자에서 1주택자로 시장의 흐름이 바뀌고 있다는 건 곧 폭락이 다가온다는 전조로 봐도 무방합니다.

아파트 투자는 사이클이다

관심이 없으면
눈에 보이지 않는다

영어 단어 중 가장 비싼 네 단어는
"이번에는 다르다."(This time it's different)이다.
_존 템플턴

제 유튜브 채널에 달린 댓글 중 하나를 소개해 볼까 합니다.

> **S** **sb** 2년 전
> 무조건 입지죠 입지좋은곳은 절대 미분양 안나고 제발 좀 미분양 나면 내가 살게요ㅋㅋ 운정 검단은 입지가 너무 멀고 교통수단이 안좋아서 그런거죠
>
> 👍 5 👎 💬 답글
>
> ▲ 답글 2개 숨기기
>
>> 🏢 아파트사이클연구소 2년 전
>> 강남의 래미안 퍼스티지, 반포자이 등도 미분양이 났었답니다.
>>
>> 👍 6 👎 답글
>
>> 이름 성이름 1년 전
>> 지금 이렇게 말하는 사람들 막상 미분양나면 안삼ㅋㅋㅋㅋ 이게 참 재미있는 사람의 심리임.
>> 운정 검단 뿐 아니라 입지 좋다고 하는 위례, 미사도 미분양 났었음. 서울 마래푸, 경희궁자이도 미분양
>>
>> 👍 1 👎 답글

강남도 미분양이 발생하고, 분양가에서 40% 할인하여 아파트를 판매했던 적이 있습니다. 불과 십여 년 전 얘기입니다. 인터넷 검색 창에 '아파트 40% 할인 분양'만 쳐보면 관련 뉴스나 사진이 쏟아집

니다. 다들 '미분양 나면 내가 산다!'고 호언장담하지만, 제가 겪은 하락장에서는 30~40% 할인 판매를 해도 다들 비싸다며 거들떠보지도 않았습니다. 심할 때는 한 달에 겨우 한 채가 팔린 적도 있습니다. 불과 십여 년 전의 팩트를 사람들은 왜 기억조차 못 하고 있는 걸까요? 그건 바로 '관심이 없었기 때문'입니다. 하락의 시기에는 부동산에 대한 관심이 전혀 없었기 때문에 불과 십여 년 전에 강남조차 미분양이 났던 걸 인식조차 못 하는 것이죠. 관심이 없고 인식을 못 하니 당연히 기억에 있을 리가 없습니다.

거듭 강조하지만 모든 사람이 시장에 참여할 때가 가장 위험한 때입니다. 정작 시장 참여자들만 그걸 모르죠. 하락장 때는 강남에 미분양이 났는지 안 났는지 관심도 없다가, 상승장이 되자 다들 부동산 능력검정시험이라도 보는 것 마냥 부동산을 공부한다며 소란스럽습니다. 그래서 상승장에서는 부동산 공부에 대한 열의가 하늘을 찌르고 부동산과 관련된 콘텐츠의 인기도 엄청나죠. 부동산 카테고리의 유튜브도 급성장하는 시기입니다. 장담하는데 우리나라 부동산 시장이 하락장에 진입하게 되면 언제 그랬냐는 듯 부동산에 대한 열기가 차갑게 식을 겁니다. 주식 붐이 일었을 때 서점 베스트셀러 상위는 주식 책이 다 차지했었죠. 하지만 2년이 채 지나지 않은 지금, 베스트셀러에서 주식 책을 찾아보기가 어렵습니다. 주식 카테고리의 유튜브도 일이 년 새 급성장했지만 요즘은 시들합니다. 그다음으로 암호화폐나 메타버스, NFT가 득세했지만 그마저도 시들해졌죠. 모든 걸다 태워버릴 듯한 부동산 불장이 수년 동안 이어졌기에 부동산 콘텐츠가 많이 소비되고 임장 데이트가 트렌드가 되고 부동산 유튜브가 소위 말하는 떡상을 했지만, 하락장이 시작되면 언제 그랬냐는 듯 조용해질 겁니다. 반값 가까이 할인할 땐 비싸다고 안 사다가 비싸지면 오늘이 가장 싼 날이라며 불나방처럼 달려들듯이, 상승장이 끝나면 부동산 시장이 망하기라도 한 듯 모두가 쳐다도 안 보게 될 겁니다. 이런 군중심리와 부동산 공부에 대한 잘못된 태도가 부자와 무주택자를 가르는 중요한 요소입니다.

시험을 잘 보려면 언제 공부해야 할까요? 시험 보기 전에 미리 계획을 짜고 준비해야 합니다. 시험 직전까지 책 한 번 들춰보지 않다가 시험 기간에 공부한다고 하면 제대로 된 성적을 얻을 수 없습니다. 그런데 우리나라의 부동산 시장에 대한 대중의 접근은 시험 전에는 놀기만 하다가 시험이 시작된 후에야 공부하는 격입니다. 수업 시간에 선생님께서 분명 강남 래미안 퍼스티지 미분양 났었다, 이거 시험 나온다고 말씀하실 때는 안 듣고 있다가 시험 기간이 닥쳐서야 벼락치기로 공부해서 1등 하겠다고 하는 셈이죠. 이건 현실을 무시한 욕심에 불과합니다. 공부 좀 하는 반장이 "야, 강남 래미안 퍼스티지랑 반포 자이 미분양 났었어! 선생님이 시험 나온다고 했다고!"라 말하면 "웃기지 마, 우리 유튜브 족집게 과외 선생님이 입지가 최고라고, 강남 불패라고 하셨는데 뭔 미분양? 부동산 우상향이나 똘똘한 한 채도 모르는 넌 평생 무주택 거지로 살아!"라 말하는 것과 똑같습니다. 그러다가 시험 끝나면 '시험 끝났으니 부동산 공부도 이제 끝!'이라고 책을 집어 던지는 것이죠. 이런 학생은 성적이 오를 수가 없습니다. 부동산 공부 역시 마찬가지입니다. 상승장에서 하는 공부는 벼락치기입니다. 부동산 공부는 상승장이 아닌 대중의 관심이 시들해진 하락장에 꾸준히 하면서 실력을 키워야 합니다. 부동산 사이클 상 하락장인 시기에 공부하고 준비해서 상승의 시그널이 포착될 때 과감하게 무릎에 들어가야 하죠. 느리더라도 꾸준히 준비하되 매수할 때는 신속하게 할 수 있도록 확신을 지녀야 합니다. 하지만 대다수의 사람은 하락장 때는 부동산에 관심조차 두지 않습니다.

상승장 때는 다수의 부동산 유튜브 채널에 구독, 좋아요, 알림 설정까지 해두었건만, 하락장에서는 거들떠보지 않는 상황이 벌어집니다. 너나 할 것 없이 시장에 뛰어드는 상승장 때에 투자하겠다고 나서는 건 쉬는 시간에 잠깐 공부한 것으로 시험을 보는 것과 똑같습니다. 오히려 하락장 때 공부하고 틈틈이 임장하며 마음에 드는 물건을 점찍었다가 상승의 사이클 초입에 과감하게 들어가는 게 성공 확률을 압도적으로 높일 수 있는 길입니다. 제가 이렇게까지 말씀드려도 실제로 조정장을 지나 하락장에 접어들면 절대다수는 부동산에서 관심이 멀어질 게 분명합니다. 정부에서 부동산 하락 추세를 막겠다고 취득세 완화 또는 감면, 양도세 면제 등 각종 세제 혜택을 주며 규제를 완화하고 정부 관료가 TV에 나와 '빚내서 집을 사라!'고 외쳐도 비싸다며 안 살 게 분명합니다. 안타깝지만 이게 현실입니다. 어떤 분은 제 영상에 덧글로 '부자는 비법을 알려주지 않고 혼자 부자가 되려고 하는데, 이현철 소장은 다 알려준다고 하는 걸 보니 부자가 아닌 게 분명하다!'고 덧글을 달았더군요. 유명 TV프로그램 생활의 달

아파트 투자는 사이클이다

인을 보면 줄 서서 먹는 맛집들이 당당하게 비법을 공개하는 이유가 있습니다. 과정을 다 보여줘도 어차피 힘들고 귀찮아서 안 따라 할 걸 뻔히 알기 때문입니다. 따라 하는 건 귀찮은데 달인의 식당이 잘 돼서 돈 많이 버는 건 부럽고 질투 나지요. 사람이 원래 그렇습니다. 그걸 이겨야만 부자가 되는 겁니다. 달인이 되는 게 쉽지 않듯 부자가 되는 것 역시 어렵습니다. 심리를 알고 본성을 이겨야만 합니다.

'20세기 가장 위대한 투자가'라는 칭송을 받고 1987년 기사 작위를 받은 투자자인 존 템플턴은 이런 말을 했습니다.

영어 단어 중 가장 비싼 네 단어는 "이번에는 다르다."
(This time it's different)이다.

상승장의 단꿈에서 깨어나기 싫은 분들은 '이번에는 다르다'고 말합니다. 코로나 팬데믹 이후 글로벌 유통망에 타격을 입고 석유 및 원자재값 급등, 인건비 상승과 공급 부족으로 부동산 시장의 우상향은 계속 이어질 거라고 말하죠. 하지만 '이번에는 다르다'는 맹목적 믿음은 투자 오판으로 이어지고 결국 손실로 남게 됩니다. 그런 걸 너무나도 잘 알기에 존 템플턴 경은 영어 단어 중 가장 비싼 네 단어가 '이번에는 다르다'고 말한 것이죠. 전 세계 주요 10개 도시에 각각 저택이 있었던, 위대한 주식 투자자이자 어쩌면 글로벌 부동산 실거주자였던 앙드레 코스톨라니는 거래량이 늘어날수록 더욱더 많은 주식이 '큰 손'에서 '작은 손'으로 가게 된다고 했습니다. 이는 결국 심리적으로 안정된 증권 시장 참여자들, 부동산 시장으로 따지면 다주택자가 들고 있던 아파트가 무주택자나 1주택자 등 심리적으로 흔들릴 수밖에 없는 개인으로 옮겨지는 것과 같습니다. 코스톨라니가 예견한 큰손에서 작은손으로 물건 이동은 결국 시장 폭락을 불러온다고 말했죠. 돈으로 움직이는 시장은 주식이든 부동산이든 더 많은 자금을 바탕으로 심리적 여유를 지닌 사람이 승리할 수밖에 없는 게임입니다. 이미 승리의 기세가 다주택자나 여유자금을 지닌 이들로 기운 상태에서 돈과 심리 양쪽에서 절대적으로 불리한 무주택자가 뒤늦게 시장에 뛰어드는 건 충분히 공부하고 시험을 준비한 모범생과 시험이 시작되자 비로소 공부를 시작한 늦깎이 학생이 함께 시험을 보고 성적으로 겨루는 것과 같습니다. 어차피 인생에서 시험은 단 한 번 치르는 게 아닙니다. 이번 시험을 망쳤다고 공부를 딱 끊으면 다음 시험 역시 망칠 수밖에 없습니다. 시험을 잘 보고 싶고, 부동산으로 부자가 되고 싶다면 시험이 끝나고 상승장이 끝난 순간부터 더 공부에 매진해야 합니다.

부동산은 시간을 투자할 만한 가치가 있는 충분히 승산이 있는 게임입니다. 왜냐하면 대부분의 사람이 강남 아파트도 미분양 났던 걸 까맣게 잊듯이, 길고 긴 하락장의 공포에 짓눌려 상승장의 폭등을 까맣게 잊은 채 아파트를 살 엄두조차 못 내고 그저 더 싸지면 사겠다고 다짐하다가 결국 못 사고 동일한 패턴으로 집값이 한참 오른

후에야 시장에 뛰어들 게 분명하기 때문입니다. '이번에는 다르다'는 말, 맹목적인 상승장을 기대할 때는 틀린 말이 될 수밖에 없습니다. '이번에는 다르다'는 건 상승 → 조정 → 하락 → 조정 → 상승으로 이어지는 사이클 자체를 부정하는 말이기 때문입니다. 하지만 하락장에 철저히 공부하고 준비한 입장이 되면 '이번에는 다르다! 나는 이번 사이클에서는 부자가 된다!'라고 외쳐도 좋습니다. 모두가 시장에서 떠나있을 때, 부동산 유튜브의 인기도 시들해지고 아무도 부동산 책을 거들떠보지 않고 다음 매수 사이클이 오는 시기는 너무 멀었다며 정부의 정책이나 정치인들을 욕하고 있을 때, 묵묵히 준비한 사람에게는 결국 과실이 돌아오게 되어 있습니다. 남들이 살 때 팔고, 남들이 팔 때 사고, 남들이 공부하지 않을 때 공부하는 게 진짜 부자가 되는 첫걸음이자 부동산 공부의 올바른 태도입니다.

모두가 믿는 투자 상식의 90%는 틀린 정보다

투자자를 위협하는 가장 큰 적은
감정과 편견이다.
_켄 피셔

---·---

켄 피셔
워런 버핏의 스승 벤자민 그레이엄과 함께 초창기 투자이론을 만들어 낸 투자의
대가 필립 피셔의 아들. 글로벌 머니 매니지먼트 회사 피셔 인베스트먼트를 설
립하여 약 220조 원 이상을 운용하고 있다. 오늘날 경쟁적인 투자 환경에서 주
식시장을 이기는 유일한 방법은 다른 사람이 모르는 것을 아는 것이라고 강조했
다. 『주식시장의 17가지 미신』, 『주식시장은 어떻게 반복되는가』, 『켄 피셔 역발
상 주식투자』, 『투자의 배신』 등 다수의 책을 냈다.

우리나라 경제기사를 보면 '귀에 걸면 귀걸이, 코에 걸면 코걸이'
식인 경우가 많습니다. 어떤 결과를 두고 원인을 추론해서 밝혀야 하
는데, 그 원인이 분명하지 않으니 이런저런 이유를 끌어다 붙여 그
럴듯하게 보이도록 만드는 식이죠. 예컨대 주식시장에는 '코리아 디
스카운트'라는 말이 오랫동안 정설처럼 회자되었습니다. 대한민국
은 전쟁이 종식된 게 아니라 휴전 상태입니다. 수도 서울에서 불과
수십km 떨어진 곳에 북한이 대치 중인 지리적, 정치적 불안정 때문
에 주가가 제값을 받지 못하고 실제 가치보다 더 낮은 가격에 거래되

아파트 투자는 사이클이다

고 있다는 것이죠. 북한이 미사일 발사 실험을 했는데 다음 날 주가가 하락했다면 여지없이 불안한 대북 정세에 시장이 영향을 받아 주가가 하락했다는 기사가 나옵니다. 그런데 미사일 발사, 핵실험이 주가와 직접적인 연관이 있는 것일까요? 팩트를 따져보면 미사일 발사나 핵실험 직후 주가가 하락한 경우가 있지만 오히려 오른 경우도 있습니다. 2010년 3월 26일 천안함 피격 사건 때는 전일 대비 오히려 9.3p(0.55%)가 올랐습니다. 같은 해 11월 23일 연평도 포격 사건 때는 15.4p(0.79%)하락에 그쳤습니다. 두 사건 모두 우리의 젊은 장병들이 목숨을 잃은 엄청난 사건이었지만 시장에 미친 영향은 미미했습니다. 시간과 관계없이 한 가지 사건이 동일한 영향을 주지 못한다면 그 사건은 변인(變因)이 아닙니다. 직접적인 영향을 미치는 1차 요인이 아니라는 말이죠.

북한이 미사일을 발사했는데 다음 날 주가 변동이 없을 땐 어떤 기사가 나올까요? '北미사일에도 끄떡없는 코스피'라는 기사가 뜹니다. 그리고 북한 미사일 도발에 우리 국민들이 '학습효과'가 생겨 증시에 미치는 영향이 제한적일 수밖에 없다는 분석을 하죠. 북한이 미사일을 발사한 행위는 동일한데 결과가 상승이냐 하락이냐에 따라 미사일 발사라는 이슈를 영향이 큰 것으로, 또는 전혀 영향이 없는 것으로 결론을 지어버리죠. 원인이 있기에 결과가 있는 건데, 결과를 끼워 맞추기 위해 원인을 조작하는 셈입니다.

대선 이후 북한 미사일 도발 직후 코스피 변동률

단위: %

발사 날짜	변동률
5월 14일	0.20
5월 21일	0.68
5월 27일	−0.10
5월 29일	−0.10
6월 8일	0.15
7월 4일	−0.58
5월 14, 21, 27일은 증시가 열리지 않아 다음 날 종가 기준	

자료: 한국거래소

2017년 제19대 대통령 선거 전후를 보면 '북한 미사일 발사는 국내 증시에 영향을 끼치지 않는다'라는 기사가 나올 수밖에 없습니다. 낙폭이 가장 컸던 2017년 7월 4일의 경우 북한이 대륙간탄도미사일 발사에 성공했다고 발표했는데, 그날 외국인이 1,929억 원어치 주식을 순매도했기에 낙폭이 컸습니다. 하지만 그 외에는 오히려 오르거나 소폭 하락하는데 그쳤습니다. 문재인 정권 출범 초기에는 북한의 미사일 발사에 시장이 영향을 받지 않았죠. 그렇다면 문재인 정권 말기인 2021년 9월에는 북한 미사일 발사의 영향을 언론사는 어떻게 해석할까요? 미 국채 금리 상승과 북한 미사일 발사 소식이 맞물려 하락하고 있다는 논조를 내세우고 있습니다. 같은 정권, 같은 미사일인데 왜 어떤 때는 시장에 끼치는 영향이 미미하고 어떤 때는 시장을 하락시키는 것일까요? 결국 귀에 걸면 귀걸이 식으로 결과에 원인을 끼워 맞추기 때문입니다.

아파트 투자는 사이클이다

19대 대선 당시인 2017년은 주식 시장 상승세였습니다. 그렇기에 미사일을 십수 번 쏘아올려도 추세에 영향을 끼치지 못했던 것이죠. 2021년 9월은 반대로 시장이 하락으로 기울고 있었습니다. 시장이 하락세이니 어떤 이슈든 하락의 원인으로 끼워 맞추기 좋았던 셈입니다. 미국 주식 시장에서는 "FED(미 연방준비제도)에 맞서지 마라."는 격언이 있습니다. 이는 결국 시장에 맞서지 말라는 소리입니다. 개인이 시장이라는 큰 파도를 뛰어넘을 수 없다는 말이죠. 하락장에는 미사일 발사로 대한민국에 실질적인 아무 피해가 없었을지라도 주가가 출렁입니다. 상승장에서는 북한의 도발로 우리 국군 장병이 다수 전사하는 엄청난 피해가 발생했음에도 주가가 오릅니다. 결국 중요한 것은 사건이 아니라 시장입니다. 시장이 하락장이냐 상승장이냐에 따라 특정 사건은 전혀 다르게 해석되고 전혀 영향을 끼치지 못하는 경우가 발생합니다. 언론은 정확한 인과 관계나 원인 규명을 하는 게 목적이 아니라는 걸 반드시 알아야 합니다. 언론의 논조에 따라 잘못된 투자 결정을 내리게 되면 손실은 언론사가 아닌 오롯이 개인의 몫이기 때문입니다. 부동산 역시 시장이 상승장이냐 하락장이냐에 따라 외부 요인이 시장에 미치는 영향이 전무하거나 흐름을 가속하느냐로 갈립니다. 많은 이가 수요와 공급, 금리 등이 부동산에 영향을 끼치는 1차 요인으로 잘못 알고 있습니다. 금리가 오르면 대출 이자가 부담돼 집값이 하락할 거라는 생각은 전제가 틀렸습니다. 상승장일 때는 시중금리를 훨씬 초월하는 2금융권에서 대출을 받아 아파트를 샀습니다. 대놓고 대출을 부추기거나 P2P를 권하는 이도 있었죠. 상승장일 때 북한의 도발로 국군 장병이 희생돼도 시장에 변화가 없듯, 부동산 상승장에서는 금리도, 넘치는 공급도 비이성적이고 광기 어린 상승세를 막을 수 없습니다. 투자자는 늘 의심하고, '왜'라고 질문해야 합니다. 세상에는 신호보다 소음이 많기 때문입니다.

내가 내린 투자 결정,
사실은 부화뇌동의 결과다

수수료를 받아서 먹고 사는 사람이나 특정 행동을 정당화하려는
임원은 미래의 성과를 거짓으로 예측한다. 그 자신도 그 거짓말을
믿는 경우가 많다. 문제는 그런 경우가 최악이란 점이다.
과장된 숫자로 된 예상치를 우리는 신경 써서 봐야한다.
_찰리 멍거

———————— · ————————

찰리 멍거
워런 버핏 뒤의 숨은 마법사, 자본주의 시대의 진정한 현자로 불린다. 전직 부동
산 변호사이자 버크셔 해서웨이의 부회장이다. 버크셔 해서웨이의 CEO인 워런
버핏은 찰리 멍거에 대해 "찰리는 현존하는 어떤 사람보다 더 빠르고 정확하게
거래를 분석하고 평가한다. 그는 어떤 약점이든 60초 안에 간파한다."고 평하기
도 했다.

평소 저의 주장 중 다수의 사람에게 반박을 받는 의견이 있습니
다. 바로 '대형 평형 아파트의 시대가 도래한다'는 주장입니다. 정치
인은 재집권이 가장 중요하고 기업은 이윤이 가장 중요합니다. 다주
택자는 여유만 있다면 집을 안 팔고 버텨도 되지만, 건설사는 신규
분양 단지를 다 팔아야만 합니다. 건설사는 자신들이 지은 아파트가
상승할지 하락할지에는 관심이 없습니다. 오직 '완판'이 목적이죠. 당
연히 건설사는 인기가 많고 잘 팔릴 아파트만 지어야 합니다. 그래야

완판할 수 있으니까요. 제가 '앞으로 대형 평형 아파트가 인기 있을 것이다'라고 말하면 다들 '집값도 비싸고 관리비도 많이 나오는 대형 평수가 어떻게 인기 있을 수 있느냐'고 반박하시죠. 이런 반박은 '북한이 미사일을 쏘면 주가는 무조건 하락한다!'라고 외치는 것만큼 인과를 잘못 짚은 반박입니다. 하락장을 경험한 적 없는 분들이 서울 부동산은 영원히 우상향한다고 주장하는 것과 동일한 맥락이기도 합니다. 투자자라면 본인이 바라는 것을 전망에 투영하면 안 됩니다. 그건 전망이 아니라 믿음에 불과하기 때문입니다. 지금으로부터 20여 년 전에 아파트 소형 평수는 기피 대상이었습니다. 1998년 당시 기사를 볼까요?

앞으로 서울에서 재개발사업으로 건설되는 아파트의 평형 규모가 현재의 소형 평수 위주에서 중. 대형 위주로 바뀔 전망이다.

서울시는 소형 재개발아파트에 대한 입주 기피와 이에 따른 미분양 사태를 막기 위해 현재 $60m^2$이하 50%, $85m^2$이하 30%, $85m^2$초과 20%로 돼 있는 주택재개발 규모별 건설의무 비율을 조정키로 했다고 30일 밝혔다.

시 관계자는 『재건축아파트나 민영주택의 경우 건설의무 비율이 계속 완화돼 소, 중, 대형 평형 비율이 2:4:4인 반면, 재개발아파트만 5:3:2으로 돼 있어 사업성이 떨어진다는 건설업자들의 지적에 따라 재개발 아파트의 건설의무 비율을 조정키로 했다』면서 『재개발사업은 저소득층을 배려해야 하는 특수성이 있는 만큼 두 비율의 중간수준에서 조정될 것』이라고 말했다. _1998년 3월 기사 중

민영주택의 경우 소, 중, 대형 비율이 2:4:4로 소형은 2에 불과한데, 재개발 아파트만 소, 중, 대 비율이 5:3:2로 소형이 절반이나 차지해서 사업성이 떨어진다는 기사입니다. 소형 비율이 너무 높아서 입주 기피에 미분양 사태까지 예상된다는 것이죠. 실제 그 당시에는 소형보다 대형이 인기가 많았습니다. 다른 기사를 살펴볼까요?

'소형아파트 의무제' 부활 논란

건설교통부의 '소형 아파트(전용면적 기준 60㎡. 18평형) 공급 의무비율 규정' 부활 방침에 대해 찬반 논쟁이 뜨거워지고 있다. 서민들은 전세난과 내집 마련에 숨통이 트일 것으로 기대, 찬성하고 있으나 지자체와 건설업체는 미분양 아파트 물량 증가로 인한 건설경기 침체를 우려, 반대 의사를 나타내고 있다. ◇전·월세난 안정 위한 조치(찬성 의견)=정부는 외환위기 이후 침체된 건설경기를 되살리기 위해 지난 98년 1월 소형 아파트 공급 의무비율 규정을 폐

지했다. 그러나 이로 인해 건설업체들이 중형 아파트보다 상대적으로 수익성이 떨어지는 소형 아파트 건축을 기피, 아파트 절대공급 물량이 감소하고 서민들의 내집 마련이 갈수록 어려워졌다. 또 소형 아파트 매물이 부족해지면서 최근 강남과 분당 등 신도시 지역을 중심으로 비수기인데도 불구하고 전, 월세값은 물론 매매값이 급등하고 전세난이 가중되는 기현상이 발생하고 있다. 건교부는 시장 기능에만 맡길 경우 이같은 상황이 더욱 악화될 것으로 판단, 전·월세난과 주택가격 안정을 위해 소형 아파트 공급 의무제를 부활, 정부가 어느 정도 주택시장에 개입해야 한다는 생각이다.

_2001년 8월 기사 중

소형아파트 의무제는 전체 분양 물량에서 소형 아파트를 의무비율로 지어야만 하는 제도입니다. 지자체와 건설업체는 소형아파트가 중, 대형 아파트보다 수익성이 떨어져서 건축 자체를 기피한다고 기사에서 밝히고 있죠. 소형 아파트 매물이 부족해서 전, 월세와 매매가까지 급등하기 때문에 의무적으로 정한 수량만큼 소형아파트를 짓도록 강제하는 것입니다. 이때만 하더라도 소형 아파트는 천덕꾸러기 신세였습니다. 소형 아파트가 찬밥이었던 시절이 있다는 것을 경험하지 못한 분들 입장에서는 도저히 믿기 어려운 얘기일 겁니다. 당시 대세는 누가 뭐래도 대형 아파트였습니다. 노부부 두 분이 70평대 아파트를 분양받으시기에 '두 분이 지내시기에는 너무 큰 집 아니냐?'

　　　　　　　　　　　아파트 투자는 사이클이다

고 여쭈었더니 출가한 자녀 내외와 손자손녀가 와서 명절에 하루 지내려면 큰 집이 좋다는 답이 돌아왔습니다. 대형 아파트가 수익성이 높고 대세이다 보니 당연히 분양도 잘 되었고, 완판이 목적인 건설사는 대형 위주의 공급을 했죠. 그러다가 경기 침체를 맞닥뜨리자 대형 평수에 대한 기사 논조는 완전히 바뀌게 됩니다.

'대형아파트 경기침체로 수요 시들'

큰 평수의 아파트를 중소형으로 줄여 분양하는 업체가 늘고 있다. 경기 침체가 계속되면서 큰 평형은 수요가 줄어 인기가 없는 반면 중소형은 잘 팔리고 있기 때문이다.

올해 초까지만 해도 경기도 용인시 수지읍 일대에는 서울 강남, 성남 분당 등지의 투자자를 겨냥한 60~90평형대가 많이 나왔고 분양도 그런대로 잘됐으나 요즘엔 부유층과 가수요의 발길이 뜸하면서 대형 평형의 분양시장은 거의 얼어붙었다.
이에 따라 이미 분양한 대형 아파트 분양권의 프리미엄도 크게 떨어지고 있다.

본지가 지난해 11월 용인에서 분양한 75평형과 79평형 두개의 아파트 분양권 프리미엄을 조사한 결과 분양 시점(1999년 11월) 대비 프리미엄이 평균 1천3백만 원, 2천만 원씩 떨어진 것으로 나타났다.
_2002년 2월 기사 중

소형아파트 의무제 부활 논란을 밝힌 기사가 나온 뒤 불과 반년 남짓 후 등장한 기사에서는 '큰 평수의 아파트를 중소형으로 줄여 분양하'는 업체가 늘고 있다고 합니다. 대형 평형의 수요와 인기가 줄고 중소형이 잘 팔린다는 얘기입니다. 지금으로선 상상할 수 없는 면적인 90평대 아파트에 분양권 프리미엄이 붙던 시장이 급격하게 중소형 위주로 개편되고 있다는 소식이죠. 이때 건설사들은 대형 평형대가 미분양되자 평수를 줄여 재분양했고, 분양률이 크게 높아지자 너나 할 것 없이 대형을 줄이고 소형과 중형 위주로 개편을 시작합니다. 이때의 흐름이 이십여 년 동안 쭉 이어져 온 것입니다. 대형 평형이 인기 있을 때는 '명절에 놀러온 자녀 내외와 손자손녀를 위해 큰집이 필요하다'던 분위기는 소형 아파트가 인기를 얻자 '애들 다 출가하고 관리가 용이한 작은 집이 편하다'로 어느새 바뀌었습니다. 몇년 사이 전국민이 약속이나 한 듯 주거면적에 대한 기준이 바뀌는 게 현실적으로 가능한 일일까요? 이것은 개인의 기호나 주거에 대한 철학이 바뀐 게 아니라 대형 평수 공급이 축소된 결과에 원인을 끼워맞춘 것에 불과합니다. 건설사에서 대형 평형 아파트를 조금밖에 짓지 않거나 아예 짓지 않기 때문에 사람들의 선택지는 중소형 아파트로 한정돼 있는 상태에서 '1인 가구 증가', '노년에는 관리 편한 소형

　　　　　　　　아파트 투자는 사이클이다

아파트가 편하다' 등의 이유를 만들어 갖다 붙인 셈이죠.

2021년 한 해 동안 국내에서 가장 많이 팔린 자동차는 현대 그랜저입니다. 2위는 생업과 직접적인 연관이 있는 포터입니다. 3위는 40대 아빠들이 선호하는 카니발이죠. 일단 다 큰 차입니다. 판매 순위 15위 이후에야 비로소 소형 SUV와 경차가 등장하죠. 반면 일본은 어떤가요? 일본은 전체 자동차 판매의 30% 이상을 경차가 차지합니다. 이를 두고 어떤 언론은 단순히 '남의 눈을 의식해 큰 차만 좋아하는 한국 vs 실리와 효율을 추구하는 일본'이라는 식의 논조를 펼치기도 하죠. 디테일에 강한 일본은 작은 차의 경제성과 효율성을 선호하는데, 우리나라는 쓸데없이 허세와 과소비에 치중하는 걸 비판하는 식입니다. 결과에 원인을 끼워 맞추는 전형적인 논리 전개입니다. 아니, 논리라고 부를 수조차 없는 결론 도출이죠. 일본은 자국 브랜드, 그중에서도 경차만 소비 가능한 온갖 규제를 만들어 두었습니다. 일본은 집이 있어도 주차비를 다달이 별도로 내야만 합니다. 자동차 유지 관리비도 우리나라보다 몇 배나 더 비싸죠. 애초에 대다수의 일본인은 경차 아니면 자동차를 구매할 수조차 없는 구조입니다. 우리나라가 성인 식구별로 자동차를 보유한다면, 일본인은 식구별로 자전거를 보유하고 있습니다. 부자가 아닌 이상 중대형 세단을 사기도 어렵고, 역 주변 집값은 너무 비싸서 역과 멀리 떨어져 살다 보니 출근하려면 자전거를 타고 역까지 가는 수밖에 없기 때문입니다. 이런 사회환경은 일본 애니메이션에도 그대로 나타나죠. 「짱구는 못말려」의 짱구 엄마는 자전거에 두 아이를 태우고 장을 보러 다닙니다. 일본

청춘 애니메이션을 보면 교복 입은 학생들이 죄다 자전거를 타고 다니죠. 특별히 연출한 게 아니라 그게 삶이라서 그렇습니다. 그런데 이런 사회적 환경은 무시한 채 '효율적인 일본인은 경차를 사랑하고 자전거로 통학하거나 출퇴근한다'고 주장하는 건 전형적인 끼워 맞추기죠. 자신이 주장하는 논리를 입증하기 위해 인과관계가 없는 내용을 갖다 붙이는 것입니다.

일본인이 경차를 살 수밖에 없는 상황이라 경차를 사는 것과 마찬가지로, 우리나라는 중소형 아파트를 살 수밖에 없는 상황이라 중소형 아파트를 사는 것입니다. 그동안은 대형 아파트 분양률이 낮아 애초에 짓지 않는 바람에 공급 자체가 없었으니 선택하거나 경험할 기회조차 없었습니다. 코로나가 창궐할 당시 언론은 '1인 가구의 증가로 인한 소형 아파트 가격 급등', '재택 근무로 인한 주거 공간에 대한 관심, 부동산 투자와 인테리어에 대한 관심으로 이어져'라는 식의 기사를 쏟아냈습니다. 이 역시 결과에 원인을 욱여넣은 얘기입니다. 장담하건대 부동산 하락장이 도래하면 인테리어 업체와 공인중개사 사무소들이 무더기로 문을 닫는 사태가 벌어질 겁니다. 그때가 되면 언론은 상황을 어떻게 설명할까요? '코로나 회복세에 따른 보복 여행 증가로 집에 머무는 시간이 줄어들어 인테리어나 집 꾸미기에 관심 시들해져'라는 기사를 뽑아내지 않을까요?

결론적으로 소형 평형이 인기가 있었던 게 아니라 건설사들이 소형 아파트만 지었기 때문에 착시 현상이 나타난 것입니다. 부동산

아파트 투자는 사이클이다

대세 상승장에서 소형 아파트는 투기의 욕망에 맞물려 엄청난 폭등을 했습니다. 폭등한 집은 결국 폭락할 수밖에 없습니다. 많이 오른 만큼 조정을 거쳐 많이 떨어질 수밖에 없는 것이죠. 분양가 상한제에 적용되지 않는 소형 아파트의 분양가는 이제 '헉!'하는 수준까지 올라왔습니다. 분양가가 너무 높고 대출이 막힌 상황에서 분양 미계약이 나타나고 끝내 미분양까지 이어지면, 건설사는 태도를 바꿀 수밖에 없습니다. 온통 소형 아파트만 지었는데 미분양이 발생하고 분양률이 떨어지면 건설사는 소형 아파트의 공급을 조정할 수밖에 없습니다. 오래전 소형 아파트는 찬밥에 천덕꾸러기였던 반면, 90평에 달하는 대형 아파트에는 분양권 프리미엄까지 붙었습니다. 그러다가 경제 위기 여파로 대형 분양률이 떨어져 소형으로 전환했듯이, 이제는 반대로 소형에서 대형으로 전환하는 사이클이 도래했다고 볼 수 있습니다. 소형 아파트가 급등한 후 급락할 때, 상대적으로 적게 공급된 대형 아파트는 적게 오르고 적게 떨어질 수밖에 없습니다. 적게 올랐지만 적게 떨어진다는 것은 내 자산을 그만큼 지킬 수 있다는 뜻이고, 시장의 분위기도 공급이 부족했던 대형 아파트 쪽으로 다시 시선을 돌리고 있습니다. 원인과 결과를 분명히 하고 언론의 논조에 휘둘리지 말아야 할 이유가 바로 여기에 있습니다. 언론의 논조를 곧이곧대로 받아들이거나 전망이 아닌 자신의 믿음대로 '소형 아파트는 여전히 강세다!'라고 생각해서 소형 매물에만 관심을 기울이고 매수하다 보면 오른 만큼 떨어지는, 내 자산이 깎여나가는 걸 두 손 놓고 바라보는 수밖에 없는 상황을 맞닥뜨릴 수도 있습니다.

알고리즘에서 벗어나야
투자에 성공한다

전문가들이 예측을 내놓는 이유는
자신이 잘 알기 때문이 아니라 요청을 받았기 때문이다.
_존 케네스 갤브레이스

부동산 투자로 성공하기 위해서는 내가 아는 것이 진정한 앎인지 복기하고 편견을 깨트려야만 합니다. 대부분의 투자자가 최근 몇 년간 이어진 부동산 상승장에서 시장에 진입했습니다. 부동산 초보로 시장에 뛰어들어 유튜브나 책을 보며 많은 공부를 하셨겠지요. 그런 분들은 처음 접한 정보나 유튜버의 메시지를 부동산에 적용되는 단 하나의 가르침처럼 맹목적으로 받아들이기 쉽습니다. 유튜브 알고리즘은 관심 있는 주제에 대한 끊임없는 문어발식 확산으로 내 지식의 바다를 넓게 만들어주는 장점이 있지만, 내가 듣고 싶은 것, 내가 보고 싶은 정보만 줄줄이 접하게 돼 지식의 편견이라는 독을 낳을 수도 있습니다. '아파트 상승' 키워드로 검색하거나 상승 논조의 유튜브를 주로 시청하고 구독한다면 유튜브 알고리즘 역시 그와 유사한 콘텐츠를 끊임없이 추천하게 됩니다. 그러다 보면 어느새 '세상 모든 사람이 상승을 외친다!'고 세뇌되는 것이죠. 나뿐만 아니라 모두가 그렇게 생각하는 것처럼 보이기에 자신의 선택과 결과에 안심하게 되는 것입니다. 다수의 언론이 검증되지 않은 논조를 생산해내듯, 결과에 원인을 끼워 맞추는 방식에 유튜브 알고리즘이 큰 역할을 하게 됩니다. 이는 내가 경험하고 느끼고 검증한 지식이 아닌 한 방향의 메시지에 지속적으로 노출돼 결국 선택지가 없는 단 하나의 결정만이 유일한 답이라고 여기는 결과를 초래하게 됩니다. 그런 잘못된 추론의 예시가 앞서 말한 효율 중심의 일본 국민은 경차를 사랑하고, 우리나라는 소형 아파트가 가장 인기가 많다는 식입니다. 선택지가 오직 경차와 소형 아파트 뿐이기에 정해진 답이자 유일한 길을 선택할 수밖에 없는데 마치 소비자나 투자자가 원해서 그런 결과가 나온 것처럼 포장됩니다. 대중 심리와 규제와 상황에 따라 선호는 언제든지 바뀔 수 있습니다. 북한의 미사일 발사가 어제나 오늘이나 달라진 게 없지만, 그것을 받아들이는 시장 상황이 어떻냐에 따라 주식시장이 출렁이는 것과 마찬가지입니다.

앞서 '부동산으로 돈 벌었다는 사람을 부러워할 필요가 없다' 꼭지에서 소개했던 지인 기억나시나요? 2012년에 베란다 확장 완료, 입주 청소 서비스를 받아 48평 아파트를 분양가에서 40% 할인된 가격에 구매하고 정부의 규제 완화로 취득세는 1%를 납부한 에피소드의 주인공이죠. 지인의 형이 '의사인 자신도 아직 셋방살이하는데 어떻게 집을 샀냐? 로또라도 맞은 거냐?'라 물었다고 했죠. 들어보니 지인의 형이 재밌는 말을 했다고 하더군요. 수련의 시절에는 통과의례처럼 환자나 환자 보호자와 자잘한 시비가 붙어 한 번은 꼭 경찰서에 가게 된답니다. 그래서 의과대학에는 대대로 씁쓸한 꿀팁이 전해내려 온다고 하죠. 웬만한 환자는 과장을 좀 보태서 '오늘 밤이 고비다', '마음의 준비를 하셔야 한다'는 식으로 겁을 준다는 겁니다. 그러다가 환자가 건강을 되찾게 되면 보호자들은 의사를 마치 화타처럼 존경의 시선으로 바라본다고 합니다. 만약 순진한 의사가 곧이곧대로 '상황이 좋지 않습니다만 최선을 다해보겠습니다'라고 말했다가 환자가 잘못되기라도 한다면 대번 멱살을 잡힌다고 하죠. 웃지 못할 현실입니다. 진짜 의사와 가짜 의사에 대한 얘기도 있었습니다. 신도시에 오픈한 병원은 유형이 나뉘는데, 주6일 진료에 야간 진료까지 하는 병원은 의술을 널리 펼치기 위해서이거나 돈독이 오른 게 아니라 개업할 때 대출을 많이 받아서 그런 거랍니다. '모월 모일 원장님 TV 출연으로 인한 휴진'이 공지되는 병원이 있는데, 그런 병원의 의사는 가급적 피하라는 말도 하더군요. 방송국 작가들에게는 섭외가 큰 골칫거리라고 합니다. 방송계 생리상 한번 방송에 출연하여 검증된 사람은 섭외가 비교적 쉽기 때문에 여기저기에서 러브콜을 받는다고 하죠. 의사 역시 병원 홍보와 본인 브랜딩을 목적으로 한 번 방송을 타면 비슷비슷한 프로그램에서 계속 섭외 전화가 온다고 하더군요. 의사에게 어울리는 곳은 진료실인데, 어느덧 스튜디오에 더 어울리는 의사가 되는 셈입니다. 어떤 분야든 간에 생업에만 집중하는 분이 전문가로 성장할 가능성이 높습니다.

최근 지상파 3사를 비롯해 각종 예능 프로그램에서 유명 부동산 업자이자 부동산의 신으로 소개된 분이 사실은 공인중개사가 아닌

아파트 투자는 사이클이다

중개보조원이라는 것이 밝혀져 놀라움을 안겼습니다. 자격 여부는 아주 쉽게 확인할 수 있는데도 출연자의 말만 믿고 수십만 명이 시청하는 프로그램에서 전문가이자 공인중개사로 활동한 것입니다. 그는 방송에서 고객 자산을 6조 원 이상 불렸으며, 본인 역시 건물 7채를 지녔고, 집과 땅, 꼬마 빌딩을 뺀 자산이 500억 원이라고 말했습니다. 방송 섭외 전화가 와도 15%밖에 출연하지 못할 정도라고 밝히기도 했죠. 물론 그가 실제로 500억 자산가일 수도 있습니다. 하지만 간호조무사나 제약회사 영업사원이 수술을 할 수 있다고 해서 그들이 의사가 되는 것은 아닙니다. 어떤 상황이든 동일한 결과를 만들어 내는 것이 진짜 실력입니다. 운이 좋은 것과 진짜 실력의 차이이기도 하죠. 어느 날은 잘 풀리고 어느 날은 안 풀린다면 그것은 실력이 아닌 운입니다. 아이러니하게도 대중이 잘 모르는 분야일수록 전문가 행세를 하기가 쉽습니다. 한식 전문가 행세를 하긴 어렵지만 양식 전문가 행세를 하긴 쉽죠. 왜냐하면 우리는 양식에 대해 잘 모르기 때문입니다. 분명 오늘 밤이 고비라고 해서 마음의 준비를 했는데, 수술이 잘 끝났고 회복실로 옮긴다고 하면 내 눈앞의 의사는 죽을 사람을 살린 명의가 되는 것과도 같습니다. 부동산 역시 '저 사람은 임장을 엄청 많이 다녔다더라', '자산이 수십억 이라더라'는 말에 현혹되어서는 안 됩니다. 내가 부동산을 잘 모른다면 상대의 모든 말이 전문가의 가르침으로 보이기 쉽습니다.

월가의 영웅이라 불리는 피터 린치는 아내와 딸들과 쇼핑하면서도 투자할 종목을 발굴했다고 합니다. 기업이 주력하는 주 소비층의 성별과 나이에 부합하는 아내와 딸이 어떤 브랜드를 선호하는지, 어떤 상품과 서비스에 열광하는지 곁에서 보고 투자 아이디어를 얻은 적이 많았다고 하죠. 당시 발굴하여 투자한 종목은 청바지 메이커 갭GAP, 스타킹 회사 레그스Leggs, 미용 전문점 바디샵The Body shop, 멕시칸 요리 프렌차이즈 타코벨Taco Bell 등이라고 합니다. 세상이 어떻게 돌아가는 줄도 모를 정도로 바쁘게 살던 피터 린치가 아내와 딸을 통해 트렌드를 읽은 셈입니다. 실제로 그는 모든 주식 투자자가 고민하는 '그래서 어떤 종목을 살까?'에 대해 유명한 말을 남기기도 했습니다.

당신이 약간의 신경만 쓰면 직장이나 동네 쇼핑상가 등에서 월스트리트 전문가들보다 훨씬 앞서 굉장한 종목들을 골라 가질 수 있다.

부동산 입지와 임장에 대한 환상은 버리셔도 좋습니다. 월가의 영웅이 쇼핑과 삶에서도 투자 아이디어를 얻었듯, 동네를 거닐었을 때 '한번쯤 살아보고 싶은 집'이야말로 좋은 입지입니다. 나는 어떤 집에서 살고 싶은가를 스스로에게 물으면 됩니다. 직장까지 편히 갈 수 있는 교통이 확보됐는지, 아이들을 안전하게 등하교시킬 수 있는지, 청소년 자녀를 보낼만한 학원이 있는지, 낡고 오래되어 불편한 점은 없는지, 장 보러 갈 마트와 아이들이 아플 때 달려갈 병원은 얼마나 떨어져 있는지, 길은 넓은지가 모두 좋은 입지의 조건에 속합니다.

아파트 투자는 사이클이다

토지나 상가, 공장 부지 등 특수목적을 지니지 않은 이상 아파트의 입지는 결국 우리의 삶입니다. 우리가 우리의 삶을 충실히 살고 있다면 이미 아파트 입지를 정확히 파악하고도 남을 소양을 갖춘 셈이죠. 20대 청년의 경우 미래를 약속한 여자친구와 손을 잡고 뚜벅이 데이트를 하다가 '우리도 언젠가 돈 많이 벌면 저런 아파트에서 살 수 있겠지?'라 말한다면, 그 어느 전문가 못지 않은 삶의 눈과 절실함으로 입지를 파악한 셈입니다. 하지만 대부분의 부린이들은 '어디가 좋다더라', '어디가 오른다더라'고 찍어주는 전문가의 말을 듣고 우르르 몰려갑니다. 우르르 몰려가서 매수를 시도하니 집값이 안 오를 수가 없겠죠. 딴에는 전문가의 추천으로 현명한 선택을 했다고 생각하겠지만, 투자에 뛰어든 행위 자체가 이미 아파트 값을 올리는데 일조한 셈입니다. 만약 전문가라는 사람이 나쁜 마음을 먹는다면 여러 채 등기를 친 다음에 자기 집이 속한 단지를 향후 상승이 기대된다며 소개할 수도 있습니다. 앉은 자리에서 쉽게 시세 차익을 얻을 수 있겠죠. 설령 자신이 미리 매수하지 않았다 해도 신축 빌라 시행사로부터 리베이트를 받고 '세금 부담이 없는 1억 원대 수도권 빌라를 줍자!'는 영상을 찍어서 투자자를 꼬드길 수도 있습니다. 이럴 경우 물건의 하자나 리스크는 카메라에 담기지 않습니다.

'전문가들이 예측을 내놓는 이유는 자신이 잘 알기 때문이 아니라 요청을 받았기 때문이다.'라는 존 케네스 갤브레이스의 말을 상기할 필요가 있습니다. TV에 나오는 의사라고 해서 해당 분야의 최고 권위자인 경우보다는 방송 작가들의 섭외에 흔쾌히 응한 의사라 보는 편이 맞습니다. 주식 전문가든, 부동산 전문가든, 얼굴이 여기저기에서 보인다 해서 그 사람이 하는 말은 다 옳다고 생각해서도 안 됩니다. 저는 특정 지역 특정 아파트의 전망에 대해서는 얘기하지 않습니다. 저 역시 유튜브 채널을 운영하다 보니 콕 집어 어느 지역을 사라고 말해야 조회수가 잘 나온다는 사실을 모르지 않습니다. 간혹 인터뷰를 진행하는 분이 질문을 통해 특정 지역을 찍어주기를 유도하는 경우도 있습니다만, 시장 질서에 저해되는 건 아닐까 하는 우려 때문에 직접적인 언급은 피하고 있습니다. 대신 이런 얘기는 자주 합니다. '하락장이 끝날 것으로 예상되는 시기에는 눈을 감고 사도 오른다'고 말이지요. 다른 게 무엇이 더 필요할까요? 지난한 하락장의 시기에 묵묵히 인내하며 현금을 모으다가, 상승의 초입에 '우리도 언젠가 돈 많이 벌면 저런 아파트에서 살 수 있겠지?'라는 집을 찾아가서 매수를 문의하면 됩니다. 그때는 취득세도 바닥 수준일 것이고, 정부에서는 집을 사라고 나팔을 불고 있을 테니까요. 그래도 태반이 팔짱 끼고 안 살 테니 여유 있게 선택할 수 있습니다. 금리나 대출 조건도 상승장에 비하면 훨씬 좋은 조건일 게 분명하죠. 만약 꿈꾸던 아파트를 살 만큼 돈이 모이지 않았다면, 그 옆의 아파트를 눈여겨봐도 됩니다. 조금 더 저렴한 아파트라 할지라도 꿈의 아파트가 품고 있는 장점을 공유하고 있다면 충분히 욕심을 낼 만하겠지요.

프랑스 출신의 소설가 폴 부르제는 소설 「정오의 악마」 서두에 유명한 문장을 남겼습니다.

생각하는 대로 살지 않으면 결국에는 사는 대로 생각하게 된다.

One must live the way one thinks or end up thinking the way one has lived.

여러분이 '자신의 생각과 철학'이라고 믿고 있는 것이 실은 언론이나 다른 유명인의 말을 옮겨 말하는 수준에 불과한 경우가 있습니다. 정말 자기 것이 된 지식이라면 남에게 설명하고 가르칠 수 있어야 합니다. 최종적으로는 자신의 생각대로 행동할 수 있어야 진짜 지식이자 내 것으로 체화됐다고 말할 수 있죠. 행동하지 않는 지식과 생각은 아무 소용이 없습니다. 정보가 넘쳐나는 시대, 무조건적으로 받아들이고 맹신하기보다는 검증하고 행동하는 지식이 필요합니다. 많은 투자자가 자신만의 투자 철학 없이 언론이나 다른 투자 선배들의 말을 듣고 저지르듯 일을 벌인 후 그 투자와 선택을 합리화하기 위한 이유를 그럴듯하게 갖다 붙이곤 합니다. 지속가능한 투자는 늘 의심하고 자기 것으로 만든 후에야 비로소 가능합니다.

3장

다가오는 사이클에서
기회를 잡는 법

제발 청약에 목매지 마세요.
경매도 필요 없습니다

규칙1: 절대로 돈을 잃지 마라
규칙2: 규칙1을 절대 잊지 마라
Rule No.1: Never lose money.
Rule No.2: Never forget rule No.1.
_워런 버핏

--- · ---

워런 버핏
버크셔 해서웨이 CEO이자 최대 주주. 오마하의 현인으로 불린다. 세계 부자 순
위에서 항상 최상위권을 차지하는 최고의 투자자다. 버핏이 매년 연차보고서에
쓰는 주주 서한은 세계 투자자들의 필독서로 꼽히고 있으며, 자본가들의 축제로
불리는 버크셔 주주총회에는 버핏의 말을 들으려는 주주들이 세계 곳곳에서 수
만 명이나 몰려든다.

지방 발령을 받아 회사에서 제공한 사택에서 신혼 살림을 시작
한 부부가 있었습니다. 두 분 모두 검소하고 꼭 필요한 것에만 지출
하며 알뜰하게 살았죠. 일반적인 신혼부부라면 전세든 월세든 상당
한 규모의 주거 비용이 필요한데, 이 부부는 사택 덕분에 가장 큰 고
민을 해결한 셈이었죠. 집 때문에 돈 쓸 일도 없겠다, 서울에 비해 지
방은 물가도 싸고, 사택이라 직주근접이니 자동차를 구입할 필요도
없어서 자동차 보험과 유지관리비 역시 안 드니까 지방 근무를 마치

고 수도권으로 복귀할 때 즈음이면 동년배 부부보다 더 착실하게 자산을 불렸을 거라고 다들 생각했죠. 물론 당사자인 그 부부도 그렇게 생각했습니다. 그런데 막상 수도권에 복귀하고 보니 기대와는 전혀 다른 상황이 벌어져 있더랍니다. 사택에서 신혼을 시작한 자신들과 다르게 힘겹게 대출을 끌어와 집을 샀던 비슷한 조건의 부부는 그사이 집값이 상승해서 자산 또한 크게 늘었다고 하더군요. 반면 사택에서 아끼며 열심히 살았던 부부는 어느새 껑충 뛰어버린 전세보증금을 맞추기 위해 대출을 알아보고 있다고 했습니다. 참 아이러니한 게, 신혼 초반에 신혼집을 어렵지 않게 낮은 금액으로 구한 경우에는 부동산 투자에 대한 절실함이 여간해선 생기기 어렵습니다. 반면 고약한 임대인, 무례한 집주인을 만나거나 집 때문에 고생한 분들은 무엇보다 내 집 마련을 최우선 순위로 둡니다. 입주를 막 시작하는 대단지 아파트는 잔금을 치르기 위해 집주인이 전세를 싸게 내놓는 경우가 많은데, 운이 좋아 저렴한 전세보증금으로 새집에 들어가는 신혼부부는 집을 사야 한다는 생각을 못하고 새집과 주변 인프라를 즐기다가 집값이 오르고 보증금 역시 오르게 되면 그제야 당황하는 경우가 많습니다. 나쁜 집주인을 만나 '더러워서라도 집을 사고야 만다!'고 결심한 분들은 꼭 투자 목적이 아니더라도 내집 마련에 적극적으로 임하는 경우가 많죠. 그러다 집을 매도하여 시세차익을 맛보면 자연스레 부동산 투자에 발을 들이게 됩니다. 결혼이나 신혼집 마련 등 생애 전환기에서의 악연과 결핍이 오히려 투자의 세계에 눈을 뜨게 만드는 셈입니다. 안정적인 삶을 누리다 보면 굳이 변화의 필요성, 리스크가 있는 투자에 도전할 필요를 느끼기 어렵습니다.

아파트 투자는 사이클이다

이렇듯 부동산 투자로 돈을 벌고 싶으면서도 선뜻 나서지 못하는 분들을 보면 공통점이 있습니다. 청약에 미련을 못 버린다거나, 대출에 대해 부정적인 생각을 지닌 경우가 많죠. 이런 분들은 약속이라도 한 듯 안정적이고 보수적인 행동을 취합니다. 채우기 위해서 버려야 할 때가 있는데 이런 분들은 일단 손에 쥔 것을 들고 안전한 길로 가기를 바랍니다. 물론 청약은 새로 짓는 번듯한 아파트를 비교적 싸게 매매할 수 있는 좋은 장치입니다. 단, 청약이라는 좁은 문을 통과하는 선택받은 분이 극소수에 불과하다는 게 문제겠지요. 지난 대선 후보 토론회에서 청약 점수가 몇 점인지 아시냐는 질문이 나왔죠? 민간분양에서 청약 가점은 무주택기간 32점, 부양가족 수 35점, 입주자 저축 기간 17점의 합을 말합니다. 세 가지 기준 점수를 모두 합하면 총점 84점입니다. 쉽게 84점 만점인 시험으로 보시면 됩니다. 시험을 잘 보면 아파트를 상으로 받는 거죠. 2022년 2기 신도시인 파주 운정3지구 분양의 경우 당첨 최저 가점이 69점, 최고점은 75점 수준이었습니다. 청약통장이야 만들면 그만이고 집 없이 살고 있으니 노력 같은 거 안 해도 무주택 기간이 늘어나는 거 아니냐고 어려울 게 뭐 있나 싶겠지만, 사실 70점을 넘기는 것이 만만한 일은 아닙니다. 각 항목별 만점 기준을 살펴보면 이렇습니다. 무주택자로 15년을 살면 만점, 6명을 부양하고 살면 만점, 청약통장 가입일로부터 입주자 모집공고일까지 15년이 지나야 만점이니 허들이 결코 낮다고는 볼 수 없죠. 과장해서 표현하자면 중학생 때 청약 통장을 만들어 꾸준히 저축하면서 대학 졸업해서 바로 결혼하고, 전셋집이자 신혼집에 부모님과 장인, 장모님을 모시고 살면서 자녀를 한 명 낳아서 키우면 만점인 84점이 됩니다. 부양 가족 조건의 꼼수를 걸러내기 위해 부모님이든 장인 장모님이든 3년 이상 주민등록표에 등재돼야만 합니다. 잠깐 모셨다고 되는 게 아니라는 소리죠. 양가 부모님을 모실 수 없다면 아이를 다섯 명 낳으면 됩니다. 이것 역시 쉬운 일이 결코 아니죠. 흔히 국평(국민 평수 32~33평, 84A)에 청약 당첨되려면 청약점수가 70점은 넘어야 한다고 하는데, 무주택자로 15년, 청약저축을 15년간 해와서 두 항목이 만점인 상태에서 자녀가 둘인 경우 69점입니다. 자녀가 셋이 되어야 74점인데, 경제협력개발기구OECD 회원국 중 합계 출산율이 1명 미만인 나라는 대한민국이 유일한 상태에서 집을 위해 자녀 셋을 낳는 건 말처럼 쉬운 일이 아닙니다. 특히 요즘처럼 결혼도, 출산도 포기한다는 상황에서는 더더욱 어렵죠.

청약점수를 높이는 건 이처럼 어려운 시험이나 마찬가지인데, 청약에 연연하다 보면 상승장이든 하락장이든 집을 매매하기가 불가능에 가깝습니다. 속된 말로 본전 생각이 난다고 하죠. 상승장일 때의 심리는 이렇습니다. "집값이 미쳤네. 너무 비싸. 제값을 주고 사려면 역시 청약밖에 없어. 청약 당첨될 때까지 기다리자!" 물론 집값이 폭등했을 때는 청약이 유리합니다. 당첨만 된다면 말이죠. 그런데 대중심리는 집값이 쌀 때는 관심도 없다가 다들 부동산을 입에 달고 살면서 비싸지면 비싸질수록 사려는 수요가 몰리기 때문에 청약 경쟁이 평소보다 훨씬 치열해집니다. 높아지는 경쟁률에 반비례하여 당첨 가능성은 현저히 낮아지죠. 게다가 어차피 떨어질 거 찔러 보기라도 하자는 이들도 대거 몰려들다 보니 경쟁률이 어마어마합니다. 더

아파트 투자는 사이클이다

구나 분양가 상한제에 해당하는 서울 아파트는 당첨만 되면 차익 실현이 보장된 셈이니 복권을 사는 마음으로 청약에 도전하는 분도 많습니다. 아시다시피 복권 당첨이란 게 쉬운 일이 아니죠. 로또 청약에 당첨되는 것도 복권 당첨만큼 어려운 일입니다. 그렇다면 하락장에서는 또 어떨까요? 고점 대비 집값이 3~40% 떨어진 상황이니 누가 봐도 집값이 싸다고 볼 수 있죠. 상승장에서는 만날 수 없었던 '제값'일 수도 있습니다. 뿐만 아니라 하락장에는 수요가 뚝 끊기기 때문에 굳이 청약이 아니어도 오래되지 않은 신축 아파트를 비교적 저렴한 가격에 얼마든지 매매할 수 있습니다. 팔려는 매물은 많은데 사겠다는 수요가 적기 때문이죠. 초과 공급이라는 게 무조건 새집을 많이 지어야만 생기는 게 아닙니다. 매물은 많은데 부동산에 오는 사람이 없고 사려는 사람이 없는 상태가 곧 초과공급입니다. 하지만 신기하게도 할인 아파트를 매매하는 쉬운 길을 놔두고 굳이 기다렸다가 청약을 넣겠다고 하는 경우가 대부분입니다. 지금까지 무주택자로 버텨온 기간, 매월 꼬박꼬박 세금 내듯 저축한 청약통장이 눈에 밟히기 때문이죠. 집을 사버리면 버텨온 시간과 청약 기회가 사라져버리기 때문에 아까워서 차마 매매하지 못하는 겁니다. 그렇게 청약에 도전하는 사이 어느새 하락장이 끝나고 다시 상승장이 시작되면 '미쳐버린 집값' 때문에 다시 또 청약에만 도전하는 악순환이 반복되는 것이죠.

가점이 높아서 당첨 가능성이 높다면 청약을 활용하는 것이 당연히 좋습니다. 하지만 조금만 찾아보면 본인의 청약 점수가 몇 점인지,

당첨 가능성이 있는지 바로 확인이 가능한데도 계속 청약만 고집하는 건 오히려 기회비용을 날리는 셈입니다. 이는 마치 복권에 당첨될 거라 믿고 취업활동을 안 하며 백수로 지내는 것과 똑같습니다. '언젠가는 당첨될 거야, 당첨만 되면 인생 역전이야, 대박이라고!'라고 생각하며 부모님께 얹혀사는 셈이죠. 워런 버핏은 주식 투자와 관련하여 너무나 유명한 말을 남겼습니다. 바로 두 가지 투자 규칙입니다.

규칙1: 절대로 돈을 잃지 마라
규칙2: 규칙1을 절대 잊지 마라

많은 분이 간과하고 있는 게 있습니다. 투자는 '돈을 벌겠다' 보다는 '돈을 잃지 않겠다'는 마음으로 접근해야 합니다. 돈을 벌 때 리스크 관리를 해야 합니다. 높은 전세가율로 인한 전세 보증금과 매매가의 적은 갭 차이를 활용한 갭투자는 상승장일 때는 문제가 드러나지 않습니다. 매매가 1억5천만 원에 전세가 1억3천만 원인 집은 세금이나 부대 비용은 차치하고 2천만 원이면 내 것이 될 수 있습니다. 갭투자로 크게 실패하는 분들의 패턴은 하나같이 동일합니다. 갭이 작다는 건 애초에 좋은 물건은 아니라는 얘기입니다. 전세보증금이나 매매가나 별 차이가 없는데도 세입자가 돈을 조금 더 주고 그 집을 사지 않는 건 결국 언젠가 나갈 집이라는 소리입니다. 대안이 없어서 전세 살고는 있지만 굳이 이 집을 돈을 보태 사고 싶지는 않다는 뜻이죠. 반면 정말 갖고 싶은 집은 전세보증금과 매매가의 차이가 커서 사는 건 꿈도 꿀 수 없는 지경입니다. 강남 아파트들의 전세가율이

아파트 투자는 사이클이다

낮은 걸 보면 알 수 있죠. 그런데 갭투자자들은 큰돈 없이 등기 치는 재미로 금세 부자가 되는 상상을 하면서 여러 채씩 집을 사들입니다. 상승장 초입에는 전세가가 치고 올라가며 매매가를 밀어 올리기 때문에 갭투자 대상인 집의 호가도 오릅니다. 올라가는 호가를 보면 밥을 안 먹어도 배부르고 당장 부동산 부자가 된 느낌이 듭니다. 또한 세상에 나만큼 부동산을 잘 아는 사람이 없는 것처럼 느껴지죠. 명절에 친척들이 모였을 때 '아파트 열일곱 채 갖고 있어요.'라 말하면 부동산의 신이라도 강림한 것처럼 떠들썩해집니다. 주식 호황기에 명절이라 모였는데 펀드매니저인 조카에게 '그러면 뭐 사야 돼? 한 종목만 찍어줘 봐!'라 말하는 것과 똑같습니다. 하지만 갭투자로 성공하고 싶다면 상승장의 분위기에 너무 취하면 안 됩니다. 전세대란이 잦아지기 전에 빨리 매도해야만 하죠. 갭이 작은 집은 앞서 말씀드렸듯이 '언젠가 나갈 집, 내 돈 주고 사고 싶지는 않은 집'입니다. 입지가 좋고 갭이 큰 아파트는 상승장의 끝까지 계속 오를 수 있지만, 소액으로 갭투자를 한 집은 상승장의 마지막까지 파티를 즐길 수 없습니다. 그러기에 집값이 오르고 전세가가 폭등하며 전세대란이 벌어질 때 매도하고 빠져나와야 합니다. 하지만 거의 대부분의 갭투자자는 꼭지까지 버티려고 하다가 폭등장을 안정시키려는 정부의 강력한 규제를 정통으로 맞고 원점으로 강제로 돌아가 버리는 사태를 맞이하곤 합니다. 애초에 내재가치가 높은 집, 갭 차이가 큰 집이라면 규제가 있더라도 버틸만 합니다. 하지만 자기자본이 최소화된 상태, 한마디로 자금 여력이 크지 않은 상태에서의 무리한 욕심은 결국 정점에서 나락까지 한순간에 자신을 끌어내리고 말죠. 그런데 이런 분이 착실하게 보수적인 투자를 하는 걸 기대하는 것도 어렵습니다. '내가 한때 아파트를 서른 채까지 등기쳐 본 사람인데, 그때 총 자산이 얼마였는지 알아? 아파트 서른 채에 육십억이었다고, 육십억!' 이런 식이죠. '라떼는 말이야'하면서 상승장 때 몇 년의 영광에서 빠져나오지 않는 한, 성공투자를 기대하기는 어렵습니다.

경매도 다를 게 없습니다. 사람들은 왜 경매를 할까요? 더 싸게 사서 더 많은 이익을 남기기 위해서입니다. 상승장에서는 당연히 낙찰가가 올라갑니다. 경매의 특성상 경쟁 심리에 매몰되다 보면 오히려 실거래가보다 더 비싸게 낙찰받는 어처구니없는 상황이 벌어지기도 하죠. 더구나 경매는 청약과 마찬가지로 경쟁률 싸움입니다. 청약을 넣는다고 다 당첨되는 것이 아니듯, 아무리 열심히 경매에 도전한다고 해도 낙찰자는 단 한 명 뿐입니다. 경매는 배우고 익혀야할 것도 많습니다. 진입 장벽이 낮다고 볼 수 없죠. 하지만 높은 진입 장벽 대비 성공률은 무척 저조합니다. 악의적인 경매 학원의 경우 수강생이 낙찰 희망가를 얼마 써낼지 알기 때문에 미리 사람을 써서 수강생의 낙찰 희망가보다 조금 높은 금액을 써내는 경우도 있습니다. '정말 아깝게 떨어졌으니 공부를 더 해서 다시 도전하자!'는 것이죠. 경매를 배우기 위해 갔는데 강사가 공동투자를 권하는 경우도 있습니다. 이권과 개입된 사람은 결코 전문가가 아니며 그의 말을 듣고 투자해서도 안 됩니다. 부동산 시장이 활황인 시절 부동산 디벨로퍼가 다수 등장했습니다. 앞서 말씀드렸듯 이권과 개입된 사람의 투자 추천은 피하는 게 좋습니다. 부동산 전문가라 말하며 좋은 입지의 물건

아파트 투자는 사이클이다

을 추천해준다는 이들이 더러 있는데, 부동산 디벨로퍼라고 스스로를 소개하면서 빌라 건축, 대출에 발을 들이고 있는 상태에서 투자자에게 신축 빌라 매매를 권하는 경우는 신중히 접근하는 게 좋습니다. 어렵게 갈 필요가 없습니다. 하락장이 오면 경매보다 더 싸게, 경쟁도 없이 얼마든지 매매가 가능합니다. 투자의 목적은 잃지 않는 것, 그리고 돈을 버는 것입니다. 굳이 어렵게 돌아갈 필요가 전혀 없다는 것이죠. 하지만 사람들은 부동산 투자를 공부한다고 하면 상가 투자, 경매나 아파트, 토지 투자 등 부동산의 유형을 정하고 카테고리에 따라 공부하는 걸 부동산 공부라고 생각합니다. 투자의 본질은 싸게 사서 비싸게 파는 것입니다. 하락장에서는 모든 게 싼데, 사람들은 굳이 상승장에서 어렵게 공부해서 매매를 하려고 하죠. 영국의 신경과학자인 러셀 포스터는 TED 강연에서 아침형 인간과 저녁형 인간에 대해 이런 말을 남겼습니다.

> "제 경험상 아침형 인간과 저녁형 인간의 유일한 차이는 일찍 일어나는 사람들이 지나치게 우쭐댄다는 것입니다."

기상 시간 조절의 본질은 효율적인 시간 관리인데 아침형 인간만이 생산적인 사람인 양 생각한다는 것이죠. 투자도 마찬가지입니다. 본질은 시세차익이지 경매냐 상가냐 토지냐 아파트냐가 아닙니다. 제가 다른 유형이 아닌 아파트 투자를 연구하여 아파트 전문가가 된 이유는 부동산 투자 중 아파트가 투명한 시세를 통해 안전하게 접근해서 가장 큰 이익을 남길 수 있기 때문입니다. 그리고 가장 쉽게 큰 이익을 얻는 방법이 하락 사이클에서 매수하는 것이라는 걸 확신했기 때문입니다.

청약에 미련을 못 버리는 분이든 갭투자로 집을 늘려가는 분이든, 파이어족을 꿈꾸며 경매를 공부하는 분이든 당장은 잃는 게 없어 보입니다. 눈에 보이게 돈이 나가는 건 없으니까요. 하지만 당장의 돈보다 더 중요한 기회를 잃고 있습니다. 지방 사택에 살면서 알뜰살뜰히 살았던 부부가 현재에 만족하고 열심히 산다고 생각했기에 곁을 지나가는 기회가 미처 보이지 않았던 것처럼 말이죠. 청약에 연연하는 분들은 낮은 당첨 가능성, 복권에 당첨되는 것만큼 어려운 확률은 생각지도 않고 무조건 싸게 사고 싶다는 생각에 집을 살 기회를 날려 버리는 것입니다. 갭투자로 집을 늘려나가는 갭투자자는 더 벌 욕심에 내재가치가 낮고 그만큼 갭 차이도 적은 아파트를 상투까지 끌고 가려다가 매도할 기회를 잃는 것이고요. 기회를 잃는다는 것은 결국 부자가 될 시간을 저 뒤로 스스로 밀어 버리는 것입니다. 청약에 목매는 분들의 '더 싸게 사고 싶다'는 마음이나, 갭투자자의 '더 비싸게 팔고 싶다'는 마음이나 결국 '더 벌고 싶다'는 욕심과 욕망입니다. 워런 버핏의 말처럼 '어떻게 해야 잃지 않을까?'라는 질문을 투자의 제1원칙으로 삼는다면, 청약만 바라보고 있을 경우 내가 무엇을 잃게 될까, 이 집을 매도하지 않고 계속 버티면 매도의 기회를 잃게 되는 것은 아닐까? 하는 질문을 스스로에게 하게 됩니다. 진정한 부자는 '어떻게 하면 한푼이라도 더 벌까?'보다 '이만큼 벌고 있는데 어떻게 하면 잃지 않고 지킬 수 있을까?'로 투자와 리스크 관리 양쪽 모두를 생각하는 사람입니다. 상승장이 이어지리라 기대하는 건 '어떻게 하면 더 벌까?'에 초점이 맞춰진 것입니다. 상승장 이후의 하락장을 대비하는 것이야말로 워런 버핏의 제1규칙 '절대로 돈을 잃지 마라'에 부합하는 행위죠. 청약 당첨만을 노리며 집 살 기회를 날리는 것과, 상승장이 영원할 거라 믿고 집 팔 기회를 날리는 것은 본질적으로 일맥상통하는 실수라 볼 수 있습니다.

진짜 돈을 벌고 싶습니까?
그렇다면 정부를 욕하지 마세요

투자금을 지켜내고 보전하기 위해 가장 먼저 해야 할 일은
스스로 군중으로부터 벗어나는 것이다. 철저한 개인주의 방식으로
사고하는 게 필요하고 자기 자신을 지키는데 최선의 길이 무엇인지
진지하게 고민해야 한다. 다수 군중은 늘 평균치에 불과하고
그저 아무것도 아닌 한 사람에 불과하다.
소수의 성공적인 개인과는 정반대이다.
_제럴드 로브

———————— · ————————

제럴드 로브
월스트리트의 스타 주식 중개인. 1921년 주식투자를 처음 시작했을 때 1만3000달
러가 전 재산이었으나 1960년대 말까지 3억 달러의 재산을 모아 천문학적인
투자수익률을 기록한 것으로도 유명하다.
어린 시절 심한 소아마비를 앓아 고등학교까지만 교육을 받았으나 독학으로
공부해 금융시장과 증권 분야 관련 수많은 칼럼을 썼고, 파이낸셜 저널리즘
(Financial Journalism)의 초창기 개척자로 손꼽힌다. UCLA 경영대학원에서는
그의 뜻을 기려 1957년부터 전 세계 경제 및 금융 전문 언론인을 대상으로 제럴
드 로브 상(Gerald Loeb Awards)를 매년 시상하고 있다. 국내에 번역, 소개된
책으로 『목숨을 걸고 투자하라』가 있다.

한참 주식 광풍이 불었을 때의 일입니다. 여의도에서 일하는 지
인에게 평소 궁금했던 것을 물어봤습니다.

"근데 사람들은 왜 자기가 공부해서 주식을 살 생각을 안 하고 굳이 리딩방 같은 데 돈을 내고 정보를 얻는 거죠? 리딩방에 가입했는데 투자 손실을 봤다는 뉴스도 심심찮게 나오던데 말이에요."

지인의 대답은 무척 간결했습니다.

"리딩방에 가입하는 건 핑계 댈 사람이 필요해서죠. 투자 실패로 돈을 다 날려도 내가 날린 게 아니라 리딩방의 전문가들이 날린 거니까요. 만약 돈을 따면? 그건 다 내가 잘나서 돈을 번 것이고요. 사람들이 투자 공부를 진짜 안 해요. 다들 쉽게 벌려고 하죠."

뭔가 복잡하고 대단한 이유가 있을 줄 알았는데, 어떻게 보면 어이없을 정도로 단순한 말이었습니다. 생각해 보니 부동산도 크게 다를 게 없더군요. 지금부터 드릴 말씀은 듣는 분에 따라서 무척 불편한 얘기일 수도 있습니다. 하지만 이 단계를 넘어서지 못한다면 여러분이 부동산으로 돈을 버는 것은 어렵다고 봐야 합니다. 좋은 약은 입에 쓰다고 하는데, 제가 드리는 말씀은 듣기에 불편하고 지금껏 상식처럼 의심 없이 받아들였던 것과 배치되는 말일 수 있습니다. 만약 반발심이 크게 든다면, 딱 그만큼 부동산으로 돈을 벌 수 있는 능력과 멀리 떨어져 있다고 생각하시면 됩니다. 아래의 질문을 보면서 여러분은 이에 대해 평소 어떻게 생각하셨는지 점검해보시기 바랍니다.

1. 부동산 규제 때문에 집값이 올랐다?

문재인 정권의 부동산 규제가 여러모로 빈틈이 있었던 건 사실이지만, 정부의 규제 때문에 집값이 오른 건 아닙니다. 2008년 서브프라임 모기지론 사태 이후 기축 통화국인 미국 정부는 무지막지한 달러를 풀었습니다. 시중에 돈이 남아도니 미국 증시는 끝없이 우상향했죠. 코로나 팬데믹 이후 전세계 정부는 돈을 풀어 유동성을 공급했습니다. 사회적 거리두기로 비대면이 일상화되면서 소비심리가 묶이고 남아도는 돈은 주식과 부동산 시장에 몰렸습니다. 어느 정부든 인플레이션보다 디플레이션을 두려워합니다. 물가가 오르는 게 인플레이션이고, 디플레이션은 반대로 물가가 떨어지는데 경제마저 안 좋은 상황을 뜻합니다. 디플레이션의 개념이 어렵다면 옆나라 일본을 떠올리면 됩니다. 흔히 '잃어버린 30년'을 말하는데, 일본이 30년 동안 잃어버린 것 중 하나는 소비입니다. 수요는 감소하고 물가와 생산성마저 떨어져서 기업의 이익도 줄어드는 상황이죠. 물가가 떨어지니 돈의 가치는 상승하지만 부채의 실질가치 또한 상승합니다. 은행에서 돈을 빌린 기업은 상환 부담이 커지죠. 이윤은 줄어드는데 사람들이 소비는 안 해서 이윤 개선의 여지가 보이지 않고, 소비를 안 하니 생산도 줄고, 현금이 돌지 않아 기업의 부채 상환 부담이 증가하는데 경기는 갈수록 침체되어 소비를 안 하니 물가는 더욱 하락하는 악순환이 이어집니다. 일본의 극우세력이 한국에서 다시 한번 전쟁이 일어나길 바라는 건, 일본의 디플레이션은 일본의 노력으로는 도저히 헤어나올 수 없는 늪이기 때문입니다.

아파트 투자는 사이클이다

치명적인 독과 같은 디플레이션보다는 고통스러운 인플레이션이 낫기에 세계 각국 정부는 돈을 풀어서 경기를 부양했습니다. 우리나라뿐만 아니라 세계 각국의 주식시장이 바닥을 찍고 상승했고, 비트코인을 비롯한 코인 시장도 떡상했습니다. 상승장이었던 부동산 시장 역시 광기라 불러도 좋을 만큼 폭등했죠. 이 상황이 우리나라를 포함한 세계의 공통된 거시적 경제상황이었습니다. 정권이 유능해서, 또는 무능해서가 아니라 글로벌 흐름이 동일하게 상승장으로 흐르고 있었다는 것이죠. 물론 임대차 3법은 시기적으로나 세밀한 접근으로나 아쉬움이 있었고, 임대차 3법 때문에 전세가 폭등하면서 전세가가 집값을 밀어 올린 것은 사실입니다. 하지만 규제라는 건 시장을 안정화시키기 위해 내놓는 것입니다. 선후 관계를 명확히 해야 하죠. 규제는 해열제와 같습니다. 해열제를 먹어서 열이 나는 게 아니라 열이 나기 때문에 해열제를 먹이는 것입니다. 그런데 해열제를 먹인다고 해서 바로 열이 떨어지지는 않죠. 부동산 규제도 마찬가지입니다. 폭등이라는 열이 오른 뒤에 규제라는 해열제를 먹이죠. 하지만 먹자마자 열이 뚝 떨어지진 않습니다. 만약 해열제를 먹이고도 열이 39도까지 돼서 응급실에 가야 하나 고민할 즈음, 일을 끝내고 온 남편이 이렇게 소리친다면 어떻게 받아들이시겠습니까?

"당신 미쳤어? 왜 해열제를 먹여서 열이 39도나 되게 만든 거야?"

여기서 남편이 실수한 건 뭘까요? 열이 계속 오르고 있어서 체온을 낮추고자 해열제를 먹인 건데 선후 관계를 잘못 파악하여 해열제를 먹여서 열이 오른다고 판단한 것이죠. 아이든 성인이든 체온이 40도가 넘으면 극도로 위험합니다. 부동산 시장 역시 36.5도를 유지하는 게 가장 좋습니다. 열이 정상 체온 아래로 떨어지는 것도, 40도로 고열이 나는 것도 문제죠. 정권을 연장하고 표를 얻기 위해선 정상 체온, 36.5도가 가장 좋습니다. 집을 사는데 문제가 없어야 하고, 파는데도 문제가 없어야 하죠. 그런데 약은 언제 먹을까요? 36.5도 정상 체온일 때는 약을 먹지 않습니다. 체온이 37.5도 정도일 때는 주의하며 지켜보는 경우가 대부분입니다. 아이에게 약을 많이 먹이는 건 좋을 게 없다는 걸 알기 때문이죠. 시장경제 역시 규제는 많이 가해봤자 좋을 게 없다는 걸 정부 역시 잘 알고 있습니다. 그러다가 누가 봐도 안 되겠다 싶은 38도 즈음엔 약을 먹일 수밖에 없습니다. 정부의 규제도 이와 같습니다. 시장이 정상이거나 조금씩 상승할 때는 시장에 개입할 이유가 없습니다. 조금 뜨겁다 싶어도 지켜만 보죠. 그러다가 38도를 넘어서면 '이거 큰일나겠다.' 싶어서 해열제와 마찬가지인 규제를 꺼내는 겁니다. 39도를 넘어서면 119를 부르고 응급실에 가듯이 막판에는 마지막 한 방과도 같은 전방위적인 강력한 규제를 꺼내듭니다. 오해해서는 안 되는 게, 정부가 시장을 규제하는 건 열을 내리기 위함이지 활활 불태우려고 규제하는 정부는 세상 어디에도 없습니다. 2022년 대선을 통해 정권이 교체된 건 결국 정부의 규제 때문에 집값이 올랐다고 생각하는 무주택자와 바뀐 정권이 규제를 풀어 집값을 더 올려줄 거라 생각하는 다주택자의 콜라보라고 볼 수 있습니다. 아이러니하게도 집이 없는 사람과 집이 많은 사람의 열망이 정권을 교체한 것이죠. 20~30대 남성의 지지율, 강남, 용산, 마포

아파트 투자는 사이클이다

구의 대선 당시 현 정권 지지율을 보면 무주택자와 다주택자의 콜라보라는 걸 알 수 있습니다. 역설적이게도 무주택자는 규제 때문에 집값이 올랐다고 하는데 다주택자들은 규제만 풀리면 다시 집값이 오를거라 생각했다는 것이죠. 결론적으로는 다주택자의 판단이 맞습니다. 규제의 누적 효과는 늘 다소 늦게 나타납니다. 해열제를 먹고 나서 시간이 어느 정도 흐른 후에 열이 내리는 것과 똑같습니다. 세금과 대출 규제를 풀면 다주택자의 바람대로 집값은 다시 상승할 수밖에 없죠. 규제 때문에 집값이 올랐다고 주장하는 건 해열제를 먹여서 체온이 올라갔다는 것과 똑같은 논리입니다. 냉정한 얘기지만 무주택자나 서민이 정부를 탓할 때 다주택자와 부자는 정부의 정책을 어떻게 이용할까를 궁리합니다. 승자가 누구인지는 뻔한 얘기입니다.

2. 규제 때문에 집값이 올랐다면 왜 하향 안정화되는 대구 지역 규제를 풀어달라는 걸까요?

언론이든 부동산을 다루는 유튜버든 대부분 전 정권의 규제 때문에 집값이 올랐다는 메시지를 생산했습니다. 그리고 2022년에도 상승장은 계속 이어질 거라 전망했죠. 대선 이후 집값이 한 번 더 출렁일 것이다, 지방선거일인 6월 1일 이후 출렁일 것이다, 라며 계속 집값이 들썩일 거라 말했지만 서울을 포함한 수도권 지역에서 미분양이 발생하며 거래량이 뚝 떨어지고 하락의 전조가 보이기 시작했죠. 대구 지역은 이미 미분양과 그로 인한 하락세를 보이고 있습니다. 그러자 슬금슬금 대구를 조정대상지역에서 해제해야 한다는 말이 나왔죠. 인터넷 검색창에 '대구 해제'만 쳐봐도 '대구 주택시장 조정대상지역 해제 미룰 일이 아니다', '해제 기대감 상승... 부동산 시장 들썩', '기대감 솔솔', '해제 요구 빗발' 등의 기사 제목이 줄줄이 나옵니다. 그런데 분명 전 정권 당시 언론이며 유튜버며 온통 '규제 때문에 집값이 올랐다'라고 한목소리를 냈죠. 미숙한 정부의 섣부른 규제 때문에 집값이 올라 2, 30대는 근로소득으로 집을 살 수 없다며 성토하는 분위기였습니다. 만약 정말로 규제 때문에 집값이 폭등했다면, 규제를 풀어야 하는 지역은 하락세를 보이는 지역이 아니라 여전히 집값이 폭등하는 지역의 규제를 완화해야겠죠. 그런데 엉뚱하게도 조정대상지역 해제 목소리가 가장 큰 곳은 2022년 전국에서 가장 먼저, 그리고 가장 많은 하락폭을 기록하고 있는 대구입니다. '집값 안정화'의 열망으로 정권이 교체됐다면 집값이 쭉쭉 빠지고 있는 대구지역은 오히려 정상화를 향해 가는 지역입니다. 그렇기에 군이 규제를 풀 필요가 없죠. 한마디로 "왜 애한테 해열제를 먹여서 열이 40도 가까이 나게 만드는 건데? 당신 미쳤어?"라고 성을 내다가 "지금 우리 애 체온이 39도에서 37도로 떨어졌잖아! 왜 자꾸 떨어지는데? 이런 데도 보고만 있을 거야? 다시 열나게 이불이라도 덮어주라고!"라 짜증 내는 것과 같은 상황입니다. 이러면 엄마는 어떤 생각이 들까요? 나더러 어쩌라는 건지 화가 나겠죠.

의사들도 체온이 38도 정도일 때는 가급적 해열제를 먹이지 않을 것을 추천합니다. 약이든 독이든 해독을 맡은 장기인 간에 무리를 주는 건 매한가지이기 때문이죠. 시장 역시 정부의 개입보다는 자연 그대로인 상태로 놔두는 게 좋습니다. 시장이 과열돼도 위험하지

　　　　　　　　아파트 투자는 사이클이다

않은 정도라면 구태여 해열제인 규제를 들이댈 필요가 없죠. 반대로 열이 내리고 있다면 당연하게도 약을 먹이고 규제할 필요가 없습니다. 열이 내리고 있다면 정상화되고 있다는 것이니까 그냥 내버려 두면 되죠. 대구 지역은 과열된 투기 심리가 꺾이고 있는데 조정대상지역 해제를 부르짖는 건, 규제가 폭등을 가져오는 게 아니라 규제의 기본 목적이 시장 과열을 억누르는 해열제라는 걸 언론과 다주택자 스스로 고백하는 셈입니다. 규제는 폭등의 열기를 식히고, 규제 완화는 꺼져가는 시장에 불씨를 제공하는 것이죠. 대한민국에서 가장 큰 낙폭을 보이는 대구에 가장 먼저 규제 완화를 하자고 나서는 것은 대구 지역 집값을 다시 올려달라는 소리입니다. 잊지 마시기 바랍니다. 규제는 과열 방지, 규제 완화는 시장 부양입니다. 규제가 해열제라면, 규제 완화는 몸살에 걸려 추워하는 아이에게 이불을 덮어주듯 거래가 끊기고 집값이 계속 하락할 때 규제를 완화하는 것이죠. 결국 그간 반복 생산된 '규제가 집값 폭등을 불렀다!'는 메시지는 정확한 논리나 합리적 판단이 아닌 메신저의 이익을 위해 현실을 왜곡했다는 것을 입증하는 꼴입니다. 열이 떨어지는 아이에게는 해열제도, 이불도 필요 없습니다. 자연 그대로 내버려 두면 아이는 정상 체온으로 돌아갑니다. 대구는 지금 정상 체온으로 돌아가는 아이인데 왜 규제 완화, 쉽게 말해 두꺼운 이불로 다시 불씨를 지피고 체온을 높이자고 하는 걸까요? 그들은 집값이 오르기를 바란다는 소리입니다. 규제를 완화해야만 집값이 오른다는 걸 언론사들은 알고 있다는 얘기지요. 결국 가장 먼저 대구 지역 규제가 완화됐습니다. 물론 규제가 완화돼도 미분양 물량이 이미 등장했기 때문에 완화의 효과가 없습니다. 시장 하락의 초기 시그널은 미계약으로 인한 미분양이며, 가장 강력한 시그널은 입주 후 미분양입니다. 완공하여 입주를 시작했는데도 빈 집이 넘쳐나는 게 폭락기의 가장 대표적인 시그널이죠. 미분양이 발생하면 어떤 노력으로도 하락의 방향을 돌리기에는 늦었다고 봐야합니다. 미분양이 발생하지 않은 세종이나 서울의 규제를 완화한다면 다시 투기의 불이 타오를 것입니다. 아직 상승심리가 남아있는 지역은 체온 38도인 상황과 같습니다. 규제라는 해열제를 먹였으니 내버려 두고 지켜보면 됩니다. 아직 체온이 정상으로 돌아오지 않았는데 섣부르게 약 먹이기를 중단하면 다시 열이 오르는 것과 똑같습니다.

소아마비는 5세 미만의 영유아가 감염되는 무서운 질병입니다. 뇌신경 조직 손상으로 신체 마비와 변형이 생기는 질환이죠. 1921년 주식투자를 처음 시작할 때 전 재산이 1만3000달러에 불과했으나 1960년대 말에는 3억 달러까지 재산을 불린 제럴드 로브는 어릴 적 소아마비를 앓았고, 교육이라곤 고등학교까지가 전부였습니다. 하지만 그는 2천만 원이 안 되는 돈을 3천억 원 넘게 불린 스타 투자자였습니다. 1960년대에 3억 달러니까 지금 가치로 따지면 3조 원을 훌쩍 넘기는 가치일 것입니다. 그런 그는 투자금을 지키기 위해 가장 먼저 군중으로부터 벗어날 것을 요구했습니다. 다수 군중은 늘 평균치에 불과하고 그저 아무것도 아닌 한 사람에 불과하다고 말했죠. 그가 볼 때 군중은 소수의 성공적인 개인과는 정반대에 서 있는 무리일 뿐이었습니다. 수많은 이가 규제를 탓하고 정부를 욕한다고 해서 그게 내 자산을 불려주지는 않습니다. 초보 주식 투자자가 리딩방에 돈을 맡기는 게 어찌 보면 핑계 댈 대상을 찾기 위해서이듯, 내가 부동산으로 돈을 벌지 못하고 집을 사지 못하는 걸 정부 탓을 하는 것도 결국은 핑계에 불과합니다. 주식이든 코인이든 부동산이든 돈을 번 이들은 하나같이 내가 잘해서 돈을 벌었다고 어깨가 으쓱해져서 주변 사람에게 자꾸 자기처럼 투자하라고, 투자하지 않는 겁쟁이들은 결국 가난한 삶을 벗어나지 못할 거라며 으스대곤 하죠. 그러다 투자에 실패하고 내 돈이 깎여나가면 모든 걸 정부 탓을 합니다. 그러고는 내 손실에 대해 왜 아무도 책임지지 않느냐며 정부가 보존해 줘야 하는 거 아니냐는 말까지 나오죠. 실제로 윤석열 정부에서는 투자로 인한 손실을 보존하겠다는 선심성 정책을 꺼내 들기도 했습니다.

투자로 돈을 번 게 내 탓이라면, 투자로 돈을 날린 것도 내 탓입니다. 정치 성향을 떠나 언제든 핑계 댈 수 있는 존재를 마련해두는 건, 결국 투자로 재미를 못 보는 군중 속의 한 명이 되겠다고 자처하는 것과 마찬가지입니다. 소아마비를 앓고 교육도 제대로 못 받았지만 결국 스타 투자자가 된 제럴드 로브가 쓴 책 『목숨을 걸고 투자하라』는 미국 역사상 가장 길고 끔찍했던 대공황 시절인 1935년에 초판이 쓰여졌습니다. 주식시장이 꿈같은 폭등장을 지나 지옥같은 폭락장을 겪고 그 후로도 오랫동안 회복의 기미가 보이지 않던 대공황 시기에 책을 썼다는 뜻이죠. 『목숨을 걸고 투자하라』가 투자자에게 명저로 손꼽히는 건, 누구나 투자했다 하면 돈을 벌 수 있었던 꿈같은 폭등장이 아니라 대공황의 한복판에서 주식 투자자를 위로하고 응원하는 마음을 담아 쓴 진심이 담긴 책이기 때문입니다. 상승장에는 모두가 꿈을 꾸고, 내 귀에 들려오는 모든 말은 달기 마련입니다. 하지만 더 높은 도약을 준비하며 지속가능한 성공투자의 초석을 마련하는 건 끝이 보이지 않는 터널과도 같은 조정과 하락기라는 걸 잊지 마시기 바랍니다. 진짜 부자는 높은 도약을 위해 하락장에서 낮게 웅크리기 마련입니다.

아파트 투자는 사이클이다

쉬는 것도
투자다

'잭팟을 터뜨렸다고 말하는 사람들을 부러워해서는 안 된다.
이것이 성공적인 투자의 핵심이다.
_워런 버핏

———————— · ————————

한 때 N잡이라는 말이 유행처럼 번졌습니다. 스마트스토어 창업이나 블로그를 통한 광고 수익 창출 등 직장인의 월급만으로는 살 수 없으니 근로소득 외 다른 추가 수익, 일명 파이프라인을 만들어야만 한다는 게 절대 명제처럼 받아들여졌죠. 스마트스토어를 창업해서 1년 만에 연매출 몇 억을 기록했다거나 월 천만 원의 매출을 올린다는 등 광고 아닌 광고 같은 콘텐츠도 우후죽순 쏟아졌습니다. 마치 동참하지 않으면 바보가 되는 것 같은 상황이 벌어졌죠. 실제로 많은 분이 스마트스토어 창업을 하거나 부업으로 SNS채널을 개설하기도 하셨습니다. 그런데 결과는 어떤가요? 광고처럼 부업을 통해 한 달에 천만 원 씩의 부수입을 얻은 분이 혹 주변에 있던가요? 만약 말 그대로 한 달에 천만 원의 순수익이 창출되는 블루오션이라면, 조용히 혼자만 알고 있다가 한 달에 천만 원이 아니라 삼천만 원, 오천만 원 식으로 순수익을 늘려나가면 되는데 왜 굳이 나서서 '이렇게 좋은 부업이 있는데 아직도 모르세요? 당신도 할 수 있습니다!'라고 광고하는 걸까요? 이렇게 좋은 거니 너도 해라, 쉽게 돈 벌 수 있다는 건 전형적인 다단계, 폰지 사기의 주장과 크게 다를 게 없습니다. 다른 사용자를 그 판에 적극적으로 끌어들인다는 건 경쟁자가 적은 블루 오션을 자발적으로 레드 오션으로 만드는 셈입니다. 왜 그들은 자신이 참여하는 시장을 레드 오션으로 만들려는 걸까요? 더구나 '누구나 할 수 있다'는 건 난도가 높지 않은 쉬운 일이며 진입장벽이 낮다는 뜻입니다. 참여자가 적고 일도 어렵지 않은 블루 오션이라면 비교적 쉽게 이익을 낼 수 있습니다. 하지만 누구나 쉽게 할 수 있어서 다들 뛰어들게 된다면 이익은 급속도로 줄어들 수밖에 없죠. 먹을 수 있는 파이의 크기는 정해져 있는데 먹을 입이 많아지면 내 입에 들어오는 조각이 작아지는 건 당연한 이치입니다.

전문직이 일반직보다 더 많은 돈을 버는 건 아주 간단한 이유 때문입니다. 아무나 할 수 없는 전문적인 일을 하기 때문이죠. 사회에서 흔히 '사'자(字) 직업이라고 말하는 의사, 변호사, 회계사, 변리사 등의 전문직은 진입장벽이 아주 높기 때문에 소수의 사람만이 참여할 수 있습니다. 그리고 전문직 종사자들은 다른 이들에게 '이 일이 벌이가 좋으니 당신도 해라!'라고 권하지 않습니다. 좋은 걸 몰라서가 아니라 전문직이 될 수 있는 사람은 소수이기 때문이죠. 쉽게 월 천만 원을 벌 수 있다, 누구나 할 수 있다, 이제는 당신 차례라고 말하는 게 진실이라면 그 누가 청춘을 다 바쳐 어렵게 공부를 하고 전문직이 되려 할까요? 비단 전문직뿐만 아니라 투자도 마찬가지입니

아파트 투자는 사이클이다

다. 누구나 돈을 벌 수 있다는 건 아무도 돈을 벌 수 없다는 것과 다를 게 없습니다. 세상 모든 사람이 다이아몬드를 갖고 있다면 사람들은 더 이상 다이아몬드를 갖기 위해 노력하지 않을 것이며, 다이아몬드를 봐도 가슴이 뛰지 않을 것입니다. 상품의 가치는 희소성과 비례합니다. N잡 열풍이 불었을 때 정작 돈을 번 건 누구나 돈을 벌 수 있다며 사람들을 끌어모으는 사람뿐입니다. 스마트 스토어로 돈을 벌 수 있다고 말하는 사람들은 스마트 스토어가 아닌 스마트 스토어를 창업하고 관리하는 강의를 팔아서 돈을 벌었습니다. 블로그에 글을 써서 돈을 벌 수 있다는 사람들은 블로그가 아닌 블로그에 글 쓰는 법을 팔아 돈을 벌었습니다. 누구나 할 수 있는데 돈도 많이 벌 수 있는 일은 세상에 단 한 개도 없습니다. 돈은 아무나 할 수 없는 일에 따라 붙습니다. 누구나 부자가 될 수 있는데 실행하지 않는 당신이 문제라며 지금 당장 함께하자는 말은, 돈 버는 방법을 파는 게 아니라 영원히 가난하게 살 것만 같은 공포를 파는 것입니다. 나에게 동기부여를 해서 실행하게 만드는 게 아니라 수수료 장사를 하기 위해 설득하는 것입니다. 진짜 실력자는 그가 사는 강남의 고층 아파트나 그가 타는 수입차를 보여주지 않습니다. 월수입이 얼마이고 자산이 얼마라는 걸 자기 입으로 말하지 않습니다. 실력자는 현혹하지 않습니다. 오랫동안 투자 시장에서 살아남아 왔다는 걸 그저 증명할 뿐입니다. 의사는 자신이 의사라는 것을 증명하기 위해 자신의 계좌나 집과 차를 보여줄 필요가 없습니다. 의사는 환자를 치료하는 것으로 자신을 증명합니다.

얼마 전 택시를 탔는데 기사님이 말씀이 많은 편이셨습니다. 어떻게 하다 보니 주식 이야기가 나왔죠. 기사님이 한때 금융 관련 업종에서 일하셨다고 하면서 종목 이야기를 하다가 갑자기 주식 방송 얘기를 하시더군요. 전문가랍시고 나와서 종목 추천을 하는데, 웃기는 이야기라는 겁니다. 그렇게 좋은 종목이면 혼자 몰래 알고 있다가 빚내서 사서 혼자 부자 되면 되지 그걸 왜 다 알려주느냐는 것이죠. 좋다고 소문내면서 다른 이들을 끌어들이는 건 결국 많은 사람이 모여야만 자기에게 이익이 되기 때문입니다. 예컨대 증권사는 주식이 상승하든 하락하든 개미가 돈을 잃든 벌든 아무 상관이 없습니다. 증권사는 오직 개미가 거래를 많이 하는 게 중요합니다. 거래를 많이 하면 할수록 수수료라는 이익을 얻기 때문이죠. 증권사에서 주관하는 실전투자대회는 결국 단타를 치지 않으면 우승할 수 없습니다. 증권사에서 상금을 걸고 실전투자대회를 주관하는 이유는 트레이딩 위주로 주식투자 문화를 조성해서 너나 할 것 없이 사고 팔아야 증권사가 수수료 장사를 할 수 있기 때문입니다. 우스갯소리로 빌게이츠가 우리나라에서 태어났다면 글로벌 기업의 창업자이자 오너가 아니라 PC방 사장이 됐을 거라는 얘기가 있죠. 마찬가지로 워런 버핏이 우리나라에서 태어났다면 평생 증권사 주관 실전투자대회 입상 같은 건 꿈도 꾸지 못했을 겁니다.

시장에 유동성이 풀리면서 2, 3년 동안 전국민이 부자의 꿈을 꾸는 투기 열풍이 불었습니다. 부의 추월차선이라는 말은 하나의 고유명사처럼 여겨지며 모두 부의 추월차선을 외치게 되었죠. 특히 부동

아파트 투자는 사이클이다

산에서의 투기 심리가 굉장했습니다. 부동산은 주식이나 코인에 비해 레버리지를 일으키기가 쉽고 상대적으로 큰돈이 오가다 보니 부동산으로 돈 벌었다는 주변 사람들의 이야기가 종교의 간증처럼 떠돌게 되었습니다. 그런데 다들 간과하는 게 있습니다. 『부의 추월차선』의 저자 엠제이 드마코는 3F를 부의 3요소로 꼽았습니다. 가족Family, 건강Fitness, 자유Freedom의 영어 앞글자를 딴 3F가 충족될 때 진정한 부와 행복을 얻을 수 있다고 했죠. N잡 열풍, 투기 열풍이 불 때 사람들은 어떻게 하면 더 많이 벌 수 있을까만을 생각했습니다. 많이 벌려면 필연적으로 더 많은 시간을 투입해야만 합니다. N잡이나 투기나 투자를 위해서는 직장 근로시간 이외의 여가 시간을 써야만 하죠. 결국 부의 3요소 중 가족Family과 함께할 시간을 줄여야 하고 건강Fitness을 위해 쓸 시간을 줄여야만 합니다. 당연히 선택할 수 있는 자유Freedom를 포기하고 오로지 투자에만 몰두해야 하죠. 부의 추월차선에 올라타서 부자가 되겠다면서 오히려 부자의 3요소를 포기하는 셈입니다. 친척 누가 아파트를 샀는데 몇억이 올랐다더라, 옆부서 김과장이 청약 당첨됐는데 P가 벌써 1억이 붙었다더라는 소리를 들으면 나만 뒤처지는 것 같고, 남들은 다 부의 추월차선으로 저만치 앞서가는데 나 혼자 가난의 인도에서 걷고 있는 것만 같습니다. 한때는 이런 말도 떠돌았죠. '현금을 가지고 있는 건 바보다', '인플레이션 시대에 현금을 쥐고 있는 건 돈이 줄어드는 걸 바라만 보고 있는 것이다', '전세 사는 건 멍청한 짓이고 월세 살면서 투자를 해라'.

아파트값이 폭등하던 투기 시대에는 상승에 반론을 제기하면 무조건 무주택자로 몰리거나 투자를 안 해본 벼락거지 취급을 당했습니다. 이견을 제시하면 단박에 '큰돈을 벌어본 적이 없으니 그렇게 말하는 거'라고 매도하는 경우도 비일비재했고요. 그런 유치한 논리로 따진다면 2020년~2021년에 부동산으로 돈 좀 버신 분 중 워런 버핏보다 더 많은 돈을 벌고 워런 버핏만큼 수익률이 좋은 사람이 있던가요? 아니면 워런 버핏처럼 90세가 넘도록 수십 년간 투자의 세계에서 퇴출당하지 않고 여전히 지속 가능한 투자자로서의 삶을 사는 이가 있던가요? 만약 부의 추월차선에 올라타지 않으면 벼락거지가 되고, 인플레이션 시대에 현금을 들고 있으면 미련한 사람으로 낙인찍히는 세상에 살았다면 워런 버핏은 결코 부자가 되지 못했을 겁니다. 워런 버핏은 2020년 8월 90세 생일을 앞두고 월스트리트저널과 이메일 인터뷰를 하며 자신의 자산 90%를 65세 이후에 벌었다는 것을 강조했습니다. 사람들은 워런 버핏을 천문학적인 부를 지닌 투자의 귀재로만 알고 있지 노년에 폭발적인 자산 증식을 이뤄냈다는 건 모르고 있습니다. 워런 버핏은 '잭팟을 터뜨렸다고 말하는 사람들을 부러워해서는 안 된다. 이것이 성공적인 투자의 핵심이다.'라는 말을 했습니다. 부동산 자산이 100억이라더라, 코인으로 수십억 벌어서 포르쉐를 탄다더라 따위의 말에 현혹되어서는 안 된다는 것입니다. 제가 한 말이 아니라 세계 최고 부자 중 하나인 워런 버핏이 한 말이니 믿으셔도 좋습니다. 주식을 비롯해 모든 투자에는 한가지 단순한 진리가 있습니다. 바로 사고, 팔고, 쉬는 것입니다. 주식이든 부동산이든 주식과 부동산을 사기보다는 때를 산다는 마음가짐으로 임해

아파트 투자는 사이클이다

야 합니다. 시장이 안 좋아서 모두가 투자 공부를 놓았을 때 반대로 공부하고, 시장이 상승해서 그제야 허둥지둥 남들이 공부할 때 여유 있게 투자에 뛰어들어야 합니다. 매수는 흐르는 강물처럼 여유 있게 천천히, 매도는 태풍처럼 신속하게 해야 합니다. 하지만 대부분의 투자자는 남이 잘되고 큰돈을 버는 걸 보면서 공부의 과정은 생략한 채 태풍처럼 몰아치듯 주식이나 부동산을 사고, 어깨를 지나 머리 꼭대기인데도 욕심에 눈이 멀어 파는 걸 미루다가 결국 하락의 시간에 강제로 쉬게 됩니다.

주식 시장에는 오랜 격언이 있습니다. '쉬는 것도 투자다'라는 말이죠. 투기의 광풍이 몰아친 시기에는 현금을 가진 이를 바보 취급하는 이들이 넘쳐납니다. 전세 사는 건 미련한 짓이니 전세금을 빼서 투자하라는 말이 진리처럼 통용되죠. 하지만 투자 공부나 준비 없이 개인 자산의 거의 대부분인 전세 보증금을 건 투자는 운이 좋아 성공하면 다행이지만, 만약 실패하면 돌이킬 수 없는 결과를 초래합니다. 준비되고 확신이 있다면 월세에 살며 투자하는 게 조금 더 빨리 자산을 증식하는 길이겠지만, 꼼꼼히 준비하고 부동산 시장에 뛰어드는 분은 생각보다 많지 않습니다. 대부분 상승의 분위기에 휩쓸려 투자하죠. 시장에서 살아남은 주식의 대가들 역시 가진 돈 전부를 걸지말라고 얘기합니다. 그들은 시드머니의 일부를 늘 현금으로 보유할 것을 강조하죠. 예상치 못한 리스크를 맞닥뜨렸을 때 현금은 구원투수이자 생명줄이 되기 때문입니다. 준비가 안 된 갭투자자나 다주택자가 쓰러지는 이유는 시장의 변화를 대비한 현금 없이 모든 레버리지를 끌어다 썼기 때문입니다. 빌라 100채를 가지고 있고 포르쉐를 끌고 다녀도, 이사 갈 세입자에게 내어줄 보증금이 없다면 그 사람은 자산가나 부자가 아닙니다. 자산가처럼 보이는 채무자에 불과할 뿐이죠. 사람들은 대출도 자산이라는 말을 너무나 쉽게 얘기합니다. 주식 시장에서 기업을 평가하는 여러 기준 중 '부채비율'이란 게 있습니다. 자기 자본과 타인 자본의 관계를 나타내는 비율인데, 쉽게 말하면 내 돈과 내가 끌어 쓴 남의 돈, 내 돈 대비 대출금액의 비율입니다. 내 돈은 백만 원인데 대출이 이백만 원이면 부채비율은 200%인 셈이죠. 코스닥 시장에서 퇴출되는 상장폐지 기준 중 하나가 자본잠식률입니다. 자본잠식률이 50% 이상이면 관리종목으로 지정됐다가 그 다음에도 개선의 여지가 없으면 상장폐지가 되죠. 주식과 부동산이 결정적으로 다른 점은 주식보다 부동산이 훨씬 더 큰 레버리지, 훨씬 큰 금액의 대출을 끌어 쓸 수 있다는 점입니다. 상승장일 때는 부동산의 레버리지가 자본가가 되는 추월차선 티켓과도 같습니다. 반대로 하락장일 때 부동산의 레버리지는 높은 자본잠식률로 돌아옵니다. 특히 갭투자의 경우 매도 타이밍을 놓친다면 갭투자 자체가 자본잠식률 100%를 훌쩍 뛰어넘는 완전자본잠식 상태에서 투자하는 것이기 때문에 타격을 입을 수밖에 없습니다. 주식 상승장에서는 동전주를 사도 수익을 얻듯이, 부동산 상승장에서도 집을 사면 쉽게 돈을 벌 수 있습니다. 하지만 시장 전환의 사이클을 알아차리지 못한 채 뛰어들면 코스닥 상장폐지되듯 내가 가진 집이 내 어깨를 짓누르는 짐으로 돌변합니다. 추월차선 티켓이었던 레버리지가 내 인생을 저 멀리 후진시키는 비수가 되어 심장에 꽂히는 것입니다. 그러니 남을

　　　　　　　　　　아파트 투자는 사이클이다

부러워하지 말고 내 호흡으로 걸으면서 하락장에서는 부동산 내공을 쌓는 것이 무엇보다 중요합니다. 쉬는 것도 투자라는 것을 명심하시기 바랍니다.

자본시장은
사이클에 따라 움직인다

주식시장이 하락하는 것은 1월의 눈보라 만큼이나 일상적인 것이다.
대비만 되어 있다면 주가 하락이 당신에게 타격을 줄 수 없다.
_피터 린치

코로나 19 팬데믹 이후 불장이었던 주식 시장을 보면 사이클이 얼마나 중요한지를 알 수 있습니다. 곤두박질쳤던 주식에 전국민이 몰려들어 거래량이 폭발하면서 어떤 흐름을 보였던가요? 코스피의 우량주가 오른 다음 보통주가 오르고, 마지막에는 흔히 '동전주'라 부르는 코스닥의 저가 주식, 재무상태가 썩 좋지 못한 회사의 주식까지 쭉 오릅니다. 종합주가지수가 계속 오르며 부실주마저 천정부지로 오르다가 파티가 끝나고 조정장을 거쳐 하락장이 시작되면 어떤가요? 우량주고 동전주고 가릴 것 없이 일제히 하락하게 됩니다. 부동산도 마찬가지입니다. 코스피 우량주나 마찬가지인 서울의 입지좋은 아파트들이 쭉 오르고, 이어 서울 2급지가 오르고, 수도권이 오르다 마지막에는 코스닥의 동전주와도 같은 수도권 빌라나 오피스텔, 지식산업센터와 생활형 숙박시설까지 쭉 오르죠. 그러다 조정장을 지나 하락장을 맞이하면 서울 입지고 뭐고 빌라고 뭐고 일제히 빠

아파트 투자는 사이클이다

지게 됩니다. 부동산의 오르고 빠지는 속도가 느리기에 체감을 못 할 뿐이지 투기 심리가 빠져 하락장을 맞이하는 형국은 주식과 부동산이 다를 게 없습니다. 주식과 부동산의 또 하나의 공통점이 있죠. 상승장을 지나면 들쭉날쭉한 조정장을 겪습니다. 상승장이나 하락장은 누가 봐도 상승이나 하락의 흐름이 뚜렷합니다. 조정장일 경우에는 하락세도 있지만 신고가를 찍는 종목이나 아파트도 있죠. 종잡을 수 없는 이런 현상은 시장의 흐름이 바뀌는 과정에서 나타나는 자연스러운 혼돈입니다. 주야장천 부동산은 상승한다고 외치던 분들, 강남 불패라고 믿던 분들은 이런 조정장을 받아들이고 이해하기 어렵습니다. 투자한 지 얼마 되지 않아 상승과 눌림만을 겪은 분들은 이런 조정장을 이론적으로 설명하기 어렵죠. 그런 분들 눈에는 조정장이 이상한 시장, 잘못된 시장, 왜곡된 시장으로 보일 수 있습니다. 매물은 쌓였는데 거래는 발생하지 않고 호가도 떨어지지 않는 건 이상하거나 잘못된 시장이 아닙니다. 움직임이 없는 상황 또한 시장의 일부이자 조정장의 특징입니다. 시장은 틀린 적이 없습니다. 변화하는 시장을 받아들일 수 없다면 시장이 아닌 내가 틀린 거라고 생각하는 게 맞습니다. 하지만 사람 심리는 자신이 아닌 외부에서 잘못을 찾기 마련이죠. 결국 자신에게는 오류가 없으며 거대한 시장이 잘못된 거라고 평가하는 오류를 범하고 맙니다.

주식과 부동산은 기대 심리 때문에 오릅니다. 더 오를 거라는 기대 때문이지요. 더 오를 거라는 기대가 부풀어 오르면 작은 것 하나도 커다란 호재처럼 느껴집니다. 기대는 점진적으로 커지니까 주식 역시 업종별, 섹터별로 순환하면서 오릅니다. 부동산도 오를 때 아파트, 오피스텔, 지식산업센터, 빌라 등 순환하면서 오르죠. 반면 주가가 빠지는 건 기대가 꺾이고 주가가 빠질 거라는 공포 때문에 단번에 빠지게 됩니다. 손실에 대한 공포는 전염력이 무척 강해서 게시판의 글 하나로도 눈덩이처럼 커지기 마련이죠. 공포의 전염은 과학적인 근거가 있습니다. 사람은 사회적 동물이기 때문에 타인의 반응을 통해서도 감정을 느낍니다. 개인이 느끼는 주관적인 공포에 사회적 분위기까지도 고스란히 느끼기에 공포가 배가 되는 것이죠. 주가나 부동산이 빠질 때는 오를 때와 달리 일제히 하락하는 게 바로 그런 이유입니다. 사회심리학의 기초를 마련하고 프로이트의 정신분석학, 융의 분석심리학의 핵심 개념에까지 영향을 끼친 학자이자 사상가 귀스타브 르 봉이 쓴 명저 『군중심리』는 군중에 대해 이렇게 말합니다. 군중은 논리가 아니라 감정으로 판단하고, 군중 속 개인은 개

귀스타브 르 봉의 군중심리 설명	부동산 폭등장에서의 군중 반응
1. 군중은 논리가 아니라 감정으로 판단한다.	"당신에게 집이 없고 가난한 건 무능한 정부 탓입니다."
2. 군중 속 개인은 개성을 잃고 집단정신의 지배를 받는다.	"지금 집을 사지 않으면 벼락거지가 된다." "부동산은 우상향하며 강남불패는 진리다."
3. 확언과 반복, 전염을 활용하면 군중의 마음을 얻는다.	"서울 집값은 오늘이 가장 쌉니다." → 집 사세요. "실거주 1채는 언제라도 사도 됩니다." → 집 사세요. "우리 회원님들은 경제적 자유를 누렸으면 좋겠습니다." 　→ 그러니까 지금 당장 사세요.
4. 군중의 상상력을 사로잡는 자가 리더가 된다.	"연봉 3천 직장인이 부자 되는 법" "연봉 4천 직장인이 서울 아파트 사는 법" "2천만 원으로 가장 빠르게 경제적 자유를 만드는 방법"

　　　　　　　　　　　　아파트 투자는 사이클이다

성을 잃고 집단정신의 지배를 받으며, 확언과 반복, 전염을 활용하면 군중의 마음을 얻을 수 있다고 하죠. 또한 군중의 상상력을 사로잡는 자가 리더가 될 수 있다고 말합니다. 똑똑한 사람이 어리석은 결정을 내리는 건 개인이 아니라 군중에 속하기 때문입니다. 귀스타브 르 봉이 설명한 군중심리를 부동산 상승장의 현상으로 도식화하면 부동산은 결국 심리라는 걸 한눈에 알아볼 수 있습니다.

남들과 똑같은 행동을 하면 남들과 똑같은 삶을 살 수밖에 없다고 말씀드렸습니다. 주식 시장에서는 폭등한 종목을 매수하는 걸 '추격 매수'라 부르죠. 말 그대로 쫓아가서 산다는 것입니다. 하지만 주식 고수들은 추격 매수로 수익을 얻는 건 소수의 투자자일 뿐이라고 말하죠. 추격 매수와 유사한 상한가 따라잡기도 마찬가지입니다. 값이 오르는 비싼 종목에 욕망이 몰리기 마련이고, 한푼이라도 더 먹고 팔려는 마음에 매도를 망설이다가 주가가 곤두박질하는 경험을 해본 사람만이 군중 심리를 쫓은 결과의 허망함을 알 수 있습니다. 주식 시장의 대가들은 특정 종목이 저평가된 시점에 사서 오래 들고 있던 경우가 많습니다. 가치 투자와 장기 투자의 원리죠. 부동산 역시 마찬가지입니다. 저가인 하락장에 사서 상승장을 기다리면 됩니다.

투자 세계에는 '밀짚모자는 겨울에 사라.'는 격언이 있습니다. 여름 상품인 밀짚모자는 겨울에 더 싼 가격일 수밖에 없습니다. 조급하면 모든 걸 잃습니다. 쫓기는 돈은 늘 내 곁을 떠나갑니다. 남이 얼마를 벌었든 부러워할 필요가 없습니다. 나에게는 나의 호흡과 시간이 있습니다. 주식 시장에서는 현금도 하나의 종목으로 여겨집니다. 오랫동안 투자하면서 리스크를 최대한 방어하기 위해서는 내 포트폴리오에 현금이라는 종목을 담아둘 필요가 있습니다. 현금을 갖고 있으면 바보다, 인플레이션 시대에 현금 보유는 현금이 녹아버리게 놔두는 거라는 말은 잠시 잊으셔도 좋습니다. 성급한 투자를 권유하거나 자신의 판에 투자자를 끌어들이려 하는 이들은 십중팔구 자신이 쫓기는 상황이기 때문입니다. 부동산 매매의 기술이 아닌 심리적인 부분을 거듭 강조하는 건, 주가든 부동산이든 값이 오르는 건 결국 인간의 심리 때문이며, 폭락하고 실패하는 것 역시 사람의 마음에 달려 있기 때문입니다. 주식 시장의 격언 하나를 더 소개하며 이번 장을 마무리 지을까 합니다.

> 겁나서 죽을 것 같으면 사라. 좋아서 죽을 것 같다면 팔라.
> Buy when you are scared to death. Sell when you are tickled to death.

만약 여러분이 집이 없고 자산이 부족해서 불안하다면, 그건 지극히 정상입니다. 불안하기만 할 뿐 겁이 나서 죽을 것 같지 않다면 아직 매수의 때가 아닙니다. 견디고 기다리면 심장이 두근거리는 기회의 때는 반드시 오게 돼 있습니다. 그때가 오기까지 너무 많이 남았다고 조급해할 필요가 없습니다. 기회가 너무 멀리 있는 게 아니라 기회가 오기까지 준비할 시간이 충분한 것이기 때문입니다.

폭등한 부동산은
안전 자산이 아니다

증권시장에서 행복감이 넘쳐나는 시기에 사람들은 모든 곳에서
오로지 투자에 대해서만 얘기한다. 정보를 교환하고 특정 주식에 대해
분석한다. 이때 '증권인'이라는 직업은 존경의 대상이 된다.
그러나 주식투자가 장안의 화젯거리가 되는 바로 그 시점에서
투자자들은 무조건 하차해야 한다.
_피터 린치

우리나라는 오랫동안 저금리, 저성장 기조가 이어졌습니다. 금리는 십 년 동안 2%대가 유지되었고, 부동산 투기 광풍이 몰아친 2020년에는 무려 0.5%까지 낮아졌습니다. 지금의 2, 30대는 10대, 20대 시절부터 쭉 저금리 시절을 살았기 때문에 금리가 사회에 끼치는 영향이 피부에 와닿지 않을 것입니다. 반면 2022년 기준 40대 중후반 이상의 세대는 1997년 외환 위기를 직, 간접적으로 경험했습니다. 지금의 40대 중후반, 그러니까 IMF 당시 20대였던 분들에게 있어 대학 생활의 낭만은 사치였고 남학생들은 군입대를 자원했죠.

'유학생·대학생 IMF 입대. 입영 희망 급증'

유력 중앙 일간지의 1997년 당시 기사 제목입니다. 실제로 가세가 기울어 군대를 도피처로 삼거나 유학을 중단하고 입국하는 학생이 많았죠. 그나마 학생은 나은 편이었습니다. 부모님들은 출구가 보이지 않는 길고 긴 어둠의 터널을 지나는 심정이었을 겁니다. 내로라 하는 대기업도 하루가 멀다고 무너지는 연쇄 부도가 일상이었고 실직자가 넘쳐났으니까요. IMF 이전에는 정기예금 금리가 연12% 수준이었습니다. 1억 원을 예금하면 다달이 세전 100만 원 정도를 손에 쥘 수 있었죠. 지금 생각하면 꿈같은 금리지만, 금리가 높아도 나라의 성장률이 받쳐줬으니 가능했던 시절이었습니다. 저축만으로도 월세를 받는 건물주가 부럽지 않던 시기죠. 실제로 당시에는 내 집을 마련하는 게 꿈이 아니라 실현 가능한 목표였습니다. 그런데 상황이 바뀌기 시작했죠. 금리는 2020년 5월 28일 0.5%까지 낮아졌습니다. 90년대 후반에 1억 원을 갖고 있으면 건물주처럼 다달이 100만 원이 이자로 들어왔다면, 2020년에는 1억 원을 들고 있어 봐야 한 달에 5만 원도 채 안 되는 푼돈이 수중에 떨어진다는 얘기입니다. 당연히 예·적금보다는 주식이든 부동산이든 투자하는 게 이득인 시장이었고, 실제로도 주식과 부동산 시장은 폭등했습니다. 모두가 그 순간이 영원할 거라 생각했지만, 파티는 끝나고 상황이 달라지고 있습니다. 인플레이션이 도래했고, 인플레이션보다 더 심각한 스태그플레이션

아파트 투자는 사이클이다

의 조짐도 보이고 있습니다. 경기는 침체되었는데 물가는 상승하는 스태그플레이션은 경제를 식물인간으로 만듭니다.

고금리를 겪어보지 않은 세대는 남의 돈을 쓰는 게 얼마나 무서운지 상상조차 하기 힘들 겁니다. 2020~2021년 부동산 폭등기에 시장에 뛰어든 2030 세대는 10년 이상 2%대 저금리를 경험했습니다. 경제활동을 하지 않는 10대와 20대 시절에 맞닥뜨린 게 저금리 세상이었죠. 2030 세대 중 2008년 서브프라임 모기지론 사태로 촉발된 세계금융위기를 체감하는 분은 거의 없다시피 합니다. 2022년 기준 서른아홉인 분이라도 리먼브러더스가 파산하던 해에는 전역 후 복학한 복학생이자 대학 졸업 전이었을 테니까요. 금융시장에서는 은행에 대해 이렇게 설명하곤 합니다.

은행은 맑은 날 우산을 빌려주고 비 오는 날 우산을 빼앗아 간다.

우산이 필요한 건 언제일까요? 우산은 비가 내리는 날 필요한 물건입니다. 그런데 은행과 금융기관은 우산이 필요 없는 맑은 날 우리에게 우산을 떠넘깁니다. 그리고 정작 폭우가 쏟아지는 날 우산을 뺏어가죠. 서민에게 있어서 폭우가 쏟아지는 날은 언제를 뜻할까요? 바로 금리가 올라서 대출이자 부담이 배가 되는 시기입니다. 경제가 어렵고 고용이 불안한 시기죠. 서민의 돈줄이 마르고 이자 때문에 허덕일 때 은행은 우산을 뺏어가듯 예대마진으로 장사를 하고, 서민을 위하는 척 상환 기간을 늘린 50년 만기 보금자리론 같은 걸 만들어 홍보합니다. 큰 금액을 오랜 기간 나눠서 상환하니 부담을 줄여주는 것 같지만, 냉정하게 얘기하면 50년간 금융기관의 노예가 되는 계약에 사인하는 것과 다르지 않습니다. 이십대 중후반에 사회생활을 시작한다는 걸 감안할 경우, 50년 상환은 사회생활을 시작한 이후 거의 평생에 가까운 세월을 돈 갚는데 바쳐야 한다는 뜻입니다. 가랑비에 옷 젖는 줄 모른다는 속담이 있죠. 옷 젖는 줄 모르고 평생에 걸쳐 갚았는데, 다 갚고 나서 보니 온몸이 흠뻑 젖은 꼴과 다를 게 없습니다. 50년 만기 보금자리론 금리는 최고 연 4.85%입니다. 단순하게 5%로 따져보면 1억 원 대출 시 원금 1억 원에 더해 이자 2억5천만 원을 은행에게 바쳐야 합니다. 은행은 250% 수익률의 장기투자를 한 셈이죠. 흔히 하는 말로 부자가 되려면 내가 아닌 돈이 일하게 해야 한다는데, 은행은 스스로를 투자자로 착각하는 채무자를 일하게 해서 수익을 내는 꼴입니다. 그래서 은행은 늘 부자로 남습니다.

한 때 카푸어가 사회문제로 인식되던 시절이 있었습니다. 자신의 근로소득으로는 결코 감당할 수 없는 수입차를 리스를 통해 저렴하게 사용할 수 있다고 하여 많은 이들이 치밀한 계산 없이 덜컥 수입차 리스 계약을 하던 때가 있었죠. 일정 기간 지나면 다른 수입 신차로 교환할 수도 있고, 렌터카와 다르게 하, 허, 호 번호판이 아니다 보니 개인 차량과 다를 게 없어서 인기를 끌었습니다. 차량 할부니 보험금이니 따져볼 때 월납입금이 비싸다는 느낌도 안 들어서 합리적

아파트 투자는 사이클이다

인 것처럼 보이기도 했죠. 하지만 자동차 리스 업체는 자동차를 판매한 게 아니라 '리스'라는 대출 상품을 판 겁니다. 금융상품 중 그 어떤 것도 사용자 이득이 제공자 이득보다 큰 것은 없다는 걸 분명히 아셔야 합니다. 하지만 많은 분이 합리적인 판단을 하지 못한 채 본인의 능력 이상의 부동산이나 수입차를 매매하며 금융기관의 힘을 빌리는데, 이는 당장의 가랑비에 속는 것과 다를 게 없습니다. 가랑비니까 흠뻑 젖을 일도 없고 비가 곧 그치리라 생각하는 것이죠. 무엇보다 내가 지불하는 비용보다 더 큰 이득을 얻을 것이라 착각하는 게 가장 큰 이유입니다. 많은 이가 카푸어를 보며 혀를 차지만, 정작 부동산 투자에 있어 카푸어와 별다를 게 없는 태도로 임하는 분이 많습니다. 바로 '부동산은 안전자산이다!'라고 생각하는 것이죠.

금리변동이나 인플레이션 등 예측 못 할 상황이 벌어질 때를 대비해서 부동산을 헤지hedge의 수단으로 생각하고 투자하는 분이 많습니다. 자본주의는 돈을 계속 찍어내고 누군가는 계속 빚을 지기 때문에 굴러가는 것입니다. 돈이 풀리는 속도에 비례하여 집값이 오르는 것도 맞습니다. 거꾸로 말하면 집값이 오르는 게 아니라 돈의 가치가 떨어지는 것이기도 하고요. 옛날에는 천 원 한 장이면 과자 여러 개를 살 수 있었지만, 지금은 과자 한 봉지도 사기 어렵습니다. 시중에 돈이 많이 풀려서 돈의 가치가 떨어진 것이고, 다르게 표현하면 과자값이 오른 겁니다. 집값 역시 마찬가지죠. 유동성이 공급되어 돈이 풀린 것, 돈의 가치가 떨어진 것, 집값이 오른 것은 어느 시점에서 보느냐의 차이일 뿐 다 같은 말입니다. 그래서 아파트를 장기 보유하면 헤지 역할을 한다는 것도 아주 틀린 말은 아니죠. 하지만 이 말이 참이 되기 위해서는 전제가 필요합니다. 부동산이 저점에 있을 때는 최고의 투자상품이자 안전자산입니다. 하지만 고점에 있을 때 부동산은 위험자산입니다. 투자상품은 고점이 악재이며 저점이 호재입니다. 조정이나 하락 없는 우상향은 그 어디에도 없기 때문입니다. 10년 간의 저금리와 10년 간의 부동산 상승장만을 겪은 세대는 폭등한 부동산이 위험자산이라는 전제를 받아들이기 힘들 겁니다. 쇳덩이로 만들어진 무거운 비행기가 하늘을 날 수 있게 된 건 비행이 성공하리라는 믿음을 지닌 채 허공으로 뛰어내린 이들의 핏값으로 만들어진 결과입니다. 경험만큼 강렬한 배움은 없습니다. 문제는 2030 세대는 조정 후 폭락을 경험해보지 못했다는 것이죠. 장기적으로 부동산은 우상향합니다. 그리고 그 이면에는 가계부채 역시 부동산 가격에 비례하여 우상향한다는 진실이 숨겨져 있습니다. 집값이 오른다는 건 대출액이 증가한다는 것과 일맥상통합니다. 끊임없이 오를 것이란 기대가 대출에 대한 두려움을 희석시키고 자신이 감당 가능한 레버리지의 한계를 착각하게 만듭니다. 결국은 오를 것이라는 기대 심리가 더 큰 대출을 끌어와 집을 매수하는 행위를 정당화시키는 것이죠.

2022년 2분기 가계부채는 1천869조 원으로 사상 최대치를 갱신했습니다. 국토교통부의 자료에 따르면 2019년~2021년 주택을 매입한 사람은 총 250만1천574명이며, 그중 28.89%인 72만2천775명이 MZ세대였습니다. MZ세대의 주택 구매 비중이 가장 높은 지역은 서울이었으며, 서울 전체 주택 구매자의 33.38%를 차지했죠. 이 정

아파트 투자는 사이클이다

도 비중이면 MZ세대가 주택 매입의 큰손이라고 할 수 있습니다. 하지만 2분기 가계부채가 사상 최대라는 기록 이면에 눈여겨봐야 할 기록이 또 하나 있습니다. 2022년 2분기 기준 집을 산 지 1년이 채 안 돼 매도한 이들이 전체 매도자의 9.92%를 차지했습니다. 보유기간을 3년으로 늘리면 전체 매도인의 26.13%로 늘어납니다. 주택 매도자 4명 중 1명은 집을 사서 보유한 기간이 3년이 채 안 된다는 뜻입니다. 고금리로 인한 금융비용은 늘고 집값이 하락 조짐을 보이자 1년이 채 안 돼 다시 팔아버린다는 것인데, 세금 등 기타 비용을 생각하면 이익이 거의 없거나 오히려 손해인 셈입니다. 부동산이 안전자산이라면 현실에서 이런 결과가 벌어질 수가 없겠죠. 하락장에는 다주택자보다 실거주 1주택자가 더 위험하다고 이미 말씀드렸습니다. 더 무서운 사실은 본격적인 하락장은 아직 시작도 안 했다는 것입니다. 어떤 분은 총부채원리금상환비율DSR 40% 규제가 있기 때문에 고액 연봉자가 아닌 이상 어차피 대출을 많이 못 받았을 테니 별문제 안 될 거라 말하기도 합니다. 물론 그분 말씀처럼 자신의 수입 안에서 DSR 40% 규제를 적용한 대출만 끌어왔다면 아무 문제가 없을 것입니다. 하지만 주택 구매자의 대부분은 제2금융권 포함 3곳 이상의 금융사에서 대출을 끌어온 다중채무자입니다. 신용대출도 불사하고 부모님의 노후 자금을 끌어오는 부모 찬스를 쓰는 경우도 부지기수죠. 이렇듯 어렵게 마련한 집의 가격이 꺾이면, 나뿐만 아니라 부모 찬스를 제공한 부모님에게도 하락의 영향이 직접적으로 미칠 수밖에 없습니다. 내 투자 판단의 실패로 부모님의 노후가 위협받는 결과를 맞닥뜨리게 된 것입니다.

골드러시가 한창일 때 사람들은 금을 캐기 위해 몰려들었습니다. 금맥을 찾기만 하면 일확천금에 인생이 바뀔 수 있었죠. 하지만 돈을 버는 건 금광의 인부들이 아니라 인부에게 곡괭이를 파는 사람들이었다는 점을 잊으면 안 됩니다. 고점에 다다른 부동산은 이미 소문이 날대로나 수많은 이가 몰려드는 금광과도 같습니다. 소수의 선택받은 이들은 금을 캐서 인생이 바뀌었겠지만, 다수는 금광 개발을 위한 빚만 남은 채 빈손으로 돌아가야만 했습니다. 금은 한정돼 있고 인간의 욕심은 끝이 없기 때문이죠. 부동산 폭등의 시기에 꾸준히 돈을 벌었던 건 결국 누구일까요? 부동산이 오르는 것과 비례해 대출을 늘린 은행입니다. 부동산은 안전자산이니 실거주 한 채는 무조건 있어야 한다며 쉬지 않고 매수를 권유한 사람들입니다. 노벨 경제학상 수상자인 행동경제학자 리처드 탈러는 '하우스 머니' 효과를 주창했습니다. 카지노에서 돈을 많이 딴 사람일수록 더 공격적으로 도박에 몰입하는 현상에서 유래한 것이죠. 투자로 시세차익이 생겼을 경우 애초에 내 것이 아니었던 돈이 생긴 것이기에 설령 잃더라도 다시 원점으로 돌아간다고 생각하는 것입니다. 잃어도 원점이라 생각하니 더 공격적인 투자를 할 수밖에 없죠. 예컨대 100만 원에서 50% 수익이 발생하면 150만 원이 됩니다. 이때 투자자는 하우스 머니 효과로 50%를 벌었으니 운이 나빠 50%가 빠져도 결국 본전이라 생각하고 더 적극적으로 투자에 임합니다. 하지만 150만 원에서 50%가 빠지면 75만 원이 남습니다. 원금 100만 원에 비해 오히려 25%를 날린 것입니다. 2008년 서브프라임 모기지 사태 당시에도 집을 사기만 하면 돈이 된다고 생각한 이들이 끝없이 대출을 받았습니다. 은행 역시

아파트 투자는 사이클이다

신용을 제대로 따지지 않고 대출을 해주었죠. 사람들은 주택 시장이 붕괴해도 원점으로 돌아가 본전은 남을 거라 생각했습니다. 우리 식으로 말하면 "떨어져 봤자 집은 남는다"겠죠. 하지만 금융위기가 터지자 부채 비율이 높은 투자자부터 집을 빼앗기고 길거리에 나앉았습니다. 당연하게도 그런 결과가 자신에게 닥칠 거라고는 아무도 생각하지 않았죠. 은행은 어떻게 됐을까요? 리먼 브러더스처럼 파산한 곳도 있지만, 공적 자금을 지원받아 멀쩡히 살아남고 심지어 성과급 파티를 한 곳도 있습니다. 인부들에게 곡괭이를 팔 게 아니라면 아무도 금을 캐지 않을 때 금을 캐야 합니다. 금이 묻혀있다고 소문났다면, 그리고 그 소문이 내 귀에까지 들어왔다면, 이미 늦었다고 봐야합니다. 생존을 위해 잊지 말아야 할 냉정한 현실입니다. 서울 집값이 너무 올라서 투자하기가 마땅치 않으니 수도권 외곽의 빌라나 오피스텔을 공략하면 된다고 추천하는 경우가 있습니다. 오를 때는 서울부터 상승해서 한지에 먹물이 스며들 듯 경기권 부동산까지 오릅니다. 내릴 땐 반대로 끄트머리부터 하락하며 중심인 서울로 하락의 기운이 조여듭니다. 하락을 앞둔 조정장에서 서울 집값이 너무 비싸 살수 없으니 경기권의 빌라나 오피스텔에 투자하라는 건 이제 곧 가장먼저 빠지기 시작할 곳에 들어가라는 소리입니다. 부동산 폭등장에서 인천의 상승세는 무서울 정도였습니다. 하지만 가장 늦게 올랐으면서 가장 먼저 빠진 곳이 인천이었다는 걸 잊으면 안 됩니다. 하락의 시그널이 눈에 선명한데 인천에 투자해라, 인천의 빌라에 투자하라는 투자 정보가 내 귀에 들어왔다면 진의를 살펴야 합니다.

월가의 영웅 피터 린치는 증권 시장에서 발을 빼야할 때를 인간 지표를 들어 설명했습니다.

> 증권시장에서 행복감이 넘쳐나는 시기에 사람들은 모든 곳에서 오로지 투자에 대해서만 얘기한다. 정보를 교환하고 특정 주식에 대해 분석한다. 이때 '증권인'이라는 직업은 존경의 대상이 된다. 그러나 주식투자가 장안의 화젯거리가 되는 바로 그 시점에서 투자자들은 무조건 하차해야 한다.

부동산 시장에서 돈을 벌었다며 주변 사람들이 행복해하고, 모였다 하면 아파트 얘기만 하고, 부동산 투자로 돈을 벌었다는 사람들이 투자에 대해 알려준다며 묻지도 않은 것에 대해 신나서 얘기하기 시작했다면 오히려 조심해야 합니다. 모두가 부동산을 얘기하고 있다면 이제 곧 끝이 다가온다는 신호이기 때문입니다. 자연의 동물들은 태풍의 전조를 데이터가 아닌 본능으로 느끼고 자리를 피합니다. 폭등과 투기의 광기에 사로잡힌 시장에서는 데이터나 하락의 시그널을 온전히 알아차리기도 어렵습니다. 욕심에 눈이 멀기 때문입니다. 책의 후반부에 하락의 시그널에 대해 언급하겠지만, 사실 한 번 읽은 것만으로는 체화되기 어렵습니다. 대중의 군중심리가 과열에 쏠린 상태에서 홀로 빠져나온다는 건 생각보다 어렵습니다. 주변에는 부동산이 영원할 거라 믿는 확증 편향에 사로잡힌 사람 천지일 것이

아파트 투자는 사이클이다

기 때문입니다. 인류학자 랠프 린턴은 '물고기가 가장 마지막에 알아채는 것은 물일 것이다'라는 말을 남겼습니다. 투기의 광풍이 물처럼 대한민국을 감싸면 극히 소수를 제외하고는 마지막까지 광기 어린 시장을 알아채지 못할 것입니다. 그때는 물속의 물고기처럼 물을 보면서도 물을 알아채지 못할 것입니다. 폭등한 부동산은 결코 안전자산이 아닙니다. 늦기 전에 알아차리는 사람이 결국 살아남습니다.

금리와 집값은 방향이 같을 때
강력하게 작용한다

주식 시장은 확신을 요구하며,
확신이 없는 사람들은 반드시 희생된다.
_피터 린치

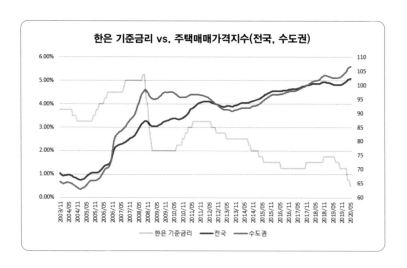

위 그래프를 보면 2008년 금융위기 여파로 6개월이라는 짧은 기간 동안 무려 3.25% 금리 인하가 진행된 것을 알 수 있습니다. 기준 금리 그래프가 마치 낭떠러지처럼 떨어지지만, 수도권과 전국 주택

아파트 투자는 사이클이다

매매가격지수 그래프에는 별 변동이 없습니다. 금리가 낮으면 부동산이 폭등하고 금리가 높아지면 부동산이 하락한다는 것도 정확하지 않다는 반증입니다.

"태풍이 오면 돼지도 날 수 있다.(台风来的时候, 猪都会飞)"

샤오미의 창업자인 레이쥔이 자신의 성공 비결로 자주 인용해 유명해진 말입니다. 애플의 짝퉁으로 비웃음을 샀지만 샤오미의 전 세계 시장 점유율은 자신들이 베꼈던 애플을 앞질렀습니다. 중국 고도성장의 그늘은 차치하고 돼지마저도 날게 하는 시대의 태풍에 어떻게 하면 올라탈 수 있을지를 고민해야 합니다. 태풍이 올 때 과감히 행동한 사람만이 날아오를 수 있습니다.

"바람을 잘 타는 건 엄청난 기회일지 모르나 돼지가 바람에 난다고 해서 날개가 자라는 건 아니다. 바람이 지나면 수많은 돼지가 떨어져 죽는다. 외부 요인에 영향을 받지 않는 완벽한 내부 결속이 기업이 가야 할 유일무이한 정도(正道)다."

샤오미 창업자 레이쥔의 돼지 스토리와 대꾸를 이루는 알리바바 창업자 마윈의 말입니다. 마치 부동산 상승기와 하락기를 설명하는 말 같습니다. 돼지도 날게 만드는 태풍은 썩은 빌라도 오르게 만드는 상승기를, 바람이 지나 수많은 돼지가 떨어져 죽는 것은 마치 하락장에서의 부동산 폭락과 투자자들의 절망을 얘기하는 것처럼 느껴집니다. '외부 요인에 영향을 받지 않는 완벽한 내부 결속'이란 결국 부동산 시장에 한결같은 영향을 미치지 못하는 금리나 수요 공급이 아닌, 나를 날게 할 태풍이 되어줄 시장의 심리, 전세가, 분양, 정책을 뜻하는 것으로 봐도 될 듯합니다. 태풍의 시기에 날아오른 어떤 이들은 "미래는 예측할 수 없고 대응하는 것"이라는 말로 상승만을 외쳐왔던 과거 발언에서 슬그머니 빠져나갑니다. 분명 그들 역시 2021년 추석이 지나면 폭등한다, 대선 지나면 반등한다, 6월 1일 지방 선거 이후 집값 뜬다, 임대차 3법 적용으로 계약이 갱신되는 2022년 8월에 전세 대란 온다는 식으로 끊임없이 미래를 예측해 왔습니다. 하지만 그들의 말이 현실과 점점 괴리가 발생하자 미래는 알 수 없는 것이란 얘기를 하며 미래는 대응하는 거라고 태도를 바꿉니다. 만약 제가 말하는 분야가 주식이라면 저 역시 미래는 대응하는 거라고 말할 것이고 미래를 전혀 알 수 없다고 고백할 것입니다. 하지만 우리가 투자하는 분야는 주식이 아니라 부동산, 그중에서도 콕 집어 아파트 시장입니다. 세력의 장난질로부터 자유롭고, 대주주의 기행으로 주가가 폭락할 오너 리스크도 없으며, 금리나 수요 공급으로부터 큰 영향을 받지 않고 우직하게 제 갈 길을 가는 부동산, 그중에서도 아파트 시장이라는 걸 잊으면 안 됩니다.

태풍이 정확히 몇 년도 몇 월에 풍속 몇 km로 다가올지 저는 모릅니다. 하지만 지금 태풍이 다가오는지는 심리와 전세가, 분양, 정책으로 충분히 파악 가능하다는 것을 분명히 말씀드릴 수 있습니다. 이제 태풍의 전조를 어떻게 파악해야 할지 구체적으로 얘기해 보도록

하겠습니다. 태풍이 다가올 때 누구보다도 빨리 바람에 몸을 싣고, 바람이 잠잠해지기 전에 안전하게 땅에 착륙할 수 있는 성공 투자의 길에 대해 얘기하려 합니다. 끝까지 잘 따라와 주시기 바랍니다.

하락의 시작은
어떻게 알아차릴 수 있을까?

강세장은 비관 속에서 태어나 회의 속에서 자라며 낙관 속에서
성숙해 행복 속에서 죽는다. 최고로 비관적일 때가 가장 좋은
매수 시점이고 최고로 낙관적일 때가 가장 좋은 매도 시점이다.
_존 템플턴

———————————— · ————————————

아파트사이클은 5단계로 진행됩니다. 각 단계마다 사이클의 시
간이 길거나 짧아질 뿐 사이클의 단계는 동일하게 반복 진행되죠. 부
동산 가격 변화의 4요소는 심리, 전세가, 분양, 정책입니다. 가격 변
화에서 가장 중요한 첫 번째 요소가 심리이다 보니 정량화할 수 없는
심리를 기반으로 가격 변동을 어떻게 판단할 수 있는지 의문을 표하
는 분들이 있죠. 그분들은 저의 전망에 대해 데이터 기반이 아닌 심
리라는 정성적 기반으로 예측하기에 신뢰도가 떨어진다고 말하기도
합니다. 분명히 말씀드리지만 데이터 등 정량적 평가 요소들은 디폴
트값입니다. 말 그대로 데이터를 기본 중의 기본으로 깔고 가는 것이
죠. 하지만 데이터가 아닌 심리를 먼저 강조하는 데는 분명한 이유가
있습니다. 투자는 인간의 합리성을 신봉하는 전통경제학이 아닌 행
동경제학에 지배되기 때문입니다. 행동경제학에 대해 쉽게 말하자면

아파트 투자는 사이클이다

'똑똑한 사람들이 멍청한 선택을 하는 이유'를 연구하는 것이죠. 사람들은 자신이 남보다 우월하다고 착각하며, 자신에게는 비현실적일 만큼 긍정적입니다. 길을 지나가는 남성을 무작위로 붙잡고 "당신은 남들보다 운전을 잘하는 편인가요?"라 물으면 열 명 중 아홉 명은 '그렇다'고 대답할 것입니다. 그나마 아니라고 답하는 한 명은 아직 운전면허를 취득하기 전일 게 분명합니다. 일반적으로 물건이 싸면 사고 비싸면 사지 않는 게 합리적 소비입니다. 똑같은 라면 한 봉을 사는데 A가게는 1,000원에 팔고 B가게는 1,500원이면 당연히 A가게에서 소비하는 게 합리적이죠. 하지만 주식과 부동산과 같은 투기 요소가 있는 상품을 살 때는 정반대의 비합리적인 선택을 합니다. 쌀 땐 안 사고 비싸지면 앞다퉈 사죠. 인간은 합리적 선택을 한다는 가정을 디폴트값으로 설정하는 전통경제학 입장에서 보면 멍청하기 짝이 없는 행동입니다. 행동경제학의 관점에서 매수자와 매도자의 심리를 파악해야만 이런 비합리성의 인과를 추론하고 투자 성공률을 높일 수 있게 됩니다.

집에 이미 있는 물건이라 굳이 필요 없는데도 단순히 할인한다는 이유로 더 사들이는 건 누구나 경험해봤을 사소한 일입니다. 있는 걸 또 사들이는 물건이 샴푸나 치약 정도면 괜찮은데, 유통기한이 임박한 식품이면 결국 못 먹고 상해서 버리게 되죠. "그런 것은 비싸지 않은 생활용품이니까 괜찮아. 큰돈이 들어가는 투자에 있어서는 다르다!"고 말하는 분들이 있겠죠. 하지만 사람들은 주식이나 부동산 등의 목돈이 들어가는 투자에서도 집에 있는 물건을 또 사들이듯 어리석은 행동을 아무렇지도 않게 저지릅니다. 그러고는 스스로 최고의 투자 선택이었다고 기뻐하죠. 어떤 분은 유튜브와 인터넷 등의 발달로 하락이 학습되면 다음 사이클에는 다른 행동을 할 게 뻔하므로 사이클도 변할 거라 말합니다. 하지만 하락장에서 손실을 본 이들은 시장을 저주하며 떠나고, 그 빈 자리를 새로운 세대, 다음 세대가 채우기 때문에 불과 십여 년 전의 폭락은 까맣게 잊힙니다. 2021년에 영끌한 2030세대가 강남에도 미분양이 발생하고 40% 할인 판매했던 것을 전혀 떠올리지 못하는 것을 보면 알 수 있습니다. 부동산 전문가라 자처하는 이들 역시 하락장이 오리라 생각도 못 한 이가 대부분이었죠. 냉정하게 말하면 바보가 떠난 자리를 새로운 바보가 채우는 것입니다. 시장의 승리자는 여전히 시장에 남지만, 실패한 바보는 시장을 저주하며 떠나고 그 빈자리를 새로운 바보가 차지합니다. 과거의 시장에 대한 복기나 신중함보다 부자가 되려는 욕망이 늘 승리할 수밖에 없습니다. 왜냐하면 부푼 기대를 안고 시장에 투입되는 바보들은 아직 하락장의 쓴맛을 보지 않았고, 스스로를 과신하기 마련이며, 상승장에서는 언론과 매체가 이 기회를 놓치면 안 된다는 것을 아침저녁으로 강조하기 때문입니다. 물론 언론이 집을 사라고 직접적으로 말하지는 않습니다. 그저 오르고 있다는 메시지를 끊임없이 전달할 뿐이죠. 세상 모든 집이 오르고 있다고 판단되면 추격매수에 나설 수밖에 없습니다. 가난해질까 봐 두렵고 밀려날까 싶은 공포에 떠밀려 투자한다고요? 솔직해집시다. 쉽게 돈을 벌고 싶은 욕망 때문이겠죠. 욕망은 늘 조급합니다. 그렇기에 투자 전의 신중함은 망설이는 겁쟁이의 우유부단함으로 매도되죠. 이때는 '오르니까 사라'는 메

　　　　　　　　아파트 투자는 사이클이다

시지를 지속적으로 전달하는 사람이 대중의 전폭적인 지지를 얻고 인플루언서나 유명 유튜버가 됩니다. 자기 살이 깎이듯 빚내서 산 내 집이, 내 돈이 날아가는 고통을 뼈에 새긴 사람만이 과거를 잊지 않을 뿐, 사람들은 부자가 되어 있을 자신의 미래만 그리죠. 리스크나 실패를 그리는 사람은 한 명도 없습니다.

제가 아파트사이클에 대해 말하면서 숫자를 크게 강조하지 않는 이유는 확증 편향 때문입니다. 사람은 보고 싶은 것만 보기 마련이고, 숫자 기반의 데이터는 말하는 이가 상대에게 어떻게 보여지길 원하는가에 따라 거짓말하지 않으면서도 조작에 가까울 정도로 포장할 수 있습니다. 기준값을 무엇으로 정하냐에 따라 결과값은 의도한 대로 도출될 수밖에 없죠. 바로 통계의 함정입니다. 거짓이 아닌 진실만으로도 자신의 논조에 맞는 데이터 가공이 얼마든지 가능합니다. 그러므로 통계를 만드는 이가 누구이며 그의 목적이 무엇인가를 면밀히 따져야 합니다. "상어의 공격이 2012년에 비해 2배 증가했다"는 말에는 거짓이 없습니다. 다만 2배 증가가 어느 정도의 위험인지, 해수욕장에 가면 될지 안 될지 판단하는 근거가 되기에는 충분하지 않습니다. 만약 해수욕장을 못 가게 막는 게 목적이라면 저 한 문장의 단순한 팩트만으로도 얼마든지 공포심을 줄 수 있고 해수욕장에 발길이 끊어지게 만들 수 있습니다. 한 줄 메시지로 내 이익을 위해 남의 이익을 제한할 수 있다는 말이죠. 만약 버려진 잠수복 사진 한 장을 덧붙여 상어의 공격으로 목숨을 잃은 사람이 착용했던 잠수복이라는 설명을 덧붙이면 효과는 극대화됩니다. 사망한 이가 결혼을 앞둔 성실한 사람이었다는 주변의 평을 덧붙이면 화룡점정이죠. 설령 찢어진 잠수복 사진이 무료 이미지 사이트에서 내려받은 것이고 상어에게 희생당한 사람은 없다고 해도 알아차릴 사람은 없습니다. 뒤늦게 알아차렸다 해도 이미 선동당한 뒤라서 대세가 된 분위기를 뒤엎을 수 없죠. 사람은 진실을 위해서가 아니라 자신의 이익을 위해서 메시지를 전달합니다. 이 또한 심리의 영역입니다. 헌신과 봉사는 자신의 사적 이익과 연관이 없을 때 성립됩니다. 사적 이익을 목표로 하는 투자의 세계에서는 이타가 존재할 수 없죠. 불특정 다수 앞에서 특정 메시지를 전하는 사람은 자신의 말에 힘이 있다는 걸 자각해야 합니다. 그리고 그 목적이 이타가 아닌 이기라는 걸 스스로 명확히 인식하고 있어야 합니다. 그렇지 않으면 얼마든지 거짓 없이 통계를 엮어서 자신의 이익을 위한 메시지를 전달할 수 있습니다. 사람은 자신이 아는 것만 볼 수 있습니다. 이미 심리의 함정에 빠진 사람에게는 제아무리 숫자와 데이터를 눈앞에 들이밀어도 소용이 없습니다. 이건 대중뿐만 아니라 오랜 투자자에게도 동일하게 적용되는 문제입니다. 전문가들이 집값 하락을 예상하지 못했다거나, 2022년 8월 전세대란이 온다고 확언했던 것은 그들 눈에는 아는 것만 보이기 때문입니다. 같은 데이터를 봐도 저마다 다르게 해석하기 때문입니다. 예측에 실패한 이들과 제가 다른 데이터나 다른 숫자를 봤던 게 아닙니다. 같은 걸 보고도 전혀 다른 예측을 한 것이죠. 불교 경전 화엄경을 보면 '우음수성유 사음수성독(牛飮水成乳 蛇飮水成毒)'이란 말이 있습니다. 똑같은 물을 소가 마시면 우유가 되지만 뱀이 마시면 독이 된다는 뜻입니다. 그 뒤에 따라오는 구절 '지학성보리 우학위생사(智學

아파트 투자는 사이클이다

性菩提 愚學爲生死)'는 슬기로운 배움은 깨달음을 이루고 어리석은 배움은 생사고통이 된다는 뜻입니다. 똑같은 데이터를 기반으로 부동산 시장을 읽었어도 어떤 이에게는 영양가 높은 젖이 되지만 잘못 해석한 다른 이에게는 독이 되기도 합니다. 숫자와 데이터를 잘못 해석해 상승장의 꼭지에서 무리한 대출로 매수한 아파트는 생사고통과 다를 게 없죠. 숫자와 데이터를 다룬다고 해서 전문가가 아닙니다. 부동산 전문가는 일반적으로 다주택자인 경우가 많습니다. 그렇다 보니 다주택자의 시선으로 부동산 시장을 바라보고 해석할 가능성이 큽니다. 다주택자 입장에서는 부동산 시장을 규제하는 정부가 좋게 보일 수가 없죠. 정부에 대한 성토는 무주택자나 서민에게 카타르시스를 안기고, 그만큼 대중의 지지를 이끌어내기가 쉽습니다. 만약 시장이 전환되는 시점에서도 대중의 지지를 의식하여 초기의 전망을 고수한다면, 이후 방향을 전환하기가 여간해서는 쉽지 않습니다. 이미 특정 주장의 방향에 따라 투자가 된 상태이기 때문입니다. 손실을 확정하기보다는 자신과 반대 입장에 선 이들을 공격하는 편이 마음 편하죠. 의견이 틀렸다는 걸 인정하는 건 자존심 문제를 떠나 손실을 확정하는 것입니다.

2018년 강력한 부동산 규제인 9.13 대책이 발표된 후 다수의 부동산 관계자들은 시장 하락을 점쳤습니다. 당시 부동산 폭등장을 예견했던 제게 일개 부동산업자 또는 건설사의 개라고 불렸던 분들은 상승을 바라지 않는 무주택자가 대부분이었습니다. 다주택자 입장에서는 집값이 오른다는 사람을 굳이 욕할 이유가 없죠. 자신의 자산가치가 오를 거라고 예견하는 사람이 미울 게 뭐가 있겠습니까? 반면 집값 폭등은 집을 매수할 여력이 없거나 매수 계획이 없는 분들에게 껄끄러운 소식입니다. 2021년에는 실거주가 목적이어도 집을 사지 말라 말씀드렸고, 1주택 실거주라도 매도할 것을 권했죠. 하락을 예견하며 매수하지 말 것을 권했을 때는 1주택자 분들에게 심한 욕을 들었습니다. 2020~21년 사이 공포에 떠밀려 영끌해서 집을 매수한 분들에게는 '집 사지 마라, 집값 떨어진다'는 말이 자신의 자산을 갉아먹는 것처럼 들렸을 겁니다. 어쩌면 2018년에 폭등장이 온다고 전망한 저를 욕했던 무주택자가 2021년에 결국 영끌로 집을 매수했다가 집 사지 말라는 제 얘기를 듣고 다시금 저를 욕했을지도 모를 일입니다. 자신의 돈이 개입돼 있고, 기대와 달리 손실을 볼 상황이 눈앞에 닥치면 숫자나 데이터는 눈에 들어오지 않습니다. 손실회피성향으로 인해 집값이 여전히 상승한다고 분석한 데이터와 상승을 전망하는 이들의 말만 귀에 들리고 눈에 보이게 됩니다. 앞서 알고리즘에서 벗어나야 투자에 성공한다고 말씀드린 이유입니다.

가격 변화의 첫 번째 요소인 심리가 물성으로 드러나는 건 거래량입니다. 저는 서울과 수도권 기준으로 의견을 전하기에 서울, 수도권 아파트 월별 매매량을 디폴트값으로 늘 바탕에 두고 체크합니다. 수도권 외 특정 지방에 대한 구체적인 전망을 전하지 않는 건 제 전망에 동조하여 특정 지역 특정 단지에 다량의 매수가 발생할 경우 실거래가를 높이며 시장의 자연스러운 사이클에 인위적인 상승 요소를 부여할 수 있기 때문입니다. 또한 선취매 후 본인의 물건을 추천했다

아파트 투자는 사이클이다

는 오해도 애초에 차단하기 위해서이죠. 부동산 전망의 디폴트값이 데이터라면 투자자들이 아파트를 사는 행위의 디폴트값은 시세차익입니다. 샀는데 오르지 않고 이익이 없다면 한 사람이 두 채, 세 채를 살 이유가 없습니다. 단순히 거주 목적이라면 전세나 월세로도 가능하죠. 말 그대로 100% 실거주가 목적이면 매매에 대해 남의 의견이 궁금할 이유가 없습니다. 감당 가능한 선에서 대출을 받아 살고 싶은 아파트를 사면 그만이니까요. 다주택자를 투기자로 매도하는 건 그들이 얻을 것으로 예상되는 시세차익에 대한 질투를 있는 그대로 내색할 수 없기에 투자가 아닌 투기 행위에 대한 성토로 달리 표현하는 것일 뿐입니다. 가진 자를 욕하면 옹졸해 보이지만 투기꾼을 욕하는 것은 정의로 포장할 수 있기 때문이죠. 분명히 말하지만 아파트 매매심리의 디폴트값은 시세차익입니다. 그래서 이익을 바라는 인간의 심리를 읽으면 시장을 읽을 수 있습니다. 도시의 인구가 줄어든다고 해도 집값이 오를 거라고 생각된다면 투기 심리가 발동하여 매수가 늘어납니다. 임대시장에서 전세는 1가구 1수요지만, 매수는 한 사람이 열 채, 스무 채씩 매수하기도 합니다. 매매수요는 머릿수당 1채의 등식이 성립되지 않습니다. 집값이 오름세면 없던 수요마저 생깁니다. 반대로 특정 도시의 인구가 늘고 있다고 해도 집값이 폭락하면 매수세가 뚝 끊깁니다. 수요 자체가 증발하니 초과 공급이 되는 셈입니다. 당연하고도 단순한 이치죠. 부동산 투자자는 오를 것 같기 때문에 사는 것입니다. 대구는 꾸준히 인구가 감소했지만 오름세가 유지되니 집값이 계속 올랐습니다. 더 이상 오를 수 없는 순간에 다다르게 되면 거래량이 끊기고 미분양이 발생할 수밖에 없습니다. 조정과 하락장에 겹친 금리 인상 같은 외부 요소는 우는 사람 뺨을 때리는 것이지 1차 요인이 아닙니다. 시장은 금리를 이깁니다. 상승장에서의 금리 인상은 힘을 낼 수 없지만 하락장에서의 금리 인상은 울고 있는데 뺨까지 때리는 격이죠.

월별 아파트 거래량은 시세차익에 대한 대중의 인식을 그대로 보여줍니다. 대중 심리는 오를 때 사고 내릴 때 팝니다. 내가 사면 내리고 내가 팔면 오르는 건 대중 심리에 따라 대중의 선택을 그대로 따라했기 때문입니다. 현명한 개인도 대중 속에 묻히면 평균 이하의 행동을 따라 하게 되어 있습니다. 똑똑한 사람이 멍청한 결정을 하는 이유를 연구하는 행동경제학이 탄생한 이유죠.

2021년 월별 아파트 매매 거래를 보면 서울은 1월부터 8월까지 월별 4~5천 건의 매매가 발생했다는 것을 확인할 수 있습니다. 그러다 9월은 3천 후반, 10월에는 2천 후반을 기록하더니 12월에는 1천 건대로 떨어집니다. 2022년에는 매매거래 집계 최초로 1천 건 미만의 거래량을 기록하게 되죠. 완연한 하락세를 보이고 있습니다. 집을 가진 자의 매도 호가가 너무 높아서 매수자가 쫓아갈 수 없는 지경에 이른 것입니다. 하락장의 끝 무렵 매매가와 전세가의 갭이 좁아지는 시기가 집을 매수할 시기라고 말씀드렸는데, 반대로 상승장의 끝 무렵 매매가와 전세가의 갭이 벌어지는 시기는 집을 사기에는 최악의 시기입니다. 더구나 매도자의 매도 호가와 매수자의 구매 희망가의 갭이 벌어지면 매수세는 줄어들 수밖에 없죠. 내가 산 뒤 내 물건을 받아줄 사람이 있어야 살 수 있는데, 매도 호가와 실거래가의 갭이 너무 벌어져 당장 나부터 매수가 망설여진다면 내가 산 뒤에 내 물건을 받아줄 사람이 나타나기를 기대하기가 어려운 것이죠. 상승장 한복판에서 직전 실거래가와 매도 호가의 갭이 감당할 만하다면 더 오를 것이라 생각하기에 추격매수가 일어나지만, 갭이 커지면 따라붙을 수가 없습니다.

2021년 월별 서울 아파트 매매 거래현황

	1월	2월	3월	4월	5월	6월	7월	8월	9월	10월	11월	12월
서울	5,945	5,435	4,495	4,194	5,090	4,240	4,640	5,054	3,874	2,839	2,305	1,634
전국	64,371	60,057	69,827	59,232	61,666	57,861	59,386	61,170	55,191	48,796	41,141	30,484

출처: 부동산거래 국가승인 통계 R-ONE 부동산

2021년 8월부터 거래가 확연히 줄어든 것을 확인할 수 있다.

그렇다면 아주 중요한 질문을 하나 드려볼까 합니다. 부동산을 전망할 때 심리를 배제하고 숫자만을 볼 때 어떤 오판을 하게 되는지를 극명히 드러내는 지점이죠. 매도 호가가 너무 높아서 매수세가 끊기고 하락 심리의 일면을 알 수 있는 것 중 하나가 거래량이라고 말씀드렸습니다. 그렇다면 2018년 9.13대책 이후 거래량이 급감하여 다수의 부동산 관계자가 부동산 하락을 말할 때 저는 왜 홀로 폭등장을 예견했던 것일까요? 거래량만으로만 따지면 2018년 9월을 정점으로 10월, 11월에 매매 거래량이 급감을 했고, 2018년 9월 매매 12,395건 대비 11월 매매는 3,736건으로 불과 두 달 만에 거래량의 70%가 빠졌으니 데이터만 본다면 누가 봐도 하락의 시그널이었는데 말이죠. 2021년 9월 이후 거래량이 빠진 게 하락의 전조였다면, 왜

2018년 9월 이후 거래량이 빠진 건 폭등의 전조로 해석했을까요? 젖소와 독사가 같은 물을 마시듯, 거래량이 빠진 건 똑같습니다. 그런데 왜 어떤 건 폭등의 시그널이고 어떤 건 하락의 시그널이었을까요? 답은 다음 장에서 말씀드리겠습니다.

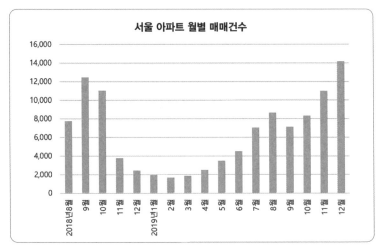

2018년 9.13대책이 발표된 두 달 만인 11월 거래량이 급감하였음을 알 수 있다.
다수의 부동산 관계자들은 거래량 급감을 이유로 하나같이 하락을 점쳤다.

아파트 투자는 사이클이다

누가 주도권을
쥐고 있는지를 확인하라

증권시장에서 심리학의 역할은 아무리 강조해도
지나침이 없다고 나는 주장한다.
단기적 그리고 중기적으로 심리학은 증권시장의 90%를 결정한다.
_앙드레 코스톨라니

똑같이 거래량이 하락해도 어느 하나는 폭등의 시그널이, 다른 하나는 하락의 시그널이 되는 이유는 호가입니다. '부르는 게 값'이 란 말이 있죠. 호가에는 매도자의 심리가 그대로 드러납니다. 호가는 최소한 이만큼은 받아야 팔 수 있다는 희망이자 매도자가 생각하는 물건의 가치입니다. 부동산 전문가라는 이들 중 거래량이 늘면 집값 이 올라가고, 거래량이 줄어들면 집값이 하락한다고 생각하는 경우 가 있습니다. 하지만 거래량과 집값은 비례하지 않습니다. 집값이 폭 등하기 전에도 거래량이 줄고, 폭락하기 전에도 거래량이 줄어드는 동일한 현상이 나타납니다. 앞서 주식 상한가 종목과 하한가 종목을 비교한 것을 떠올리시면 됩니다. 하루 만에 30% 상승한 상한가 종목 도 거래량은 없거나 적고, 30% 하락한 하한가 종목 역시 거래량이 없거나 적습니다. 거래량만 보면 극과 극인 상한가와 하한가 주식의 상황이 유사하게 보입니다. 2018년 9.13 대책 발표 이후에도 거래량이 급감한 후 시장이 폭등했고, 상승장에서 조정 국면으로 전환되던 시점인 2021년 9월 이후에도 거래량이 급감한 후 조정을 거쳐 하락을 앞두고 있습니다. 거래량 추세가 유사했음에도 폭등과 조정으로 나뉜 건 심리 때문입니다. 그리고 그 심리가 여실히 드러나는 게 호가입니다. 매도자의 심리가 응축된 호가에 시장 전망의 비밀이 숨어 있습니다.

독자분들의 이해를 돕기 위해 '더 사랑하는 사람이 지는 거다'라는 표현을 했습니다. 매도자와 매수자 중 누가 우위를 점하느냐에 따라 가격은 변하기 마련입니다. 상승장에서는 집 가진 사람이 왕입니다. 이때는 부르는 게 값이죠. 하락장에서는 매수자가 왕입니다. 매도자의 호가를 제값 주고 사는 게 아니라 어떻게 해서든 더 깎으려고 하죠. 주식이 상한가를 치면 주식 보유자들은 매물을 거둬들입니다. 더 비싸질 거라 기대하니 기다렸다가 더 비싼 값에 팔기 위해서죠. 살 수 있는 물건이 없으니 당연히 거래량이 줄어듭니다. 상한가를 쳤고 아쉬울 게 없으니 비싼 값에도 살 테면 사고 싫으면 말아라 식입니다. 이때 상한가 따라잡기라 하여 상한가 종목을 사려는 매수 대기자가 달라붙습니다. 물건이 없어도 적극적으로 추격 매수하려는 이들이 있으니 소수여도 호가는 계속 높아지고, 점점 상승하는 호가에 매도자의 기대 심리가 그대로 드러납니다. 이때 부동산 시장은 규제라는 외부의 압력을 받아 한껏 눌린 상태입니다. 거래가 적어도 호가의 상승을 통해 매도자의 상승에 대한 기대감을 읽을 수 있죠. 끝

아파트 투자는 사이클이다

내 시장이 규제를 이기면 눌려 있던 압력을 비집고 상승의 욕망이 폭발합니다. 규제의 압력이 있어도 세금 회피를 위한 매물은 조급할 게 없습니다. 이미 시세차익이 발생한 이익 구간이니 규제가 등장했다고 해서 조급하게 매도할 필요가 없는 것이죠. 규제로 인해 거래량이 급감했을 때 등장하는 호가는 일종의 간보기입니다. 굳이 팔 생각은 없지만 분위기를 살피기 위해 던져보는 셈이죠. 이때 규제로 인한 세금 중과가 두려워 매도하며 일시적으로 집값이 하락하기도 합니다만, 다주택자는 자신이 징검다리가 될 생각이 없습니다. 5억 원짜리 매물이 있다면 5억2천, 5억5천 식으로 단계적으로 호가가 올라가야 하는데, 몇천만 원씩 올리는 징검다리가 되고 싶어 하지는 않습니다. 누군가 규제에 겁먹은 사람이 징검다리가 되어주길 바라고, 간을 보다가 더 비싼 값으로 매도하고 싶은 게 자연스러운 심리입니다. 9.13 대책 이후의 거래량 급감 이면에는 이처럼 누구 하나 먼저 나서서 징검다리가 되지 않으려 하는 모습, 호가로 시장의 간을 보는 모습들이 읽혔습니다. 그래서 폭등의 시그널을 읽을 수 있었죠. 많은 분이 실거래가에만 집중하는데, 실거래가와 더불어 호가의 변화를 주의 깊게 체크해야 합니다. 호가는 매도자의 심리이며, 실거래가는 매도자와 매수자의 타협의 결과입니다. 매도자의 심리가 담긴 호가와 타협의 결과인 실거래 사이의 갭이 어떤 방향성을 보이느냐에 따라 시장의 향후 방향성을 짐작할 수 있습니다. 당장 오늘 호가는 얼마이고 실거래가는 얼마이냐에 주목하면 안 됩니다. 앞서 "상어의 공격이 2012년에 비해 2배 증가했다"는 예시를 든 것을 떠올리시기 바랍니다. 단순히 현재의 호가나 실거래가는 상어 공격 2배 증가처럼 판단 기준이 되지 못합니다. 실거래가 발생하지 않고 있다 하더라도 호가가 높아지고 있는지, 낮아지고 있는지 그 추세를 봐야 합니다. 집을 비싸다, 싸다 말하는 건 오늘 당장 얼마였느냐가 중요한 게 아니라 점점 비싸지고 있느냐, 싸지고 있느냐의 추세를 봐야 합니다. 2021년 9월 이후 조정의 시그널이 드러난 것도 같은 맥락입니다. 동일하게 거래량은 급감했지만 유리 천정에 부딪힌 듯 호가가 더 올라가지 못합니다. 조정장과 하락장에서 집값이 하락하는 건 누구의 탓도 아닌 매도자 때문입니다. 직전 실거래가의 한 발 정도 거리에 징검다리를 놓는다는 심정으로 현실적인 호가를 제시하면 상승장의 기운이 남아있는 상태에서는 거래가 발생할 수 있습니다. 하지만 그 누구 하나 징검다리가 되고 싶어 하지 않죠. 탐욕의 끝, 투기 심리의 절정에 다다랐을 때의 현상입니다. 이때는 매도자의 심리인 호가와 타협의 결과인 실거래가 사이의 갭이 좁혀지지 않은 상태가 지속됩니다. 내가 아닌 다른 누군가가 징검다리처럼 직전 실거래가보다 조금 더 비싸게 팔아주었으면 하죠. 자기는 징검다리가 아닌 강 건너 어디쯤처럼 몇천이 아닌 몇억이 껑충 뛴 값에 내 집을 팔고 싶습니다. 하지만 매도자들이 다 똑같은 마음이니 누구 하나 징검다리 같은 호가를 제시하지 않습니다. 징검다리가 있어야 강을 건너고 상승세가 이어지는데, 아무도 다리가 되려고 하지 않고 강 건너에서 어서 빨리 강을 건너기만을 바라는 것이죠. 추격 매수가 이어져야 상승 분위기가 이어지지만 징검다리 같은 호가가 없으면 더 이상 높아진 집값을 따라갈 수 없습니다. 시장은 정부의 규제마저 이기지만, 결국 매도자의 욕심이 상승의 불길에 찬물을 끼얹는 아이러니한 현상이 벌어지는 것입니다. 정부

　　　　　　　　　아파트 투자는 사이클이다

마저 꺾지 못한 집값을 매도자의 욕심이 꺾어버리는 것입니다. 어떤 전문가는 호가가 떨어지지 않았으니 하락 시그널이 아니라고 합니다만, 똑같이 거래가 없어도 호가가 오르며 가뭄의 비처럼 드물게 성사되는 거래의 가격 추이를 보면 응축된 폭등의 시그널인지 높은 가격에 지친 조정의 시그널인지를 분명하게 구분할 수 있습니다.

우리나라 아파트 시장은 일반 매매 시장과 분양 시장으로 나뉩니다. 쉽게 표현하자면 일반 매매 시장은 당근마켓이나 중고나라에 비유할 수 있습니다. 이미 지어진 집을 사고 파는 것이죠. 분양 시장은 백화점에 출시되는 신상품 시장입니다. 아직 출시 전인 상품이지만 상품의 기본 스펙과 브랜드 등을 믿고 예약판매에 참여하는 것과 마찬가지입니다. 일반 매매 시장은 당근마켓이나 중고나라처럼 가격이 정해져 있지 않습니다. 부르는 게 값이죠. 여성 가방을 당근마켓에서 판다고 했을 때, 매도자의 호가는 매도자가 생각하는 가방의 가치입니다. 이 가방이라면 적어도 이 정도는 받아야겠다고 생각하면서 어느 정도의 에누리까지 감안하여 가격을 올리죠. 판매자가 생각하는 가격보다 싼 가격이어야만 사겠다고 한다면 가방을 팔아도 그만, 안 팔아도 그만입니다. 반면 백화점에서 출시되는 신상품은 무조건 시즌 안에 다 팔아야 합니다. 그렇지 않으면 신상품이 악성 재고로 남게 되죠. 한 해 동안 다 팔지 못한 신상은 더 이상 신상이 아니라 이월 상품이 되어 값이 떨어집니다. 신상의 인기가 너무 높아 나중에 웃돈을 더 주고 판매하는 경우가 있지만, 기본적으로 신상의 특징은 당해 소진해야 하는 정가 판매 제품입니다. 분양 시장의 아파트와 똑같죠. 분양하는 해에 다 팔아야 하고, 다 팔지 못한 미계약분이 계속 이어져 입주 미분양으로 남으면 값은 떨어질 수밖에 없습니다. 인기가 많은 아파트 분양권에는 프리미엄이 붙기도 합니다만, 프리미엄은 건설사의 몫이 아니라 분양받은 사람의 몫입니다. 집값 하락의 시그널이 미분양인 이유도 당근마켓과 백화점의 상품으로 비유해 보면 이해하기 쉽습니다. 백화점의 2023년 신상으로 예약판매 진행한 가방이 기간 내 다 팔리지 못해서 재고가 남고 끝내 이월되어 아울렛에서 팔리게 된다면, 그 가방은 나중에 당근마켓에 나와도 비싼 값을 받을 수 없습니다. 백화점에서 완판이 안 되어 특가 세일을 수차례 해도 재고 소진이 안 돼 아울렛에서 염가 판매된 것을 다들 알기 때문입니다. 이런 가방이 늘어나게 되면 당연하게도 사람들은 정가에 나오는 신상 가방을 안 사게 되죠. 조금만 더 참고 기다리면 불과 작년에 신상으로 팔렸던 가방이 아울렛에 더 싸게 풀릴 걸 알기 때문입니다. 새 가방이 그런 상황이라면 중고 가방을 보유한 이들이 중고나라에 가방을 올릴 때 비싸게 올릴 수가 없습니다. 작년에 백화점에서 판매되었던 가방이 어느새 아울렛에서 대폭 할인을 하고 있는데, 새 가방을 할인받아서 사면 샀지 비슷한 값에 중고를 살 필요가 없기 때문이죠. 심지어 상황이 더 진척되다 보면 가방 자체에 대한 수요가 줄어들게 됩니다. 가방이라는 단어를 아파트로 대체해서 다시 한 번 읽어보시면 왜 미분양, 그리고 입주 미분양이 하락의 시그널인지 이해하시리라 생각합니다.

명품백이 인기가 많은 이유가 뭘까요? 자신의 재력을 증명하고 과시할 수 있기 때문입니다. 더구나 명품백은 시간이 지나면 중고가가 신품 가격보다 높아지는 경우도 있습니다. 명품백은 비싸야 팔리고, 비싸서 팔리며, 중고임에도 프리미엄을 붙여 판매하기도 하죠. 명품백이 할인 판매를 하는 순간 희소성은 떨어지고 격이 낮아지게 됩니다. 당연히 사려는 사람도 줄어들겠죠. 간혹 의식주의 '주'에 해당하는 집은 투기상품이나 소비재가 아니라 필수재라고 말하는 분이 있습니다. 거품이 끼고 값이 오르는 건 비정상이라 말하기도 하죠. 그렇다면 의식주 중의 '의'인 옷 역시 투기 상품이나 소비재가 아니라 필수재라 말하는 것과 똑같습니다. 몸을 보호하고 가리는 것이 옷의 본연의 목적이지만, 의류에도 브랜드 밸류가 있어서 저, 중, 고가로 나뉘며, 누구나 갖고 싶은 명품이 있기도 합니다. 그래서 재벌가의 누군가가 두른 옷과 가방이 얼마인지 기사화되기도 하고, 그들이 걸친 게 순식간에 완판이 되기도 하죠.

필수재에는 욕망이 투영되지 않습니다. 사람들이 가격 비교를 하며 한 푼이라도 더 싼 것을 찾는 건 그것이 생활에 반드시 필요한 필수재이기 때문입니다. 하지만 주식, 부동산처럼 쌀 땐 거들떠보지도 않다가 비싸질 때 사려고 사람들이 몰려드는 건 투기적 목적이 내포돼 있고 욕망이 투영된 상품이기 때문입니다. 제가 속물이라서 부동산의 특성을 이렇게 표현하는 게 아닙니다. 부동산은 거의 마지막으로 남은 부의 사다리이자 대한민국 자산의 큰 축을 담당하고 있습니다. 부동산 시장이 비정상이라며 무조건 하락해야 한다고 주장하는 분들은 여우가 먹어보지 못한 포도를 시다고 말하는 것과 다를 게 없습니다. 가진 자는 가진 자를 욕하지 않습니다. 갖고 싶은 자 역시 가진 자를 욕하지 않습니다. 가질 수 있다는 희망이 없는 사람만이 가진 자를 욕합니다. 희망이 없기에 늘상 폭락만을 외치는 것입니다. 저는 가질 수 있다는 희망이 있기에 아파트에는 사이클이 있으며 폭등 이후 폭락이 찾아온다고 강조하는 것입니다. 폭락이 왔을 때야말로 가지지 못한 자들이 부의 사다리에 첫발을 올릴 때라고 거듭 말씀드리는 것입니다.

9.13 대책이라는 강력한 규제가 등장했을 때, 다주택자들 입장에서는 팔아도 그만, 안 팔아도 그만입니다. 세금이 중과되는 강력한 대책이었지만 세금 회피 목적의 매물은 적극성이 떨어집니다. 굳이 안 팔고 버텨도 되는 것이지요. 한마디로 당근마켓에 가방을 여러 개 매물로 올려두었는데 갑자기 사이트 측에서 한 달 뒤부터 거래 수수료를 잔뜩 떼어가겠다고 공지한 것과 다름 없습니다. 이럴 경우 '한 달 뒤 수수료를 중과한다니 지금 싹 다 팔아야겠다'는 생각보다는 '내가 누구 좋으라고 이걸 다 팔아? 차라리 안 팔고 말지!'라 마음을 먹게 되죠. 팔려고 내놓았던 물건을 내리는 것입니다. 9.13 대책 이후 거래량이 급감한 것도 이런 심리가 작용한 것입니다. 여전히 사고 싶은데 살 수 있는 물건이 없으면 가격은 오를 수밖에 없습니다. 반대로 매도자는 팔고 싶은데 매수자가 너무 비싸다고 생각하여 안 사게 되는 순간, 가격은 떨어지게 되어 있습니다. 없어서 못 사는 것과 있어도 안 사는 것은 거래량만 놓고 보면 표면적으로 큰 차이가 없어 보이지만 이면의 심리, 즉 호가에서는 차이가 큽니다. 같은 물을 먹어도 폭등의 우유가 되느냐 폭락의 독이 되느냐의 차이입니다.

　　　　　　　　　　　아파트 투자는 사이클이다

다시 한번 강조합니다. 거래량과 가격은 비례하지 않습니다. 상승 중반에는 거래량이 폭발적으로 늘어납니다만, 폭등할 때는 오히려 거래량이 줄어듭니다. 이는 상승에서 폭등을 앞둔 조정입니다. 폭등 이후 하락을 앞둔 조정과는 완전히 다른 특징을 보이죠. 비싸진 만큼 매수자와 매도자 모두 숨을 고를 필요가 있는 것입니다. 간혹 발생하는 거래와 다음 거래 사이에는 충분한 시간이 있습니다. 상황에 따라 포지션을 변경할 여지가 충분하죠. 매도자 우위의 시장에서는 매도자가 시장을 관망하며 여유 있게 호가를 올릴 수 있습니다. 상승과 폭등, 폭등과 하락, 하락에서 상승으로 넘어갈 때는 쉬어가는 코너처럼 조정기가 있습니다. 많은 전문가들은 각 조정기의 특징을 구분하지 못하고 엉뚱한 전망을 내놓곤 합니다.

하락의 골짜기를 지나던 2013년에는 미분양 물건의 거래량이 폭증했습니다. 어느 공인중개사는 가장 재미가 좋았던 시기로 2013년 이후 박근혜 전 대통령 재임 기간을 꼽기도 합니다. 집값 자체는 오를 기미가 없었지만 거래가 활발하게 일어나 중개 수수료 수익이 많았기 때문이죠. 당시 거래량이 상당한데도 집값이 상승할 조짐이 안 보이자 다수의 부동산 전문가가 우리나라 아파트 시장은 끝났다며 속단하기도 했습니다. 이것 역시 조금만 깊게 들여다보면 자연스러운 결과입니다. 앞서 가방 비유를 떠올리시기 바랍니다. 입주 후 미분양은 신상 출시 당시 완판에 실패하고 아울렛에서 판매되는 이월 상품과 같은 입장입니다. 할인 상품 판매가 급증했다 해서 이월 상품의 가격이 다시 높아질 수는 없습니다. 독자분들의 이해를 위해 최대한 쉽게 비유해 드리는 것인데, 생산과 유통, 판매 면에서 큰 원리를 따지면 어려울 게 없는 이치입니다. 이해한 후에 돌아보면 이렇게 단순하고 투명한 시장인데도 거래량에 대해 오판을 하는 건 우리나라에 부동산이 학문으로 자리 잡지 못했고, 관련 학과 개설도 늦은데다 부동산 전문가가 아닌 주식 분야의 전문가와 애널리스트가 부동산으로 넘어온 경우가 많기 때문입니다. 주식에서는 빨간색 장대 양봉이 차트에 뜨면 주가가 올라간다고 하죠. 소위 말하는 거래가 터졌다, 거래량이 급증했을 때 그렇습니다. 그래서 매도자의 입장에서 보면 거래량이 터질 때 값이 올라가는 게 맞습니다. 하지만 장대 음봉의 경우도 생각해야 합니다. 분명 거래량이 폭발했지만 호가가 낮아지고 가격이 떨어지면서 매수가 늘어날 경우 길고 긴 파란색 캔들이 차트에 뜨면서 주가는 떨어지게 되어 있습니다. 주가가 상승할 때도, 떨어질 때도 거래량은 폭발한다는 걸 아셔야 합니다. 상한가를 치거나 하한가를 칠 때는 오히려 거래량이 줄어들지만, 호가에서 드러나는 심리로 인해 폭등이냐 폭락이냐를 가늠할 수 있다는 것을 인식하셔야 합니다. 주식 단타의 고수들은 기업 분석 없이 호가창만으로도 주가가 어느 방향으로 갈지 예측 가능하다고 합니다. 낮은 가격으로 사겠다는 매수 대기자가 많아서 결국 떨어지는 가격에서 거래량이 터지면 주가는 낮아질 수밖에 없습니다. 호가는 심리입니다. 거래량 너머의 호가와 심리를 반드시 체크하셔야 합니다.

마지막으로 복습 차원의 퀴즈를 하나 드리겠습니다. 아파트사이클의 5단계는 하락, 상승 초기, 상승, 조정, 폭등입니다. 폭등 뒤에는

아파트 투자는 사이클이다

하락이 찾아오고, 하락의 시그널은 신규 분양 단지의 미계약 발생, 이후 미분양 발생입니다. 이 시기에는 거래량 감소와 함께 호가의 변화를 눈여겨 보시면 됩니다. 그리고 가장 강력한 하락의 시그널은 입주 후 미분양입니다. 아파트가 이미 다 지어졌는데도 입주할 사람을 찾지 못한 것이죠. 미계약이 발생한 단지가 어찌어찌 완판됐다 해도, 미계약의 충격은 다음 분양 단지에 영향을 미치며 미분양의 위협이 전염병처럼 퍼지게 됩니다. 미분양의 위협이 누적되면 끝내 입주 후 미분양이라는 하락 시그널의 끝판왕이 등장하게 됩니다. 입주 후 미분양이 발생하면 그 어떤 부양책이나 규제 완화로도 돌이킬 수 없는 하락장의 늪이 시작되죠. 여러분이 믿건 안 믿건 상관없이 하락장에서는 3~40% 할인된 아파트들이 매물로 나옵니다. 3~40%는 평균치일 뿐, 60% 이상 할인된 매물까지도 등장하게 되죠. 여기에서부터 질문입니다.

> **Q. 당신이라면 하락장에서 어떤 아파트를 사겠습니까?**
>
> 1. 최초 분양가 6억이었으나 40% 할인하여 매매가 3억6천만 원인 아파트
> 2. 같은 면적에 할인 일절 없이 3억8천만 원에 분양하는 아파트

브랜드 밸류나 내장재 차이 등은 제외하고 시세차익면에서 어떤 아파트를 매수하는 게 유리할까요? 정가가 비쌌지만 40%나 할인하

는 3억6천 아파트가 좋을까요, 아니면 할인도 안 하는데다 정가마저 더 비싼 3억8천짜리 아파트를 사야 할까요?

정답은 2번입니다. 조금 더 값을 치르더라도 3억8천짜리 아파트를 사는 게 시세차익을 거두는데 유리합니다. 6억에 나왔지만 40% 할인하는 아파트는 아울렛 시장에서 할인 판매하는 가방과 같습니다. 애초 정가는 6억이니 정가 3억8천에 나오는 아파트보다 내장재 등은 더 좋은 걸 쓴 집일 수 있습니다. 하지만 완판에 실패하고 아울렛에서 유통되는 가방은 싸게라도 팔아 재고를 떠는 게 목적입니다. 다 팔리지 않는 이상 값을 올릴 수가 없죠. 3억8천에 나오는 새 아파트는 6억짜리가 40% 할인돼서 이월 상품으로 팔리며 거래량이 늘어나는 시점에 나오는 신상인 셈입니다. 애초 비싼 정가로 출시된 가방은 정가가 낮은 가방보다 가죽이나 바느질 마감이 좋은 경우가 많습니다. 아파트도 사정이 비슷합니다. 비록 40% 할인 판매하고 있지만 애초 분양가가 더 높게 나온 아파트가 나중에 더 싸게 분양하는 아파트보다 내장이나 마감이 좋을 수 있습니다. 하지만 하락장에서 상승 초기로 넘어가는 시점에서는 안 팔려서 할인하는 상품보다 미분양이 발생한 적 없는 신상이 더 유리합니다. 똑같이 2억 원이 올라간다 해도 40% 할인했던 아파트는 원래 가격도 회복 못한 셈이지만, 할인하는 아파트 실매수가보다 조금 더 비싸게 나온 3억8천짜리 새집은 무려 52%나 상승한 셈이기 때문입니다.

우리나라 부동산 시장이 일반 매매 시장과 분양 시장으로 나뉜

아파트 투자는 사이클이다

다고 말씀드렸습니다. 일반 매매 시장을 당근마켓이나 중고나라로 비유해서 설명드렸죠. 비싸고 좋지만 출시 당시 완판 못 해서 아울렛에서 40% 할인 판매 후 현 시세가 애초 정가까지 회복된 중고 가방과, 백화점 신상인데 벌써 52% 프리미엄이 붙은 가방 중 어떤 걸 사는 게 앞으로 더 많은 시세차익을 거둘 수 있을까요? 설명할 필요도 없이 프리미엄이 붙은 신상입니다. 할인 판매하는 아파트보다 얼마 더 비싸더라도 프리미엄이 붙을 수 있는 새집을 매수하는 게 이득입니다. 아파트는 사이클을 따라 움직이며, 부동산 투자는 심리 싸움입니다. 당근 거래 하나를 할 때도 비슷한 물건 호가를 다 살피며 눈치 게임하듯 매수자의 심리를 살피는데, 왜 훨씬 더 비싼 아파트를 매매하는데 심리가 아닌 단순한 수요와 공급으로 가격이 조정된다고 하는지 한번 곰곰이 생각해보시면 좋겠습니다. 임대시장에서의 수요는 1대 1로 한 명은 하나의 전세나 월세에 살 수밖에 없습니다만, 매매시장은 다릅니다. 시장이 상승하면 한 명이 열 채, 스무 채, 백 채든 살 수 있다는 걸 잊어선 안 됩니다. 시장 상황에 따라 수요는 폭발하기도 하고, 흔적도 없이 증발하기도 하는 가변성을 지니고 있습니다. 흔들리는 수요와 공급을 기준으로 삼지 마시고 태초 이래부터 변하지 않는 인간의 욕망을 드러내는 심리, 우리나라에만 있는 전세가, 분양, 정책을 기준으로 하는 아파트사이클에 따라 상품이 아닌 때를 사시기 바랍니다.

미분양은 시장 전환의
가장 강력한 시그널이다

잘 사기만 한다면 절반은 판 것이나 다름없다.
즉 보유 자산을 얼마에, 언제, 누구에게, 어떤 방법으로 팔지에 대해
고심하느라 많은 시간을 보내지 않아도 된다는 의미다.
자산을 저가에 매수했다면 위의 문제들은 저절로 해결될 것이다.
_하워드 막스

———————— · ————————

주야장천 부동산 상승을 주장하는 분 중 하락을 앞둔 조정장에서 호가가 떨어지지 않는 것을 근거로 하락장이 도래하는 걸 부정하는 경우가 있습니다. 하락장이 본격화되면 거래 절벽을 넘어 거래 멸종이라고 할 정도가 되는데, 거래량은 적지만 호가가 떨어지지 않기 때문에 하락은 아니라는 논리죠. 손뼉도 마주쳐야 소리가 납니다. 거래량이 적다는 건 매도자와 매수자의 손뼉이 마주치지 않는다는 뜻입니다. 매도자는 여전히 상승을 꿈꾸고, 매수자는 하락을 예상하고 있으니 거래가 발생할 수 없습니다. 당연히 거래량이 절벽을 넘어 멸종인 상태가 되죠. '거래량은 없지만 호가가 떨어지지 않았으니 하락이 아니다'라는 말은 조금만 생각해보면 얼마나 말이 안 되는지 금세 알아차릴 수 있습니다. 모든 자산에 거품이 끼었던 2021년 한때

NFT 열풍이 불었습니다. 트위터 창립자 잭 도시가 쓴 역사상 첫 번째 트윗 'just setting up my twttr.'(지금 막 내 트위터 계정을 설정했다.)의 NFT는 경매를 통해서 290만 달러(약 35억6천4백만 원)에 말레이시아의 블록체인 기업 CEO인 시나 에스타비에게 팔렸습니다. 1년 남짓 지나 시나 에스타비는 첫 번째 트윗 NFT를 다시 경매에 올렸죠. 수익의 절반을 자선단체에 기부하겠다고 밝혔는데, 예상 기부 금액이 250만 달러(약 30억 원)였습니다. 한마디로 1년 새 첫 번째 트윗 NFT의 가격이 구매 당시보다 2배 가까운 60억 원에 팔릴 거라 기대한 셈입니다.

시나 에스타비는 최초의 트윗 NFT를 다시 경매에 내걸었음을
자신의 트위터를 통해 알렸다.

하지만 경매는 시나 에스타비의 기대와는 정반대인 충격적인 방향으로 흘러갔습니다. 입찰자도 몇 명 되지 않았을뿐더러 최고 입찰가가 약 3,800만 원에 불과했던 겁니다. 1년 전 구매 가격에서 99%가 떨어진 셈이죠. 물론 시나 에스타비는 첫 트윗 NFT를 팔지 않았습니다. 파는 순간 35억 원의 손실이 확정되기 때문이죠. 하지만 팔지 않는다고 해서 첫 번째 트윗의 가격이 35억 원의 가치를 고스란히 유지하고 있다고 보긴 어렵습니다. 매수 희망자가 몇 명 되지도 않았다는 건 더 오를 거라 기대하는 이가 없다는 반증이고, 그나마 최고 입찰가도 최초 구매가의 1%에 불과하기 때문입니다. 그런데 누가 이 상황을 옆에서 보고 있다가 "거래는 안 됐지만 첫 번째 트윗 NFT의 매도 호가 60억 원은 그대로니까 그 NFT 값은 60억 원 그대로이며 하락한 게 아니다!"라고 말한다면 그 주장이 받아들여질까요?

거래가 이뤄지지 않고 있다는 건 매도자의 매도 희망가와 매수자의 매수 희망가의 갭이 너무 크다는 뜻입니다. 첫 번째 트윗 NFT

순위	종목명	현재가	전일비	등락률	거래량	매수호가	매도호가	매수총잔량	매도총잔량
1	TRUE 인버스 2X 천연가스 선물 ETN(H)	460	▼ 80	-14.81%	3,160,761	455	460	4,536,838	2,552,663
2	한국미라클피플사	12,550	▼ 2,050	-14.04%	1	12,550	16,700	41	5
3	하인크코리아	13,000	▼ 2,000	-13.33%	671,908	13,300	13,400	57,592	23,579
4	신한 인버스 2X 천연가스 선물 ETN	245	▼ 35	-12.50%	1,149,172	240	245	19,091,334	8,421,938
5	동양2우B	15,900	▼ 1,700	-9.66%	665	15,900	15,950	97	6
6	한창	1,410	▼ 120	-7.84%	6,993,922	1,420	1,425	1,210,391	335,307
7	HLB제약	15,450	▼ 1,300	-7.76%	440,162	15,600	15,650	36,457	11,860
8	HLB생명과학	12,600	▼ 1,050	-7.69%	1,026,156	12,650	12,700	144,975	45,387
9	에이치앤비디자인	5,990	▼ 490	-7.56%	113,843	6,420	6,430	4,937	17,657
10	소프트센우	31,350	▼ 2,550	-7.52%	34	31,100	31,400	25	75

일간 하락 순위 2위인 한국미라클피플사의 경우, 단 한 주가 팔리며 14.04% 하락했다.

아파트 투자는 사이클이다

소유자는 그걸 60억 원에 팔고 싶어도, 시장의 매수자들이 생각하는 매수 희망 최고가가 3,800만 원이라면 그 NFT는 3,800만 원짜리인 겁니다. 정가가 정해져 있지 않은 모든 투기 상품은 결국 칼자루를 쥔 자가 값을 정합니다. NFT 붐이 일던 2020년 ~ 2021년에는 파는 사람이 칼자루를 쥐고 있었지만, 거품이 빠진 2022년에는 매수자가 칼자루를 쥐고 있습니다. 내 희망을 호가로 표현하는 건 자유지만, 그 가격을 인정하는 건 시장입니다.

주식으로 예를 들어 보겠습니다. 네이버 증권에 접속하여 국내 증시 탭을 클릭하면 하단에 Top종목이 있습니다. 당일 상한가, 하한가, 상승과 보합, 하락한 종목을 순위별로 일목요연하게 보여주죠. 당일 하락 2위인 '한국미라클피플사'를 보면 14.04%가 하락한 걸 확인할 수 있습니다. 그런데 등락률 옆 거래량을 보면 단 1주가 거래된 것을 알 수 있죠. 단 1주가 팔렸을 뿐인데 무려 14%가 넘게 하락한 것입니다. 아무도 사지 않는 와중에 한 명이 한 주를 산 것만으로 가격이 훅 떨어진 것이죠. 이날 하락 6위인 '한창'의 주식은 무려 699만 주나 거래되었음에도 하락률이 7.84%인 것과는 극명한 차이가 납니다. 부동산 투자를 하는 많은 분이 오해하는 것 중 하나가 '거래량이 늘어나면 집값이 오른다' 인데, 실제 현장에서는 거래량이 늘어서 집값이 오르기도 하지만 거래량이 늘면서 집값이 내려가기도 합니다. 오르는 가격을 쫓아가서 사는 사람이 많으면 거래량이 터지면서 가격도 비례하여 오르는 것이고, 점점 떨어지는 가격을 기다렸다가 사들이면 역시 거래량이 늘면서 가격이 떨어지는 것입니다. 또한 단 한

주 판매로 14%가 하락한 한국미라클피플사의 사례처럼 거래 절벽인 상태에서 단 한 건의 급매물이 팔려나가면서 순식간에 가격이 떨어지기도 합니다. 매수자의 매수 사정이 어쨌든 간에 하락하고 있다는 신호를 주기에는 충분하죠. 끝없는 상승을 주장했던 분들은 호가가 내려가지 않았고 거래가 없으므로 하락이 아니라는 말을 하지만, 정작 아파트값이 급등할 때는 한 건의 신고가를 기록한 것도 시세로 인정을 하며 상승이 영원할 것처럼 말했다는 것을 상기해보면 일관되지 않은 논리의 허점이 보입니다. 오를 때의 신고가 한 건도 시세이며, 하락할 때의 한 건도 시세입니다. 첫 트윗 NFT 호가가 60억 원이라 해도 3,800만 원에 거래되면 그건 60억이 아니라 3,800만 원짜리인 것입니다. 호가는 파는 사람의 희망이자 욕망이지만, 매수하는 사람이 받아들여야만 실제 가치가 됩니다. 팔리지 않는다는 건 팔려는 자와 사려는 자의 가치에 괴리가 존재함을 여실히 드러내는 것이죠.

부동산 하락을 앞둔 시기 거래 절벽이 나타나는 이유는 NFT 투자금 99%를 날린 꼴인 시나 에스타비의 행동을 보면 알 수 있습니다. 파는 순간 99% 손해가 확정되니 경매가 끝나고 최고 낙찰가가 정해졌어도 '차라리 안 팔고 만다!'인 태도를 보일 수밖에 없습니다. 실제로 시나 에스타비는 영국 BBC와의 인터뷰에서 "높은 입찰가를 받지 않는 한 이 NFT를 절대로 팔지 않을 것"이라 말했다고 하죠. 덧붙여 "NFT는 디지털 세계의 모나리자라 몇 년 후 사람들이 NFT의 가치를 깨닫게 될 것"이라고 말했답니다. 고상하게 표현했지만 속내는 비싸게 팔 수 있을 때까지 '존버'하겠다는 겁니다. 하지만 파는 이

아파트 투자는 사이클이다

가 아무리 모나리자라 주장해도 사는 이들이 모나리자로 받아들이지 않으면 아무 소용이 없죠. 결국 비싸게 되팔 수 있을 때까지 버틸 수밖에 없는 비자발적 장기투자자의 길을 선언한 것입니다. 이는 모든 투기성 상품의 거품이 빠질 때 나타나는 공통적인 현상입니다. 파는 사람은 언젠가는 상승할 거니까 싸게는 안 팔겠다고 버티고, 사려는 사람은 더 싸게 사거나 차라리 안 사겠다고 지켜보기만 하는 것이죠. 매도자와 매수자의 입장 차이가 큰 만큼 팽팽한 긴장감이 형성되며 거래가 뚝 끊길 수밖에 없습니다. 아주 강력한 외부 요인의 개입이 없는 이상 이 긴장감은 유지될 수밖에 없습니다. 대립의 균형에 균열을 가져오는 건 바로 미분양입니다.

우리나라 부동산 시장은 일반 매매 시장과 분양 시장이라는 두 축으로 나뉜다고 말씀드렸죠. 쉬운 이해를 위해 일반 매매 시장을 당근 마켓에, 분양 시장을 백화점 신상품으로 비유해서 설명드렸습니다. 아파트 시장이 중고와 신상품으로 나뉘는 것이죠. 중고야 팔든 안 팔든 존버할 수 있습니다. 하지만 신상품은 시즌 내 다 팔아야만 합니다. 집을 가진 분들이 아무리 버티려 해도, 중고보다는 신상품이 낫습니다. 그리고 신상품인 신규 분양 아파트가 높은 분양가로 인해 미계약이 발생하고 겨우겨우 완판하게 되면, 그런 분위기는 다음 분양 현장에 고스란히 이월됩니다. 어떤 분은 "아직 서울에는 유의미한 숫자의 미분양이 나타나지 않고 있는데 무슨 하락이냐? 미계약이 있었지만 결국 분양 완료했다!"고 따지기도 합니다. 중요한 건 이달에 당장 미분양이 몇 건 발생했냐는 절대값이 아닙니다. 미분양이 '점진적으로 늘어나고 있다는 추세'가 중요하죠. 당장의 숫자가 아니라 흐름의 변화, 추세를 읽어야 합니다. 폭등 전에도, 폭락 전에도 거래량은 똑같이 적지만 호가를 봐야 한다고 말씀드린 것과 동일한 원리입니다.

바람은 눈에 보이지 않지만 일정한 방향으로 불어옴을 느낄 수 있죠. 태풍은 갑자기 벼락처럼 쏟아지지 않습니다. 잔잔한 바람의 추세가 점점 바뀌며 태풍이 다가오고 있음을 알리죠. 미분양은 폭락이라는 태풍을 알리는 명확한 전조입니다. 미계약이라는 미풍에서 시작된 태풍의 전조는 미분양이라는 거센 바람으로, 끝내 입주 미분양이라는 태풍으로 시장을 뒤흔듭니다. 입주 미분양이 불어닥치면 규제를 모두 해제한들 시장의 흐름을 되돌릴 수 없습니다. 정부가 2022년 대한민국에서 가장 먼저 하락세를 보인 대구 지역의 규제를 우선적으로 풀었으나 시장의 하락세를 멈출 수 없었던 걸 보면 잘 알 수 있습니다. 대구와 함께 세종도 큰 폭의 하락세를 보이고 있지만 세종 지역의 규제를 풀지 않은 건 대구에는 있고 세종에는 없는 것 때문이었죠. 바로 미분양입니다. 대구에는 2022년에 이미 미분양이 등장했습니다. 특히 집을 다 지었는데 팔리지 않은 빈집으로 남게 되면 투자 심리는 얼어붙을 수밖에 없습니다. 사람들이 이제 막 지어 올린 새집도 안 사는 마당에 구축 아파트를 살 리가 없죠. 거래 절벽을 마주한 대구 분양 현장에서는 2008년 금융위기 이후 처음으로 할인 분양을 시작했습니다. 이처럼 미분양이 등장하면 매도자도 더는 버틸 수 없습니다. 막 나온 따끈따끈한 신상 아파트가 할인에 사은품을 끼

아파트 투자는 사이클이다

워주는데 중고인 구축 아파트를 아무런 혜택 없이 매도하기는 어렵죠. 결국 그에 대응하는 마지막 카드인 값을 내리는 수밖에 없습니다.

전쟁 또는 분쟁의 판도를 바꿀 수 있는 무기를 게임 체인저라 부르죠. 전술핵이나 극초음속 무기가 게임 체인저에 속합니다. 상대가 누구든 방어하기 어렵고 한 번 사용되면 단숨에 판세를 바꿔버립니다. 부동산 시장에서 미분양은 게임 체인저에 속합니다. 미분양이 발생하면 시장의 주도권은 집을 가진 사람이 아닌 사려는 자, 매수자 우위 시장으로 완전히 전환됩니다. 상승장과 반대로 게임의 판이 새롭게 개편되는 거죠. 반대로 시장이 다시 상승하는지 확인하려면 입주 미분양이 해결되는 추세를 봐야 합니다. 입주 미분양 물량은 안팔린 신상품을 아울렛 매대에 쌓아놓고 파는 것과 마찬가지입니다. 재고를 다 털어야 신상품이 제값을 받을 수 있습니다. 품질이 별반 다르지 않은 이월 상품 재고가 많으면 신상 가격에까지 영향을 줄 수밖에 없죠. 결국 미분양을 지나 입주 미분양의 발생은 하락의 가장 강력한 시그널이자 게임 체인저이고, 상승의 추세를 읽을 때도 입주 미분양 물량이 소진되는 추세를 보며 가늠해야 합니다. 새집인 동시에 빈집이었던 물량이 소진되고 전세가가 슬슬 올라가며 매매가와 갭이 좁혀지는 게 상승이라는 봄날의 햇살이 다가오는 신호입니다. 이처럼 미분양은 태풍의 전조인 동시에 입주 미분양 해소에 이은 전세가 상승은 하락 안정기를 지나 상승장이 다가온다는 따뜻한 봄의 전령인 셈입니다. 아파트사이클 이론에서 제가 심리, 전세가, 분양, 정책을 말하는 것은 이 요소들이야말로 시장의 가격을 결정하는데 결정적인 영향을 미치기 때문입니다. 금리나 국제정세, 정치, 심지어 전쟁까지도 2차 요인일 뿐입니다. 시장에 직접적인 영향을 미치며 게임체인저가 되는 심리, 전세가, 분양, 정책의 추이를 늘 지켜보시기 바랍니다.

아파트 투자는 사이클이다

아파트를 산 이유가
단지 오를 것 같아서라면, 잘못 산 것이다

자신이 어떤 주식을 왜 갖고 있는지
납득할 만한 이유를 말할 수 있는가?
"이 주식은 반드시 오를 것"이라는 생각은 별로 중요하지 않다.
_피터 린치

———————— · ————————

독일 이상주의 철학의 이론을 완성한 거장 게오르크 헤겔은 『역사철학강의』를 통해 이런 말을 남겼습니다. "경험과 역사가 가르치는 것은 국민과 정부가 역사로부터 아무것도 배우지 않거나, 역사에서 끌어낸 원칙에 따라 결코 행동하지 않는다는 것이다."

영국 출신의 소설가이자 비평가이며 『멋진 신세계』 등의 명작을 남긴 올더스 헉슬리는 이런 말을 남겼죠. "인간이 역사를 통해 배운 게 별로 없다는 사실이야말로 역사가 줄 수 있는 가장 큰 교훈이다."

헤겔과 올더스 헉슬리는 사람들이 역사로부터 지혜를 얻지 않는 다는 점을 말하고 있습니다. 투자의 대가 존 템플턴 경 역시 "영어 단어 중 가장 비싼 네 단어는 '이번에는 다르다.'이다."라는 말을 남겼죠. 참 아이러니한 건 대가들이 이렇게 콕 집어 경고함에도 불구하고 거의 전부에 가까운 투자자들은 '이번에는 다르다'며 투자시장에서 발생했던 역사적 사실들을 깔끔하게 외면해 버리고 만다는 것이죠. 흔히 하는 말로 유튜브 등을 통해 학습과 정보 공유가 일상이 되었기에 이전과는 다른 양상이 벌어지리라 자신하는 것입니다. 안타까운 얘기지만 2021년 폭등장에 올라탄 분들은 결국 시장에서 버티지 못하고 시장을 떠나게 될 가능성이 큽니다. 원금 손실은 물론이거니와 만져보지도 못한 돈이 이자로 빠져나가니 부동산 투자의 '부'자도 듣기 싫어질 정도로 진절머리를 내며 자의 반 타의 반으로 시장을 떠나게 되죠. 당연히 이분들의 경험은 다른 이들에게 전해지거나 공유되지 않습니다. 공유되지 않는 건 역사로 남을 수 없죠. 상승 후 조정장에 돌입하는 시기에 10대, 20대 초반이었던 분들은 하락장이 끝나 다시 상승하는 시기에 20대, 30대가 되는데, 이들이 10대, 20대일 때 부동산 투자나 흐름에 대해 교육받을 기회가 전무한 실정입니다. 이들이 20대, 30대가 되어 맞이한 시장은 눈을 뜨고 일어나면 집값이 오르는 세상이니 당연히 집값은 영원히 오를 것이라 생각할 수밖에 없죠. 상승장이 한창일 때 상승만 주야장천 외쳤던 분들은 길고 긴 하락기를 버티지 못하고 조용히 사라질 가능성이 높습니다. 집을 사면 망할 것만 같은 하락장에선 다들 부동산 카테고리의 유튜브에 관심을 뚝 끊게 됩니다. 안타깝지만 정확히 이런 풍경이 몇 년 안에 펼쳐질 것입니다. 대중과 반대로 이때에도 부동산에 대한 관심을 놓지 않으며 시장에 남아있는 사람이 결국 부동산으로 돈을 벌게 되는 건 자명한 사실입니다.

아파트 투자는 사이클이다

부동산 사이클의 4대 요소라 할 수 있는 심리, 전세가, 분양, 정책에 대한 대중의 인식 역시 하락장을 거치면 리셋되고 지워집니다. 2008년 부동산 하락장이 펼쳐지던 당시의 기사를 한 번 볼까요?

연거푸 쏟아지는 '부동산규제완화책'

올해는 부동산규제완화의 해라고 해도 과언이 아닐 정도로 각종 부동산 규제완화책이 발표됐다. 새정부 출범 이후 세제 개편안을 포함해 굵직굵직한 부동산 규제 완화 대책을 11차례나 발표했다.

가장 먼저 3월 20일 '장기보유 1주택자 특별공제'의 세금 정책이 나왔고, 이어 5월 17일 '지방 재건축 초과이익부담금 면제', 그리고 6월 11일 '지방 미분양 해소 대책', 6월 30일 '신혼부부용 주택 특별공급', 8월 21일 수도권 전매제한 및 재건축 규제 완화, 신도시 확대 등의 부동산규제완화, 9월 1일 '부동산 세제 개편', 9월 19일 '서민주택 공급 확대', 9월 23일 '종합부동산세개편', 10월21일 '건설경기 활성화 대책', 11월 3일 재건축 규제 완화와 강남 3개를 제외한 서울, 수도권 투기지역 전면 해제 등을 골자로 한 '11.3부동산 규제완화책', 그리고 마지막으로 12월 5일 1가구 다주택자 2년간 양도세 중과 면제 등의 '세금 완화책'을 내놨다. 이렇게 정부는 부동산 거래시장을 살리기 위해 무려 11차례의 부동산 규제 완화책 발표에도 불구하고 부동산 시장은 좀처럼 살아나질 않고 있다.

강남 재건축 아파트값은 2년 새 반토막이 돼버렸다. 강남 재건축 아파트의 경우에는 잇따른 재건축 규제 완화에도 불구하고 한 달 새 2억 원 이상이 떨어지는 곳도 나타났다. 그 외 과거 인기 지역이 었던 목동, 분당과 용인 등의 버블세븐 집값도 쉴새 없이 가격이 떨어지고 있다. _2008년 12월 기사 중

기사의 핵심은 규제 완화 대책을 무려 11개나 쏟아냈는데도 시장이 살아나지 못한다는 얘기입니다. 당시 쏟아낸 규제는 문재인 정부 시절 집값을 잡기 위해 내세운 규제와 정확히 반대되는 내용이죠. 장기보유 1주택자 특별공제, 지방 재건축 초과이익부담금 면제, 수도권 전매제한 및 재건축 규제 완화, 서울, 수도권 투기지역 전면 해제 등 2021년 기준으로 봤다면 꿈같은 상황입니다. 더구나 강남 재건축 아파트값이 2년 만에 반토막이 됐다고 말하고 있죠. 목동, 분당, 용인 등 모두가 최고의 입지라 꼽을 만한 곳도 '쉴새 없이' 집값이 떨어지고 있다고 말하고 있습니다. 그런데 이건 부동산 시장의 하락 초입에 내세운 규제 완화에 불과합니다. 위 기사가 나온 지 몇 해 지난 2012년의 기사를 볼까요?

아파트 투자는 사이클이다

올해 미분양주택 사면 5년간 양도세 면제

올해 미분양주택을 살 경우, 취득세와 향후 5년간의 양도세를 크게 감면받을 수 있게 된다. 정부가 10일 내놓은 추가 재정지원대책에 따르면, 현행 4%인 주택 취득세가 올해 말까지 2%로 인하된다. 9억원 이하 1세대1주택 조건에 맞다면 취득세는 현행 2%에서 1%로 낮아진다.

게다가 올해 안에 미분양주택을 취득하면 향후 5년 간 발생하는 양도차익에 대해 세금을 물지 않기로 했다. 예를 들면, 올해 5억 원의 미분양 주택을 구입해 7년 후 8억원에 팔 경우, 최초 5년 간 발생한 양도소득이 2억원이라면, 3억원이 아닌 1억원(=3억−2억원)에 대해서만 양도소득세를 물리겠다는 것이다.

정부가 한시적이긴 하지만 취득세와 양도세 감면 카드를 꺼낸 것은 주택거래가 통계 집계 이후 최저 수준을 보이는 데다, 최근 수도권을 중심으로 준공 후 미분양주택이 증가하고 있다는 판단에서다. _2012년 9월 기사 중

2008년 줄줄이 규제 완화에 이어 2012년에는 미분양 주택 매수 시 취득세 최저 1%, 양도세 5년간 면제라는 강력한 수를 꺼내 들었

죠. 미분양 아파트를 사고 5년 동안 집값이 2억이 올랐다면, 5년간 양도세 면제이므로 그 기간 동안 오른 2억에 대해서는 안 오른 셈 치겠다는 소리입니다. 5년이 지난 6년 차부터 매도 시점까지 오른 금액에 한해 양도세를 걷겠다는 거죠. 인용한 기사 마지막 줄에는 이런 이야기가 있습니다. '주택거래가 통계 집계 이후 최저 수준을 보이는 데다, 최근 수도권을 중심으로 준공 후 미분양주택이 증가하고 있다는 판단에서다.' 이 말은 곧 2021년 수많은 투자자와 유튜브 구독자들이 있을 수 없는 일이라며 비웃었던 '거래량 증발, 수도권 미분양 증가'가 역사적 사실이었음을 말해줍니다. 제가 출연했던 어느 유튜브 채널에 게시된 덧글을 소개해 보겠습니다.

　　　　　　　　　　　아파트 투자는 사이클이다

타 채널에 출연한 제 인터뷰 영상을 접한 분이 '분양가 할인+중도금 무이자+양도세 면제+취득세 면제'를 기다렸다가 집을 매수하겠다고 하니 그 아래 달린 반응이 어떤가요? 평생 무주택으로 살아갈 거라는 비아냥입니다. 어떤 분이 그런 때가 올 수도 있다고 말하자 그 아래 달린 덧글은 농담하는 거냐고 역시 비웃고 있습니다. 그런데 저 덧글이 달린 시점은 2022년 8월입니다. 2022년 8월은 입주·분양권 시장이 냉각되어 서울에서는 단 한 건도 거래되지 않은 시점이죠. 서울에서 입주권이나 분양권이 단 한 건도 거래되지 않은 건 2006년 관련 통계를 작성한 이후로 처음 있는 일입니다. 2022년 1월부터 7월까지 입주권과 분양권 거래는 총 52건인데, 2021년 동기간 210건 거래와 비교해도 반의 반토막이 난 수치입니다. 백보 양보해서 8월 입주·분양권 거래 건수나 8월 서울 아파트 매매거래는 8월 말일 마감 이후인 9월이 되어서야 알 수 있다고 해도, 비아냥대는 덧글이 달린 시점인 8월에는 최소한 7월 서울 아파트 매매거래가 이미 발표된 시점입니다. 인터넷 검색창에 '2022년 7월 서울 아파트 매매 건수'로 검색해보면 '유례없는 거래 실종'이라는 말과 함께 '2006년 통계 집계 이후 서울 월 거래량이 500건 밑으로 떨어진 것은 이번이 처음이다'라는 8월 1일자 기사가 뜹니다. 그 이후 매매량이 보정되어 6백여 건이 거래되었다는 기사가 뒤를 잇지만, 이 역시 역대 최저 거래량임에는 변화가 없습니다. 이미 추세가 하락으로 기울고 있는데도 하락장의 도래를 대비하는 이에게 '평생 무주택'이라며 비아냥거리는 덧글이 달립니다. 참 답답한 건, 하락장에서 진행됐던 분양가 할인이나 중도금 무이자, 양도세 면제 같은 건 스마트폰으로 검색하면 단 5분 만에 바로 확인 가능한 팩트입니다. 이번 폭등장이 오기 직전의 하락장에서 발생했던 엄연한 사실이니까 찾는데 별 수고가 들지 않습니다. 그럼에도 사람들은 눈앞의 정보가 사실인지 아닌지에는 관심이 없습니다. 그저 자신의 신념은 결코 틀릴 수 없다는 확신에 사로잡혀 반대 의견에 반박부터 하고 보는 거죠. 하지만 제가 볼 때 분양가 할인, 중도금 무이자, 취득세와 양도세 면제를 기다리겠다는 분이 빠트린 게 있습니다. 바로 시스템에어컨 무상 증정, 베란다 확장 무료, 중개료 무료 등의 옵션입니다. 설마 농담하는 거냐는 비아냥을 받는 혜택과 규제 완화가 끝이 아니라 추가로 더 제공되는 옵션이 있다는 거죠. 이 역시 여러분이 매일 들고 다니는 스마트폰으로 5분 만에 확인가능한 사실입니다.

2020~2021년 사이 아파트를 매수한 분 중 상당수는 '집값이 더 오를 것 같아서' 매수한 경우가 거의 대부분입니다. 왜 오를 거냐 물으면 '부동산 유튜버 ○○○가 오른다고 했다'는 빈약한 근거를 대거나 전문가의 논리를 그대로 따라 읊는 수준인 경우가 많죠. 월스트리트의 전설로 남은 위대한 투자자 피터 린치는 "자신이 어떤 주식을 왜 갖고 있는지 납득할 만한 이유를 말할 수 있는가? '이 주식은 반드시 오를 것'이라는 생각은 별로 중요하지 않다."라는 말을 남겼습니다. 설령 시세차익을 남겼을지라도 단순히 오를 것 같아서 산 것이라면 그 투자는 향후 실패의 가능성을 이미 내포한 셈입니다. 앞서 지인 얘기를 하며 '달란트 여사' 얘기를 했었죠. 운이 좋아 상승 초입에 샀다가 매도 차익을 냈다면, 자신을 과신하게 되고 부동산 투자에

아파트 투자는 사이클이다

재능이 있다고 스스로 확신하게 될 수밖에 없습니다. 집을 사고팔아 돈 번 것을 자랑하며 수입차를 사고 자기처럼 아파트를 사라고 주변에 권하고 다닐 수도 있습니다. 하지만 단순히 '오를 거니까 사는' 행위는 투자가 아니라 요행에 기대는 것입니다. 다음 사이클에도 그 운이 나와 함께하리라고 장담할 수 없죠. 달란트 여사가 1군 브랜드 아파트 국평 2채를 세금 다 내고 최고점에서 샀을 때, 투자 경험도 없던 지인은 3년 후 똑같은 아파트 48평을 40% 할인가에 입주 청소 무료 서비스, 베란다 무료 확장을 받아서 샀습니다. 취득세도 1% 수준이었지요. 달란트 여사가 지인 앞에서 "나는 부동산 투자의 달란트가 있다."고 말한 자기 자랑은 결국 "오를 거니까 산다."는 말과 다를 게 없습니다. 오를 거니까 산다는 말처럼 무책임하고 허무한 말도 없습니다. 왜 사는지, 지금이 아파트사이클의 어디쯤인지를 분명히 인지하고 남을 설득할 논리를 가슴에 품고 매수해야만 진정한 투자라고 말할 수 있습니다.

아파트를 산 이유가 단지 오를 것 같아서라면, 잘못 산 것이다

폭등장에서 일어났던 일의
정반대 현상이 폭락장에 발생한다.

투자는 IQ와 통찰력 혹은 기법의 문제가 아니라
원칙과 태도의 문제다.
_벤저민 그레이엄

———————— · ————————

투기의 광기가 부동산 시장을 지배하던 2021년, 제가 조정을 거쳐 하락이 도래할 것이라 말하면 그때와 지금은 다르다며 이렇게 반박하는 분이 있더군요.

"그때는 유튜브가 없었잖아요? 하지만 이제는 다르다고요."

아마 인터넷 시대의 집단 지성을 말하고 싶으셨나 봅니다. 유튜브를 통해 특정 분야 전문가들의 경험과 정보가 손쉽게 공유되므로 같은 실수를 반복하지 않을 것이며, 지난 실수나 패턴을 학습해서 미리 대비하고 충격을 최소화할 수 있다는 뜻이겠죠. 영상 콘텐츠 아래 수없이 달리는 덧글을 통해 서로 의견을 교환하고 토론하는 집단 지성의 기능도 물론 있을 테고요. 그렇다면 저는 역사적 사실 몇 조각을 들고 와서 답해드릴까 합니다.

아파트 투자는 사이클이다

"어디에 갔다 왔느냐?"

"아무 데도 안 갔습니다."

"도대체 왜 학교를 안 가고 빈둥거리고 있느냐? 제발 철 좀 들어라.

왜 그렇게 버릇이 없느냐? 너의 선생님에게 존경심을 표하고 항상

인사를 드려라.

왜 수업이 끝나면 집으로 오지 않고 밖을 배회하느냐? 수업이 끝나

면 집으로 오거라.

내가 다른 아이들처럼 땔감을 잘라오게 하였느냐?

내가 다른 아이들처럼 쟁기질을 하게 하고 나를 부양하라고 하였

느냐?

도대체 왜 글공부를 하지 않는 것이냐?"

기원전 1700년 경 수메르 점토판 중

서기 1700년도 아니고 기원 전 1700년 입니다. 그러니까 지금으로부터 무려 3700년 전 얘기죠. 더구나 수메르는 서아시아의 메소포타미아 지역에서 발생한 고대 문명으로, 인류 최초의 문명입니다. 인류 최초의 문명이었던 이들의 고민이 21세기 학부모의 고민과 하나도 다를 게 없습니다. 수메르 점토판의 말을 요즘 말로 바꿔 볼까요? "엄마가 너더러 나가서 돈을 벌어 오라고 했니, 엄마 아빠 먹여 살리라 했니? 근데 넌 왜 학교에서 선생님한테 싸가지 없게 굴고 인사도 안 하니? 대체 커서 뭐가 되려고 그렇게 공부도 안 하고 빈둥거리고

폭등장에서 일어났던 일의 정반대 현상이 폭락장에 발생한다. 273

밖을 싸돌아다니는 거야? 넌 대체 누굴 닮아서 이러니?"

무려 3700년 전에도 엄마 아빠는 아이에게 지금과 똑같은 얘기를 했습니다. 3700년 전이라 스마트폰이 없어서 그런 걸까요? 유튜브가 없어서? 인터넷 개통이 안 돼서? 너무 오래전 일이니 기원전 1700년에서 3000년 후의 기록을 볼까요? 1311년, 사제였던 알바루스 펠라기우스는 "요즘 대학생들 정말 한숨만 나온다. 요즘 대학생들은 선생들 위에 서고 싶어 하고, 선생들의 가르침에 논리가 아닌 그릇된 생각들로 도전한다. 그들은 강의에는 출석하지만 무언가를 배우고자 하는 의지가 없다."라고 말합니다. 서양이라 그렇다고요? 그렇다면 조선왕조실록을 살펴봅시다.

요즈음 가만히 살펴보건대, 세상이 갈수록 풍속이 쇠퇴해져서 선비의 버릇이 예전만 못하여 경학(經學)에 밝고 행실을 닦아 치체(治體)를 잘 아는 자는 적고, 문사(文辭)를 숭상하여 경학을 버리고 녹리(祿利)를 좇는 자가 많으니, 어찌 우리 조종(祖宗)께서 학교를 일으켜 인재를 양성하는 본의이겠는가? _숙종실록 23권, 숙종 17년 (1691년) 8월 10일 임진 1번째 기사

3700년 전이든, 서양이든 동양이든, 21세기든, 사람 사는 건 변하지 않았습니다. 3700년 전에도 학교는 성실히 다녀야 했고 인사를 잘해야 했습니다. 그런데 왜 인류는 3700년이 지나도 옛날과 똑같은

아파트 투자는 사이클이다

행동을 하며 부모나 어른이나 선생님의 속을 썩일까요? 해서는 안 되는 행위가 기록되지 않아서일까요? 우리에게는 3700년 전에는 없던 종이와 전기, 인쇄술이 있습니다. 현재는 클라우드 서비스와 인터넷이 있어 전세계 어디에서든 지식을 실시간으로 공유하고 소통할 수 있습니다. 예전의 실수는 도구가 없어서, 또는 무엇의 부재 때문이 아니며, 미래에 우리가 저지를 어이없는 실수 또한 무엇이 부족해서가 아닙니다. 인간이 실수하는 건 그저 본능대로 행동하기 때문입니다. 우리는 늘 해야만 하는 일이 아니라 하고 싶은 일을 먼저 하며, 누군가 사유의 질문을 던지면 이미 다 아는 거라고 대꾸하고 맙니다. 늘 내가 상대보다 더 잘 알고 있다고 스스로를 과신하죠. 유튜브가 있고 집단 지성의 결실이 있으니 다음은 다를 거라 자신하는 분께 묻습니다. 정말 그럴 수 있을까요? 학교 끝나면 바로 집으로 오고, 선생님께 인사 잘하고, 공부 열심히 하라는 등 돈 한 푼 안 드는 일도 3700년째 못 하고 있는 와중에 전 재산이 걸린 부동산 투자를 예전과 다르게, 인간 본성과 다르게 해낼 자신이 있으시다고요? 만약 그렇게 하지 못한다면 다음 상승장에는 또 어떤 핑계를 댈까요? 그땐 틱톡이 없었잖아요, 텔레그램이 없었잖아요, 새로운 플랫폼이 없었잖아요, 이런 말들을 할까요?

단순하지만 강력한 사실을 다시 한번 말씀드립니다. 상승장에서 경험했던 모든 일들의 정 반대 현상이 하락장에 나타날 것입니다. 상승장일 때 규제로 인해 대출이 막혔나요? 하락장이 되면 대출이 쉬워집니다. 뉴스에 정부 담당자가 등장해 '빚 내서 집사라'는 말을 할 겁

폭등장에서 일어났던 일의 정반대 현상이 폭락장에 발생한다.　　　275

니다. 상승장에는 재건축초과이익을 환수했다고요? 하락장에는 환수 안 할테니 열심히 해보라고 응원할 겁니다. 투기지역 지정? 하락장 되면 전국 어디든 맘 편히 사들이라고 투기지역이 모조리 해제됩니다. 집 팔면 시세차익 다 뺏어가는 양도세 중과? 하락장에는 몇 년이고 안 오른 셈 칠 테니 얼른 사고팔라고 할 겁니다. 제발 거래량 좀 늘리자고 할 겁니다. 양도소득세는 국세청 소관의 국세이지만, 취득세는 지방자치단체 소관의 지방세입니다. 취득세를 주관하는 과세권자는 광역지방자치단체의 장이죠. 하락장에는 정부와 지방정부가 사이좋게 손을 잡고 취득세를 내립니다. 최저 1%까지 떨어지는 게 기대나 환상이 아니라 엄연히 일어났던 팩트입니다. 상승장의 강력한 규제는 하락장에서 완화되거나 해제됩니다. 어떻게 그런 일이 있을 수 있냐고 불신하고 비웃기 전에, 손에 쥔 스마트폰으로 검색이라도 한 번 해보시기 바랍니다. 이는 역사적 사실이자 반복되어온 사이클의 조각입니다. 이전에도, 그 이전에도 반복되었던 일입니다. 마치 3700년 전에도 싸돌아다니지 말고 학교 끝나면 바로 들어와서 공부 좀 하라던 어머니의 잔소리만큼 지겹게 반복된 일이죠. 그런데 우리는 이렇게 단순한 삶의 기본조차 지키지 못하고 세대를 거듭해 똑같은 실수를 반복합니다. 인간의 욕심은 끝이 없고, 본능에 충실하기 때문에 그렇습니다. 오늘 하지 못 한 일이라면 아마 내일이 와도 하지 못 할 겁니다. 비록 오늘은 투자하지 못했지만 내일은 반드시 투자하고 싶다면, 투자에 대한 확신을 지니고 계속 기회를 노려야만 가능합니다. '집값이 오를 것 같아서' 정도의 뜬구름 잡는 부화뇌동이 아니라 오르리라는 확실한 근거와 남을 설득할 수 있을 정도의 논리를 스

아파트 투자는 사이클이다

스로 갖춰야만 하죠.

위기는 늘 다른 얼굴을 하고 찾아오지만 본질은 같습니다. 예전 하락장 때는 코로나19가 없었으니까 그때와 지금은 다르다고요? 인류를 끈질기게 괴롭힌 세계적 위기와 팬데믹은 늘 예고 없이 왔습니다. 당연한 말이지만 어느 하나도 이전에 있던 것이 아닌 전혀 새로운 양상을 보였습니다. 인류 역사에 새겨진 팬데믹인 천연두, 흑사병, 스페인독감, 홍콩독감, 신종 인플루엔자 모두 인간에게는 재앙처럼 느껴졌던 전에 없던 팬데믹이었습니다. 이전에는 러시아와 우크라이나 전쟁 같은 모두가 예상 못한 전쟁 같은 게 없었다고요? 1962년 쿠바 미사일 위기는 미국과 러시아의 핵전쟁 직전까지 갔던 사태입니다. 아랍과 이스라엘의 대립인 중동전쟁은 4차까지 진행되며 1970년대 오일쇼크를 불러왔습니다. 1990년에는 걸프전이 있었고, 2001년 9월 11일, 아무도 세계무역센터와 미 국방부에 여객기가 충돌할 거라 생각하지 못했죠. 관심이 없어서 모를 뿐이지 세계에서 전쟁이 멈춘 날은 없습니다. 이 모든 전쟁 역시 러시아와 우크라이나 전쟁에 비해 더 위협적이면 위협적이었지 결코 작다고 할 수 없습니다. '그때와 지금은 다르다'는 건 지금 당장 내 앞에 닥친 상황만 절박하게 느껴져서입니다. 이전의 팬데믹과 전쟁이 오히려 현재보다 더 끔찍하면 끔찍했지 결코 작다고 볼 수 없습니다.

다음 세대에 우리를 찾아올 위기는 당연히 코로나19가 아닌 전혀 새로운 것일 겁니다. 아마 그때도 사람들은 똑같은 말을 하겠죠.

폭등장에서 일어났던 일의 정반대 현상이 폭락장에 발생한다.

'그전에는 오늘날과 같은 위기가 없었다. 그러니 이번에는 다르다'고요. 미래의 세대는 현재의 세대가 겪은 위협을 직접적으로 겪지 못했기에 기억하지 못하고 체감하지 못하는 것일 뿐입니다. 인간은 시련을 극복하는 존재이지만, 망각하는 존재이기도 합니다. 처음 접하는 새로운 얼굴로 위기가 우리를 찾아오리라는 것은 명백한 사실이지만, 그에 대해 인간이 느끼는 두려움과 공포, 대중 심리가 모여 움직이는 시장의 추이는 이전과 동일한 흐름을 보일 것입니다. 지금 자신이 서 있는 환경과 시대를 기준으로 고정한 상태에서 미래를 예측하고 전망하는 것만큼 어리석은 일이 없습니다. 2년 후의 시장을 예측한다면 2년 후 변해있을 투자자의 심리를 기반으로 예측해야 하는데, 현재의 투자자 심리를 바탕으로 2년 후의 시장을 예측하는 식입니다. 2021년 상승장 한복판에 서 있는 투자자의 심리를 기반으로 2023년의 부동산 시장을 예측하면 당연히 잘못된 예측을 할 수밖에 없습니다. 2021년 폭등 당시 투자자의 심리는 '부동산은 영원히 우상향한다'이니 2023년까지 집값은 오를 수밖에 없다는 예측 결과가 나오는 꼴이지요. 앞서 북한의 미사일 발사가 대한민국 주식 시장에 영향을 끼치지 못한다는 걸 말씀드렸죠. 팬데믹이나 전쟁은 늘 인류의 곁에 있었고 어떤 모습으로 다가올지는 아무도 예측할 수 없습니다. 북한의 미사일과 다를 게 없죠. 금리와 마찬가지로 팬데믹과 전쟁도 결국 2차 요인입니다. 우리에게는 동족상잔의 6.25가 일본에게는 전후 재건의 축복이었듯, 상승의 사이클이냐 하락의 사이클이냐에 따라 2차 요인은 다르게 반응한다는 것을 명확히 인지해야만 합니다. 9.11테러는 끔찍했지만 2001년은 미국 집값 상승기에 진입한 시기

아파트 투자는 사이클이다

입니다. 2008년 서브프라임 모기지론 사태로 꺾이기 전까지 미국 부동산은 줄곧 우상향했습니다. 제가 글로벌 경제나 주변국에 대한 언급 없이 심리, 전세가, 분양, 정책으로 움직이는 아파트사이클을 거듭 강조하는 건 우리를 둘러싼 요소와 글로벌 상황이 2차 요인이기 때문입니다. 인간의 기본적인 심리 외 전세 제도와 선분양은 우리나라에만 있습니다. 선분양 시스템 때문에 투기심리가 형성되는 것이고 미분양이 발생하는 것입니다. 전세 제도와 선분양에서 파생되는 갭 투자와 미분양 역시 우리나라에서만 존재 가능하며, 이로 인한 정부의 적극적인 시장 개입 역시 우리나라 부동산 투자 시장만의 독특한 구성요소라 볼 수 있습니다. 결국 우리나라에만 있는 1차 요인으로 아파트사이클을 살피고 시장을 분석해야 하는 것입니다. 러시아 우크라이나 전쟁으로 원자재값 상승, 그로 인한 집값 상승을 외치던 분들에게 말씀드리고 싶습니다. 미국의 자존심인 세계무역센터가 테러로 무너졌지만, 미국 집값은 오르기 시작했습니다. 오를 땐 갖다 붙이는 모든 게 오르는 이유처럼 보이지만, 논리적인 인과를 따진 게 아니기 때문에 하락을 예측하지 못하는 것입니다. 전제가 틀리면 결과도 틀릴 수밖에 없습니다.

상승이 하락으로 전환됐을 때 아파트사이클의 핵심 중 하나인 정책에서만 정반대의 현상이 나타나는 게 아닙니다. 심리 또한 마찬가지입니다. 전세가도 그렇습니다. 분양도 그렇습니다. 아파트값을 결정짓는 1차 요인은 상승장과 하락장에서 마치 거울로 마주 본 듯 반대의 모습이 쌍둥이처럼 나타납니다. 2차 요인인 금리나 기타 외

폭등장에서 일어났던 일의 정반대 현상이 폭락장에 발생한다.

부적인 것들은 거울을 본 듯 동일하게 나타나지 않고 시장 상황에 따라 각기 다른 결과를 만들어 냅니다. 상승장에서 영원한 상승의 희열이 믿음을 넘어 종교가 되었다면, 하락장에는 하락의 공포 또한 영원할 것만 같습니다. 상승장에서는 집을 안 사면 평생 벼락거지로 살 것 같았다면, 하락장에서는 집을 사는 순간 바닥을 뚫고 지하실까지 집값이 떨어져 벼락거지가 될 것만 같습니다. 전세가를 사이에 둔 집주인과 세입자의 관계도 역전됩니다. 상승장일 땐 어떤가요? 금리가 올라가건 말건, 제2금융권은 양반이고 3금융권인 사채나 P2P에서 돈을 끌어와도 그다지 걱정이 안 됩니다. 집값 올라가는 게 이자 부담보다 훨씬 크기 때문입니다. 더구나 세입자의 전세보증금이나 월세 인상으로 이자 부담을 녹일 수 있습니다. 집값이 미친 듯 오르고 전세도 오르니 세입자는 지금 사는 집에서 나가면 갈 곳이 없습니다. 그래서 오른 전세금을 맞춰 줄 수밖에 없죠. 그러나 하락장이 되면 어떤가요? 상승장에는 집값이 미친 듯 올라 매매가와 전세가의 갭이 큽니다. 하지만 하락장에는 그 갭이 점점 줄어듭니다. 어느새 매매가와 전세가가 딱 달라붙게 되죠. 상승장의 갭과 하락장의 갭이 똑같은 비율, 똑같은 간극이라 해도, 거울처럼 반대입니다.

상승에서 하락으로 넘어갈 때의 좁아지는 갭은 매매가가 전세가까지 떨어져서 붙는 갭입니다. 집값이 떨어지며 전세가 역시 떨어지면, 매매가는 이에 뒤질세라 더 쫓아가서 달라붙는 갭이죠. 갭이 작다 해서 이럴 때 갭투자를 했다가는 큰 손실을 보기 쉽습니다. 반대로 하락장에서 상승으로 추세가 변할 때의 갭은 이미 떨어질 대로 떨

　　　　　　　아파트 투자는 사이클이다

어진 매매가 근처까지 전세가가 올라가며 좁혀지는 갭입니다. 상승에서 하락 전환 시 집값이 떨어질 때 전세가도 같이 떨어졌다면, 하락에서 상승으로 전환을 앞둔 시점에는 전세가가 먼저 오르면서 집값을 밀어 올립니다. 이때야말로 갭투자 최적의 타이밍입니다. 앞서도 말씀드렸지만 갭투자 대상인 매매가와 전세가 차이가 크지 않은 매물은 '전세로는 살지만 사고 싶지는 않은 집'인 경우가 대부분입니다. 믿기 힘드시겠지만 지난 하락장에서는 전세를 끼고 5백만 원으로 살 수 있는 아파트들이 서울 도처에 깔려있었습니다. 전세가와 매매가 차이가 5백만 원까지 좁혀졌다는 얘기죠. 갭이 적은 집은 상승장의 마지막까지 완주할 지구력이 없습니다. 상승에 분명히 한계가 있다는 거죠. 그러니 뉴스에서 전세대란을 말하며 겁을 줄 때 적당한 시점에 매도하는 게 좋습니다. 갭투자 뿐만 아니라 부동산 투자는 왼쪽 어깨에서 팔아야 합니다. 시골의 감나무를 떠올리시면 됩니다. 옛날 어른들은 감을 수확할 때 우듬지 근처의 감은 다 따지 않고 남겨두었죠. 겨우 내 먹을 게 없는 새들을 위해 남겨둔 것으로 까치밥이라 불립니다. 자연과 공생하고자 하는 마음이자 넉넉한 여유라 볼 수 있습니다. 부동산 역시 까치밥을 남겨둔다는 심정으로 매도 시점을 잡는 게 좋습니다. 모든 이익을 다 거둬들이겠다고 마음 먹고 버티다가는 꼭지를 찍고 거래량 절벽을 맞닥뜨리며 비자발적 장기투자자가 되어 수년간 이자 부담을 끌어안게 될 수 있습니다. 황금알을 낳는 거위의 배를 가르는 꼴이죠. 까치밥을 남기듯 조금 더 오를 여지가 있음에도 매도한다면 내 물건을 받는 사람은 매수 후 더 오를 테니 기분이 좋고, 나 역시 매수자를 찾지 못해 전전긍긍할 일 없이

폭등장에서 일어났던 일의 정반대 현상이 폭락장에 발생한다.　　281

빠르게 팔아서 안도할 수 있으니 서로 이득인 셈입니다. 이는 투자의 한 사이클을 경험해보면 누가 알려주지 않아도 체감할 수밖에 없습니다.

폭등할 때는 하루가 멀다고 전세가 오른다는 뉴스가 나오는데, 폭락할 때는 하루가 멀다고 역전세 얘기가 나옵니다. 집주인은 세입자가 이사 간다고 할까 봐 눈치가 보입니다. 상승장일 땐 세입자를 볼 때 집주인을 부자로 만들어주는 존재 같았는데, 하락장이 되면 무이자로 전세보증금을 대출해준 채권자로 느껴집니다. 세입자가 이사 갈 테니 보증금을 내달라고 했을 때 집주인이 조금만 더 기다려 달라고 하면, 세입자는 안 된다고 선을 딱 긋죠. 당연한 얘기입니다. 보증금을 받아야만 세입자 역시 이사갈 집에 보증금을 지불할 수 있으니까요. 그런데 집주인 입장에서는 '있는데 안 준다는 것도 아니고, 내가 떼먹는 것도 아닌데 뭘 그렇게 야박하게 돈 달라고 재촉하는지' 이해가 잘 안 됩니다. 그 와중에 세입자로부터 내용증명 날아오고, 모월 모시까지 보증금을 안 주면 부득이하게 경매에 넘기겠다는 협박 아닌 협박을 듣게 됩니다. 아이러니한 건 모든 계약은 엄중하고 냉정해 보이지만, 이 모두가 사람과 사람 사이의 일이란 점입니다. 나의 행동은 결국 부메랑처럼 내게 돌아올 수밖에 없습니다. 영원히 상승이 계속되리라는 믿음에 사로잡혀 그런 마음으로 세상을 대했다면, 하락장에서 정반대로 벌어질 일 또한 자신이 감당해야할 것입니다. 하락장이 도래한 후 정부와 세입자가 자신을 대하는 게 바뀌었다고 해서 누구를 탓하거나 원망할 수 없습니다.

아파트 투자는 사이클이다

아파트사이클에서 상승과 하락은 좌우 반전된 모습을 비추는 거울과도 같다고 말씀드렸습니다. 반대로 바뀌었을 뿐 현상과 원리는 똑같습니다. 규제는 완화로, 폭등은 폭락으로, 로또 분양은 미분양으로, 높아진 대출 문턱은 자유로워진 대출로 모양을 바꿀 뿐입니다. 투기 시장이 아닌 일반 시장이라면 이처럼 급격한 변화는 결코 일어날 수 없습니다. 사람의 욕심과 욕망이 투영된 투기 시장이기에 쌍둥이처럼 맞닿은 일이 벌어지는 것입니다. 그 말인즉슨 하락장 무주택자의 모습이 거울에 비친 상승장에서의 다주택자인 내 모습일 수도 있다는 것이고, 그 반대의 경우도 성립한다는 뜻입니다. 그래서 투자에는 역지사지가 필요합니다. 모든 것은 영원하지 않으니 다음 사이클의 리스크와 다음 사이클의 성공에 대한 기대를 늘 가슴에 품고 있어야 한다는 뜻입니다. 가치 투자의 대가 워런 버핏의 스승 벤자민 그레이엄은 이런 격언을 남겼습니다.

> 투자는 IQ와 통찰력, 혹은 기법의 문제가 아니라
> 원칙과 태도의 문제다.

투자는 지능의 영역이 아니라 심리의 영역입니다. 내가 투자에 어떤 원칙을 지니고 있으며 어떤 태도로 시장과 투자자들을 대하느냐가 중요합니다. 평생을 성공한 전업투자자로 산 앙드레 코스톨라니는 "주식투자는 학문이 아니라 예술이다."라는 말을 했습니다. 어찌 보면 부동산 투자만큼 공평한 것도 없습니다. 애초에 부동산 투자가 지식과 기법, 지능의 영역이었다면 이미 세상을 지배하고 있는 1%의 두뇌가 모든 것을 다 가져갔겠죠. 나머지 99%에게는 기회조차 없었을 것입니다.

주가 = 돈(유동성) + 심리

앙드레 코스톨라니는 돈에 심리가 더해진 결과가 주가라고 말했습니다. 그는 주식투자자의 심리상태가 부정적일 때는 시장을 움직일 수 없다고 했죠. 돈에 심리가 더해져야만 시장의 방향이 정해진다고 보았습니다. 아파트사이클과 일맥 상통하는 말이기도 합니다. 부동산과 아파트값은 돈만 있다고 오르고 내리는 게 아닙니다. 거기에 심리가 더해져야만 생명력을 가지고 살아있는 것처럼 오르내리는 것이죠. 여러분께 질문 하나를 드릴까 합니다. 폭등장은 언제 찾아올까요? 단순하게 생각하면 됩니다. 폭등장은 폭락장 뒤에 찾아옵니다. 반대로 폭락은 폭등 뒤에 찾아옵니다. 어떤 분에게는 말장난처럼 들릴지 모르지만, 폭락이 있기에 폭등이 있을 수 있는 것입니다. 반대로 폭등이 있기에 폭락이 있을 수 있는 것이지요. 높이 올라간 만큼 더 깊이 떨어질 수밖에 없습니다. 저 아래로 처박힌 만큼 다음 사이클에서는 높게 비상할 수밖에 없는 것이고요. 쌀 때 사서 비싸게 파는 것이 성공 투자의 본질이건만, 사람들은 늘 반대로 비싸질 때 사서 물렸다가 헐값이 될 때 팔아버립니다. 비싸지고 있는 와중에 집을 샀으니 당연히 상승이 영원하길 바랄 수밖에 없죠. 반대로 헐값이 되었을 때 사서 비싸질 때까지 기다리면 되건만, 사람들은 곧 죽어도 그렇게 행동하지 않습니다. 폭등할 때의 광기만큼 폭락할 때의 공포 역시 인간을 집어삼키기 때문입니다. 위기는 늘 새로운 얼굴로 우릴 찾아오지만, 기회는 늘 같은 얼굴로 우리를 찾아옵니다. 다만 우리가 위기에 늘 과하게 반응하느라 익숙한 기회를 늘 못 알아볼 뿐이죠. 군중심리에 매몰되지 않고 시장을 냉정히 바라봐야 할 이유가 여기에 있습니다.

폭등장에서 일어났던 일의 정반대 현상이 폭락장에 발생한다.

거품이 꺼지면
선물이 찾아온다

훌륭한 투자자는 다른 사람보다 더 큰 수익을 올린 것보다,
같은 수익을 냈다 하더라도 리스크 관리를 통해 더 적은 리스크 속에서
그런 성과를 낸 사람이다.
_하워드 막스

------------------- · -------------------

하워드 막스
월스트리트의 살아 있는 전설이자 가장 저명한 가치 투자자. 1,000억 달러를
운용하는 오크트리 캐피털 매니지먼트Oaktree Capital Management의 회장
이자 공동 설립자이다. 시장 기회와 리스크에 대해 남다른 통찰력을 지닌 인물
로 알려져 있으며, 그가 메모 형식으로 고객들에게 보내는 편지는 날카로운 논
평과 오랜 세월에 걸쳐 유효성이 입증된 철학으로 가득하다. 워런 버핏은 "메일
함에 하워드 막스의 메일이 있으면 그것을 가장 먼저 읽는다."고 말하기도 했다.
그의 투자 철학을 정리한 책 『투자에 대한 생각』은 비평가들의 극찬을 받으며
베스트셀러에 올랐다. 그 외 『투자와 마켓 사이클의 법칙』을 썼다.

워런 버핏이 버크셔 해서웨이 주주총회 연차보고서를 통해 주주
들에게 서한을 써온다는 건 널리 알려져 있습니다. 이를 엮은 책 『워
런 버핏의 주주서한』에는 워런 버핏의 투자 철학이 잘 담겨있죠. 그
에 반해 워런 버핏이 존경하는 위대한 투자자 하워드 막스의 메모는
생각보다 잘 알려져 있지 않습니다. 하워드 막스가 고객에게 보내는
메모 형식의 편지는 날카로우면서도 탁월하고, 투자에 대한 인사이

아파트 투자는 사이클이다

트로 가득하죠. 2010년 하워드 막스는 '경보'라는 메모를 발행했습니다. 그 메모에는 투자 세계에 존재하는 두 가지 위험을 경고하고 있습니다. 바로 손실의 위험, 기회를 놓칠 수 있는 위험입니다. 손실을 입거나 기회를 날리는 두 가지 위험 중 하나를 피하거나 두 개 사이에서 적당히 타협하는 것은 가능하지만, 두 가지 모두를 완벽하게 피할 수는 없습니다. 하워드 막스는 그 이유로 '감정에 지배당하고 있기 때문'이라고 답하죠. 감정이 매매와 투자 결정을 지배하기 때문에 손실을 입고 기회를 날려 버린다고 말합니다. 저금리 상황이 계속되면 일반적인 투자자는 안전하다는 착각에 빠져 더 큰 위험을 감수하고 시장에 뛰어듭니다. 기회를 놓치지 않기 위해 위험에 기꺼이 뛰어드는 것이죠. 아파트사이클을 알아야 하는 이유는 막스가 경고한 두 가지 위험을 최대한 피하기 위해서입니다. 하워드 막스는 메모를 통해 강세장 3단계에 대한 자신의 의견을 피력했습니다.

하워드 막스의 강세장 3단계

1. 미래를 내다보는 소수가 시장이 나아질 것이라고 전망
2. 대부분의 투자자가 시장이 나아지고 있다고 파악
3. 모두가 앞으로는 영원히 좋아질 것이라고 착각

하워드 막스의 강세장 3단계는 부동산 강세장의 3단계와도 맞아떨어집니다. 강세장의 1단계에서는 미래를 내다보는 소수가 시장이

나아질 것이라고 전망하죠. 제가 2018~9년에 부동산이 폭등한다고 말할 때만 해도 조정 이후 하락할 것이라는 의견이 대세였기에 제 주장은 빛을 보지 못하고 바로 묻혀버렸습니다. 강세장의 2단계가 되면 굳이 제가 나서지 않아도 대부분의 투자자는 시장이 나아진다는 것을 느끼죠. 마지막 3단계가 되면 부동산 시장을 바라보는 모두가 앞으로 '영원히 좋아질 것'이라고 착각하게 됩니다. 제가 실거주자, 1주택자도 집을 팔아야 한다, 하락장이 시작될 것이므로 집을 사면 안 된다고 말했던 때가 강세장의 마지막 3단계 시점입니다. 다들 영원히 좋아질 것으로 착각하고 있는 와중에 집 사지 말라고 했으니 그게 먹힐 리 없죠. 그런데 하워드 막스의 강세장 3단계에서 강세를 하락으로 바꾸면 하락장 3단계로 그대로 적용됩니다.

아파트 하락장 3단계

1. 미래를 내다보는 소수가 시장이 안 좋아질 것이라고 전망

2. 대부분의 투자자가 시장이 안 좋아지고 있다고 파악

3. 모두가 앞으로는 영원히 하락할 것이라고 착각

어떤가요? 수긍이 되지 않나요? 부동산 열기가 대한민국을 집어삼킨 2021년 하반기에 저나 김기원 대표 같은 소수가 시장이 안 좋아질 것이라고 전망했죠. 물론 그 전에 출간한 책에서 하락기의 도래를 분명히 짚고 넘어가긴 했습니다만, 유튜브 채널 및 미디어를 통해 본

아파트 투자는 사이클이다

격적으로 하락을 경고한 건 2021년부터입니다. 김기원 대표는 『빅데이터 부동산 2021 대전망』에서 '2021년 하반기에서 2022년 상반기 무렵에는 서울, 경기, 대구 등과 같이 고평가된 지역들은 부동산 시장에 거대한 변곡점이 시작될 가능성이 매우 크다.'고 밝혔습니다. 2022년에 출간된 『빅데이터 부동산 투자 2022~2023 대전망』을 통해서는 하락의 변곡점에 도달했다고 썼죠. 재밌는 건 심리로 시장을 읽는 저와 철저하게 데이터를 기반으로 하는 김기원 대표는 전혀 다른 방식으로 부동산 시장에 접근함에도 동일하게 하락을 점치며 상승의 파티 한가운데서 하락을 외쳤습니다. 그리고 시장은 하락장 2단계에 접어들고 있죠. 다들 하락으로 진입하고 있다는 걸 조금씩 피부로 느끼고 있습니다. 하락장 3단계가 되면 '앞으로는 영원히 하락할 것이라고 착각'하게 되는데, 2021년까지의 폭등과 2022년의 조정을 겪는 현재로서는 받아들이기 어려울 것입니다. 하지만 강남 불패나 부동산 우상향, 상승장이 영원하리라 믿는 믿음이 굳건했듯이, 그때가 되면 하락이 영원하리라는 믿음이 너무 견고하여 집을 사는 게 미친 짓이라는 소리를 주변에서 듣게 될 것입니다. 상승장 3단계에서는 집을 안 사는 게 미친 짓이었고 벼락거지로 불렸는데, 하락장 3단계에서는 집을 사면 미친 사람 취급을 받게 됩니다.

상승 3단계든, 하락 3단계든, 이때가 되면 투자자는 현재의 기쁨이나 고통이 영원할 것이라고 착각합니다. 그렇기에 상승 3단계에 하락이 올 것을 예견하거나 하락 3단계에 상승이 시작될 것을 예견하면 대중의 저항이 강할 수밖에 없습니다. 이 또한 심리의 자연적인 흐름입니다. 심리학자 퀴블러 로스는 임종을 맞이하는 말기 환자를 오랫동안 지켜보며 죽음에 이르는 정신상태를 5단계로 구분했죠. 이는 비단 죽음을 앞둔 환자뿐만 아니라 생각지도 못한 비보를 접한 이들에게도 동일하게 나타나는 심리 변화입니다. 그리고 상승장이 영원하리라 믿고 집을 매수한 이들이 하락장을 접하게 될 때도 상실의 5단계가 유사하게 드러나죠. 레버리지를 잔뜩 끌어 쓴 유일무이한 자산을 잃을지 모른다는 두려움은 자신이 큰 병을 앓고 있다는 걸 인식하고 받아들이는 심리와 다를 게 없습니다.

상실의 5단계

부정 → 분노 → 타협 → 우울 → 수용

상승장이 영원하리라 믿는 이는 하락장이 도래함을 부정합니다. 시장이 잠깐 이상한 모습을 보여서 그렇지 집값이 다시 상승하리라는 믿음에는 변함이 없습니다. 비록 거래는 없지만 호가는 내려가지 않았기 때문에 하락이 아니라고 부정하죠. 다음 단계는 분노입니다. 이때는 집값이 떨어지는 걸 부정할 수 없을 정도로 곳곳에서 집값 하락 소식이 들려옵니다. 자산이 깎이는 게 바로 눈앞에 보이니 하락을 막지 못하는 정부나 정책에 대해 욕하며 분노를 드러냅니다. 또는 곁에 있는 사람더러 왜 집 살 때 말리지 않았느냐고 엉뚱하게 화풀이하기도 하죠. 시한부를 선고받은 환자가 엉뚱하게도 자신을 검진한 의사에게 화내는 것과도 같습니다. 수많은 투자자 중 하필 자신에게 하락의 손해가 닥친 거냐며 세상을 원망하고 눈에 보이는 모든 것이 짜증을 유발하는 상황입니다. 극심한 분노 뒤에는 타협의 단계가 찾아오죠. 하락장인 걸 인정하고 화도 낼 만큼 냈지만 자신의 힘으로는 상황을 뒤집을 수 없다는 걸 깨달은 상태입니다. 그러고는 현실의 상황을 미루려고 하죠. "내 집만이라도 팔리게 해주세요, 내 집이 팔린 다음에 더 떨어지게 해주세요!"라는 식이죠. 한 번만 살려주면 착하게 살겠다고 기도하는 셈입니다. 그러나 부질없는 외침이라는 걸 깨닫고 4단계인 우울에 접어들게 됩니다. 이 즈음은 집이 팔릴 것이라는 기대를 접게 되는 단계입니다. 초연한 듯 보이지만 사실은 포기했기 때문에 넋이 나간 것처럼 멍한 상태입니다. 뭘 먹어도 맛이 없고 뭘 해도 재미가 없습니다. 매수자가 나타나질 않아서 팔아치우지 못했으니 아직 손실 확정이 된 건 아니지만, 마음에서는 이미 자신이 크게 잃었다는 걸 절감하기에 우울의 늪에 빠져들 수밖에 없죠. 마지막 단계는 수용입니다. 이제는 몸도 마음도 지칠 대로 지쳐버린 상태입니다. 침묵으로 말하게 되는 단계죠. 하락장 따위는 없다고 부정하다가, 집을 살 때 왜 안 말렸냐고 배우자에게 화내다가, 이 집만 팔리게 해주면 다음부터는 배우자 말 잘 들을 거라고 타협하다가, 재산을 날렸다는 현실에 우울해하다 끝내 한집에 사는 배우자와도 말을 섞지 않게 될 정도로 지쳐버리게 되는 수용의 단계에 도달하는 식입니다. 이제 손해와 빚만 남았으니 다른 가족은 어떻게 될지 생각하며 감정을 정리하기도 하죠. 부동산 투자 실패는 실연이나 가까운 이의 죽음처럼 감정적으로 큰 고통을 가져다 줍니다. 우상향하니까 버티면 된다는 말은 우울의 늪을 겪어보지 않은 사람이 쉽게 해서는 안 되는 말입니다. 하락장이 찾아와 화가 치밀어 오른 이에게 부동산은 우상향하니 버티면 된다고 말하면 "네 돈 아니라고 쉽게 말하지 마!"라는 대꾸와 욕설이 돌아올지도 모릅니다. 하지만 이런 단계가 찾아온다는 걸 짐작조차 못 하기에 버티면 된다고 쉽게 말하는 것입니다.

금융과 경제는 사이클에 따라 움직입니다. 아파트사이클은 비단 아파트에만 국한된 게 아니라 인간의 광기와 버블이 붕괴되는 과정에도 그대로 적용됩니다. 심리, 전세가, 분양, 정책 등의 디테일한 기준을 빼고 보면 금융 시장의 사이클과도 맞아떨어지죠. 미국 경제학자 하이먼 민스키가 창시한 하이먼 민스키 모델이 좋은 예입니다. 하이먼 민스키 모델은 발표 초기에는 큰 지지를 얻지 못했죠. 하지만 1998년 러시아 금융위기, 2007~2008년 서브프라임 모기지론 사태 등을 통해 재조명받기 시작했습니다. 하이먼 민스키 모델은 과도한 빚잔치로 쌓아 올린 투자자산이 버블이 되고, 채무자가 빚을 갚을 능력이 안 돼 건전한 자산까지 팔기 시작하여 끝내 자산가치가 폭락하고 버블이 꺼지는 과정을 도식화한 것입니다. 빚잔치에서 버블, 버블에서 금융위기까지의 묘사가 서브프라임 모기지론 사태의 촉발과 결말까지 맞아떨어지죠.

하이먼 민스키 모델을 부동산 시장에 적용하면, 부동산의 장기 평균가격이 횡보 중인 단계에서 현명한 투자자가 시장에 진입합니다. 그 후 가격이 상승하기 시작하면 기관 투자자, 부동산으로 따지면 다

아파트 투자는 사이클이다

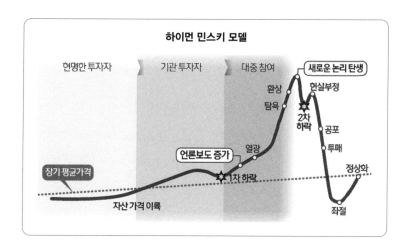

하이먼 민스키 모델

현명한 투자자 / 기관 투자자 / 대중 참여 / 새로운 논리 탄생

환상
탐욕
현실부정
2차 하락
공포
투매
정상화

언론보도 증가
열광
1차 하락

장기 평균가격
자산 가격 이륙
좌절

주택자들이 시장에 참여하게 되죠. 숨고르기 하듯 가벼운 조정의 1차 하락 후 언론이나 유튜브에서 부쩍 부동산에 대한 언급이 많아지기 시작합니다. 그에 따라 대중은 열광하며 시장에 뛰어들죠. 열광은 탐욕으로, 탐욕은 수십억대 자산가가 된 자신을 꿈꾸는 환상으로 번집니다. 이즈음 강남 불패, 부동산은 우상향한다, 똘똘한 한 채의 신화, GTX 역세권으로 서울 같은 경기권 등 환상을 뒷받침하는 말들이 떠돌게 됩니다. 드디어 상투에 다다르면 새로운 논리가 탄생하죠. 2022년 공급 부족으로 인한 폭등, 임대차 3법으로 인한 8월 전세 대란, 거래량 감소는 일시적 현상일 뿐 집값은 다시 오른다, 지난 번엔 비록 안 올랐지만 대선 후 오른다, 대선 후에도 안 올랐지만 하반기에는 분명히 오른다 따위죠. 꼭지를 찍었으니 이제 하락하는 일만 남았습니다. 2차 하락 이후에는 상실의 5단계처럼 상승론자들의 현실 부정이 이어지고, 거래절벽에서 추락하는 집값을 보며 사람들은 공포에 휩싸이게 되죠. 투매로 던지지만 부동산은 주식이나 다른 금융상

품과 달리 받아줄 사람이 없습니다. 결국 좌절의 바닥을 찍고 정상화 단계에 이릅니다. 폭락의 바닥이 아니라 정상화의 원점이죠.

아파트사이클은 분명한 근거와 기준을 지니고 있습니다. 다른 여러 이론과 교차 검증이 가능하기도 하죠. 부동산에 대한 여러 질문에 대한 명확한 답 또한 내포하고 있습니다. 예컨대 우리나라 부동산 시장이 일본의 전철을 밟을 거라 생각하는 분들이 간혹 있는데, 아파트사이클로 따져보면 결코 그럴 일이 없습니다. 아파트사이클의 심리, 전세가, 분양, 정책이 일본과 완전히 다르기 때문이죠. 일단 집값의 하방 지지선 역할을 하는 전세 제도가 일본에는 없습니다. 폭락 시기에는 전세가 역시 매매가와 함께 하락한다지만, 결국은 하락을 멈춘 전세가가 매매가를 지지하기 때문에 전세 제도가 없는 일본처럼 부동산이 끝없이 추락할 일은 없습니다. 정부의 규제 면에서도 일본과는 비교가 안 되죠. 우리나라는 시민의 정치 참여가 높은데 반해 일본은 정치인이 세습 가능한 직업처럼 여겨집니다. 정치인 집안에서는 대대로 정치인이 나오고, 계급의 피라미드가 너무 굳건하여 계층 이동이 불가능하죠. 몇 대에 걸쳐 가업을 물려받는 건 장인 정신이 투철해서가 아니라 계급 이동이 애초에 차단되었기 때문입니다. 반면 우리나라는 부동산 정책이 실패하여 집값을 잡지 못하면 정권이 바뀝니다. 사정이 이렇다 보니 정부와 집권 여당은 부동산에 대한 규제와 완화를 통해 시장을 안정화시키는 걸 최우선 목적으로 두고 있죠. 우리나라 부동산 시장이 일본 꼴이 날 거라는 건 구체적인 기준 없는 예상에 불과합니다.

아파트 투자는 사이클이다

아파트사이클에서 가격 변화를 이끌어내는 심리, 전세가, 분양, 정책은 누구나 접근 가능한 일반적인 정보입니다. 스마트폰의 검색이나 부동산 어플만으로도 충분히 확인 가능하죠. 상승장과 하락장은 정부의 규제 발표 시기와 강도에 따라 조금 더 앞당겨지느냐 조금 미뤄지느냐의 차이일 뿐입니다. 평년과 달리 계절의 변화가 조금 더 일찍 찾아오느냐 늦게 찾아오느냐 차이일 뿐, 다가오는 계절을 막을 수 없고 지나는 계절을 잡을 수 없는 것과 같습니다. 그러므로 현명한 투자자가 되려면 끊임없이 왜? 라고 질문하며 누군가가 투자의 답을 알려주기를 기대하지 말고 때를 잡으려 노력하시기 바랍니다. 책 뒤에 아파트사이클 핵심 키워드를 한 눈에 보실 수 있도록 정리해 두었으니 시장의 흐름에 따라 아파트사이클의 핵심 키워드를 적용하면서 시장을 읽으시면 됩니다. 폭등장의 거품이 꺼지고 하락의 계절을 버티면 반드시 투자자를 위한 선물 세트가 찾아옵니다. 그 선물은 바로 미분양, 세금 완화, 저금리입니다. 아파트를 가장 싸게 살 수 있는 3종 선물 세트죠. 쌀 때 사서 비쌀 때 파는 게 매매의 대원칙입니다. 집값이 영원히 하락할지 모른다는 하락장의 공포 속에서도 반가운 3가지 선물이 여러분을 찾아가면 과감히 기회를 잡으시기 바랍니다. 투자는 상품이 아니라 때를 사는 것임을, 무엇을 사느냐가 아닌 언제 사서 언제 파느냐가 중요함을, 아파트사이클은 곧 성공 투자의 사이클임을 잊지 마시기 바랍니다.

아파트 사이클 5단계

하락　상승초기

폭등　상승

조정

부동산 가격 변화 4요소

심리, 전세가, 분양, 정부 정책

※ 금리, 인구, 경기, 호재는 2차 요인

부동산 시장에 대한 정부의 2대 관리 요소

세금, 정책적 대출 제한

※ 상승장에는 세금 중과, 대출 규제 정책 발표(매매 억제)

하락장에는 세금 감면, 대출 규제 완화 발표(매매 장려)

하락의 시그널

신규 분양가 높게 책정 → 미계약 → 미분양 → 입주 후 미분양

상승의 시그널

신규 공급 물량 부족 → 미분양 해소 → 전세가 상승 → 신규 분양가 낮게 책정

투기시장의 꼭지에 나타나는 현상 – 매도 타이밍
① 무주택자가 주택 매수를 위해 무리한다.
② 투자자는 가격 상승 부담으로 저가 아파트 매수에 열을 올린다.
③ 정부 규제가 누적되어 다주택자 매수, 매도 부담이 최고조에 달한다.
④ 가격 폭등으로 매수자가 감소하고 거래량이 줄어든다.
⑤ 정부는 공급을 대폭 늘리겠다는 계획을 발표한다.
⑥ 매매가와 전세가의 갭 차이가 크게 벌어진다.(전세가율 하락)

투기시장의 바닥에서 나타나는 현상 – 매수 타이밍
① 주택 취득세가 인하된다.(지방세인 취득세는 정부의 세금 인하 마지노선)
② 입주 미분양이 점점 줄어드는 추세를 보인다
③ 전세난이 주요 이슈가 된다.
④ 매매가와 전세가의 갭 차이가 좁혀진다.(전세가율 상승)

폭등할 때 반드시 발생하는 3가지 현상
① 집주인의 계약 파기 – 위약금보다 상승분의 이익이 크다.
② 순환장세 – 전 지역 동시 상승이 아닌 행정구역 단위로
지역을 옮겨가며 상승
※ 강남, 서초 → 송파, 목동 → 강동, 강북, 마포, 용산 → 서울 외곽 및 분당, 판교, 위례 등
경기도 일부 지역 → 경기도 전역 상승
③ 풍선효과 – 규제가 적용되지 않은 지역 또는 규제 미적용 매물로
투기 과열 전이

서두르지 말되, 쉬지도 말라

이렇게 또 세 번째 책이 세상에 나오게 됐습니다. 사실 책을 꼭 써야겠다는 생각이 있었던 건 아닙니다. 앞선 두 권의 책을 써내는 것이 쉬운 일이 아니기도 했지만, 하락장을 앞두고 하락을 말하고 책으로까지 낸다는 게 내심 부담되기도 했습니다. 2018년 1월, 첫 번째 책 『전세가를 알면 부동산 투자가 보인다』를 냈을 때 앞으로 폭등기에 해당하는 3~4년 정도의 사이클이 더 진행되고, 그다음에는 반드시 하락기가 찾아올 것이라고 책 뒤표지에 이미 분명히 밝혀 두었습니다. 당시에는 정확한 부동산 전망을 하는 게 첫 번째 목적이 아니라 우리나라에만 있는 전세제도와 주택가격의 상관관계를 명확히 밝히고 아파트 시장에 사이클이 있다는 걸 알리는 게 우선이었습니다. 집값이 떨어질 때는 전세가 가격저항선이 되어 하락의 최후 마지노선이 되고, 상승할 때는 전세가 집값을 밀어올린다는 걸 논리적으로 설파하는 게 첫 책 집필의 이유였죠. 기준을 명확히 설정하면 집값의 오르내림에 대해 전망하는 건 부수적으로 따라오는 것이기도 했습니다. 부동산 관계자 중 전세가와 매매가의 관계를 명확하게 정리하고 이론으로 정립하여 책으로 낸 사람이 없었기에 첫 책은 그 상관관계를 밝히는 것으로 큰 의미가 있다고 여겼습니다. 아파트사이클의 단초가 되는 심리, 전세가, 분양, 정책의 토대를 세운 것에 대해 내심 자부심이 있기도 했죠.

2020년 6월, 두 번째 책『부동산 폭등장이 온다』를 출간했습니다. 책 앞표지엔 "시장은 언제나 규제를 이긴다!"는 말이 또렷이 박혀 있죠. 전 폭등을 예상했고, 실제로 대한민국 부동산 시장은 폭등했습니다. 2021년 1월에는 제 유튜브 채널을 통해 2021년에도 상승세가 이어지겠지만 매수세가 있는 올해 안에 집을 매도할 것을 권해드렸고, 같은 해 8월에는 신사임당 채널에 출연하여 부동산 침체가 올 것이므로 집을 사지 말라고 말씀드렸습니다. 물론 8월 이전부터 하락장이 올 것임을 다른 채널과 다양한 매체를 통해 꾸준히 강조했죠. 해가 바뀌어 2022년 5월에는 "8월 전세대란은 없다."고 못을 박았습니다. 시간이 흐른 뒤 제 전망이나 의견이 모두 맞았음이 드러났지만, 전망 당시에는 공감보다 욕과 비난이 더 많았습니다. 상처뿐인 영광이라고나 할까요. 그래도 그때는 괜찮았습니다. 제 분석과 전망에 대한 자부심이 있기도 했고, 시간은 결국 진짜를 가려낼 것이라 생각했기 때문이죠. 하락장에 대한 다수의 전망 역시 맞아떨어지고 있지만,

책을 쓰는 건 제게 별개의 문제였습니다. 상승장에는 부동산 투자로 갑자기 큰 이익을 얻는 이들이 눈에 보이니 상대적 박탈감을 느낄 뿐이지만, 하락장에서는 실질적인 손해가 발생하기 시작합니다. 지금껏 상투에서 집을 사서 수년 동안의 하락장 동안 물적으로 심적으로 극심한 고통을 겪는 분들을 너무나 많이 지켜보았기에 하락을 앞둔 시점에 책을 내는 것이 과연 맞을까에 대한 고민이 컸습니다. 상대적 박탈감을 느끼는 것과 가정이 깨지고 심한 경우 목숨까지 내던지는 것은 완전히 다른 차원의 문제이기 때문입니다. 폭등을 예견할 때야 돌팔이 부동산업자라는 욕 몇 마디 들으면 그만이지만, 하락을 예견할 때는 집값이 하락하면 큰 피해를 입는 분들의 원망을 들어야 했기 때문이었습니다. 자괴감이 들기도 했죠.

그런데 몇몇 구독자께서 진심 어린 덧글을 달아주시는 걸 보곤 위로를 받았습니다. 제 채널의 영상을 접한 이후 따님이 집을 사려는 걸 말려서 한때 극심한 원망을 들었지만, 이제는 딸이 "엄마 말 듣고 집 안 사서 다행"이라고 말한다는 친정엄마의 사연, 제 영상을 보고 욕심을 내려놓고 2021년에 매도하였는데 지나고 보니 그때 매도한 게 천만다행이라 생각한다는 분, 내 집을 갖는 걸 포기했었는데 아직 기회가 남아있다는 걸 알고 희망이 생겼다는 분까지 참으로 사연은 다양했는데, 그분들의 말씀에는 공통된 게 있었습니다. 바로 '자산을 지킬 수 있어서 다행이고 감사하다'는 얘기였죠. 저는 제 채널 구독자님이나 제 책의 독자님 모두를 부자로 만들어드리겠다는 거짓말은 못 합니다. 저는 아파트사이클을 연구하는 사람이지 소원을 들어주는 요술램프 속 지니가 아니니까요. 만약 요술램프가 있다면 "나 이현철부터 좀 부자가 되도록 만들어달라!"고 소원을 빌고 싶은 게 솔직한 심정입니다. 아니, 사람은 누구나 그렇습니다. 사촌이 땅을 사면 배가 아프다는 속담이 있듯이 실거주 내 집값은 그대로인데 사촌이 등기를 치고 분양권을 얻으면 배가 아플 수밖에 없습니다. 이건 잘못된 게 아니라 자연스러운 겁니다. 사촌이 매수한 땅 때문에 배가 아픈 사람더러 배 아프지 말라고 하는 건 인간 본연의 성정을 거스르라는 것과 같으며, 아래로 흐르는 물에게 거꾸로 위로 솟으라 말하는 것과 똑같습니다. 투자자는 사람이 지닌 자연스러운 성정인 욕심과 욕망을 인정하고, 이득을 얻고자 하는 자신을 통해 세상을 투영해야 비로소 투자 세계의 대중 심리와 흐름을 읽을 수 있습니다. 저는 저의 부족함과 욕심을 알기에 아파트사이클의 가장 중요한 요소인 심리의 중요성을 그 누구보다 절감하고 있습니다. 저에게는 남을 몇십억 부자로 만들 능력은 없지만, 최소한 자산을 지키고 그걸 바탕으로 더 큰 도약을 하는데 도움을 드릴 수는 있습니다. 왜냐하면 저 역시 제가 연구한 아파트사이클을 바탕으로 집을 매도하고 다가올 기회를 기다리고 있기 때문입니다. 세 번째 책을 쓰기로 결심한 것은 결국 책을 통해 전하는 저의 메시지가 누군가의 소중한 자산을 지키는데 도움이 되고, 희망을 잃은 이에게는 인내 끝에 반드시 기회가 올 것이라는 응원이 되리라 생각했기 때문입니다.

길고 긴 하락장이 시작되면 다들 지쳐 나가떨어지기 마련입니다. 하지만 시장에 남아있어야 합니다. 시장을 떠나지 않아야만 기회를

아파트 투자는 사이클이다

잡을 수 있습니다. 『젊은 베르테르의 슬픔』, 『파우스트』 등의 고전을 남긴 괴테는 이런 말을 했습니다.

서두르지 말되, 쉬지도 말라.
Without haste, but without rest.

서두르지 마시길 바랍니다. 쫓기는 돈은 결국 우리를 떠나갑니다. 조급할 필요가 없습니다. 부자가 될 기회가 너무 멀리 있는 게 아니라 부자될 준비를 하기에 충분한 시간이 우리에게 있습니다. 천천히 가서도 되지만 결코 쉬면 안 됩니다. 모두의 관심이 시장에서 멀어졌을 때 끝까지 남아 시장을 지키는 사람이 가장 먼저 기회를 낚아챌 수 있습니다. 저 바닷속에 흉포한 범고래가 있다고 생각되어 펭귄 떼가 다른 바다를 향한다면, 범고래 역시 먹잇감인 펭귄 떼를 쫓아가기 마련입니다. 군중을 쫓아다니는 범고래라는 리스크는 성공으로부터 우리를 멀어지게 하는 삶에 안주하는 태도입니다. 배는 항구에 있을 때 가장 안전하지만, 그것이 배의 존재 이유는 아니라고 하죠. 대중이 몰려가는 곳에는 오히려 위험이 존재합니다. 정박한 배는 태풍으로부터 안전하지만 파도를 가르지 않고 육지에 매인 배는 더이상 배라 부를 수가 없습니다. 저는 항해의 성공을 보증할 수는 없지만, 적어도 태풍이 오는 것을 예고하고 미리 피하게 할 수는 있습니다. 지금껏 저의 예고가 나침반이 되어 풍랑에 휩싸일 뻔한 여러 독자님과 구독자님의 자산을 안전하게 지켜드렸다는 것을 떠올리시기 바랍니다. 향후 수년 동안은 태풍의 시기입니다. 입지도 삼켜버리고, 규제와 공급마저도 유명무실해지는 폭락의 시기가 다가오고 있죠. 폭락의 시기에는 서두르면 안 됩니다. 그리고 공부를 쉬어서도 안 됩니다. 태풍 같은 폭락이 지나가면 손그늘을 만들어야만 고개를 들 수 있을 정도로 강렬하고 눈부신 태양이 떠오르기 때문입니다. 태풍을 예견하여 여러분의 자산을 지켜드렸다면, 태풍이 멎고 해가 떠오르기 전 맑은 날이 오리라는 걸 누구보다 먼저 말씀드리겠습니다. 그러니 쉬지 마십시오. 하락장을 견디지 못해 관심을 잃고 시장을 떠난 이들은 마치 2021년에 사람들이 후회했듯, 십여 년 후에도 여전히 집을 사지 않은 것, 투자하지 않은 것을 후회하게 될 것입니다. 반대로 시장에 남은 소수의 투자자는 범고래가 없는 잔잔한 바다에서 그 누구보다 먼저 대어를 낚아 올리게 될 것입니다.

마지막으로 제게 도움을 주셨던 분들에 대한 감사 인사를 드리고 싶습니다. 첫 책이 나오고 대중적 인지도가 전무하던 시절, 제 책을 읽은 후 유튜브 채널 후랭이TV에 섭외해 주신 후랭이 님입니다. 3년 전인 2019년 7월 23일, 저를 알아보는 이 하나 없었지만 후랭이TV 채널에 출연하여 서울 집값이 폭등한다고 말씀드리며 세상에 출사표를 던졌습니다. 사실 당시에는 큰 반향을 일으키지 못했습니다. 첫 영상이 노출되고 2년이 지난 2021년 7월 2일, 후랭이 님은 2019년 영상들을 모은 풀버전을 다시 한 번 후랭이TV 채널에 공개했죠. 흔한 말로 그 영상이 터지면서 제 책이 역주행하는 결과를 낳았습니다. 3년 전 영상이 제 책과 전망을 알리는 작은 불씨였다면, 2021년의 인터뷰 풀버전 영상은 활활 타오를 수 있는 불길이 되어주었습

아파트 투자는 사이클이다

니다. 마치 타임머신을 탄 것처럼 2021년과 2022년에 접속하셔서 2019년에 찍었던 영상을 보신 분들은 이미 2, 3년 전에 부동산 시장의 변화에 대해 정확히 전망한 것을 두고 놀라워하셨죠. "2019년에 미래에서 온 분이 있었네요." "분양가 상한제 시행 직전이었구나. 분상제의 역효과를 이렇게 예측하네. 미쳤다. 성지순례왔습니다." 등의 덧글을 남겨주기도 하셨죠. 무명에 불과했던 제게 역주행의 기회를 선물해 주신 후랭이 님께 깊은 감사를 전합니다.

월급쟁이부자들TV의 너바나, 너나위 님께도 감사를 드리고 싶습니다. 저는 첫 책을 낸 저자에 불과했음에도 2018년 9월 강남에서 진행된 '월부 독서모임'에서 예비 투자자이자 열정으로 가득한 많은 분 앞에 저자로 설 수 있었습니다. 지금껏 아파트 분양 현장에서 수천 명의 예비 수요자들과 상담을 진행해봤지만, 강연자와 청중으로 만나 부동산에 대해 이야기하는 건 전혀 색다른 도전이었죠. 월부닷컴의 독서모임을 이끄시는 너나위 님 덕분에 얻은 소중한 기회였습니다. 월급쟁이부자들 팟캐스트에 출연한 것도 생각지도 못한 신선한 경험이었죠. 너바나 님, 코크드림 님 등의 편하고 자연스러운 분위기 덕에 저도 긴장을 풀 수 있었고, 미디어와 플랫폼의 중요성에 대해서도 실감하게 되었습니다. 너바나 님께서 제 책을 월부 커뮤니티에도 소개해 주셨는데, 제 책을 알리는데 큰 힘이 되었기에 이 자리를 빌려 감사 말씀 드립니다.

하락장 이후 하락 안정기를 지나 상승 초입의 시기가 다가오듯, 후랭이 님, 너바나 님, 너나위 님과의 인연은 제 인생의 사이클에서 상승 초입의 시그널이자 터닝 포인트가 되었습니다. 전에 알지 못했던 새로운 창으로 세상을 볼 수 있는 기회를 열어주셨기에 늘 감사의 마음을 담고 있습니다.

투자는 고독한 길입니다. 대중과 함께하면 안심이 되지만 모두가 몰려가는 곳에 부자의 길은 없습니다. 모두가 공포에 휩싸일 때 매수하고 모두가 환희에 떨 때 매도하는 건 본성을 거스르는 일이죠. 미쳤다거나 미련하다는 소리를 들을지도 모릅니다. 아니, 들을 수밖에 없습니다. 그 고독한 길을 걸을 때 이 책이 위안이 되고 나침반이 되기를 바랍니다. 이 책으로 인해 단 한 분이라도 소중한 자산을 지킬 수 있다면, 그리고 끝내 기회가 왔을 때 놓치지 않고 힘껏 움켜쥘 수 있다면 더 바랄 것이 없습니다. 기회가 임박하여 또 다른 인사를 들고 여러분을 찾아뵐 수 있으면 좋겠습니다.

아파트사이클연구소
이현철 드림

아파트 투자는 사이클이다

아파트 투자는 사이클이다

초판 1쇄 발행	2022년 10월 28일
초판 19쇄 발행	2022년 12월 22일

지은이	이현철
출판총괄	선우지운
기획 및 편집	이상혁
디자인	데시그

펴낸곳	여의도책방
출판등록	2018년 10월 23일(제2018-000139호)
주 소	서울시 강남구 논현로 168길 47 2층
이메일	esangbook@lsinvest.co.kr

ISBN 979-11-91904-04-8 03320